家庭自制面膜金典

凰朝工作室　编著

中国纺织出版社

目录

关于肌肤与面膜——美人必知的常识

PART 2 日常滋养面膜

[深层清洁面膜]

[滋养保湿面膜]

[活肤亮颜面膜]

[控油理肤面膜]

[时尚精油面膜]

针对问题肌肤的美肌面膜

[解决毛孔粗大问题的面膜]

[抚平青春痘的面膜]

[淡化肌肤皱纹的面膜]

[淡化色斑的面膜]

[改善暗沉肤色的面膜]

[改善肌肤黝黑的美白面膜]

[安抚过敏肌肤的面膜]

[镇静晒后肌肤的面膜]

[消除脸部水肿的面膜]

PART 4 用最家常的美丽材料做面膜

[12 种功效最佳的美容面膜材料]

[最受宫廷贵妇推崇的4种面膜材料]

[最受名人明星喜爱的8种面膜材料]

汉方草本面膜

不同肤质的面膜方案

[油性肌肤]

[中性肌肤]

[混合性肌肤]

[干性肌肤]

[敏感性肌肤]

PART 1

关于肌肤与面膜——美人必知的常识

没有丑女人，只有懒女人，为了再现亮丽的肌肤，先从这里开始吧！

○护肤前先认识你的肌肤
○面膜对肌肤的修复原理
○自制面膜常用的天然材料
○自制面膜的注意事项
○完美肌肤的养护策略
……

Skin 护肤前先认识你的肌肤

肌肤不只是一层皮，而是人体最大的器官，它与我们的身体有着密切的关系。要想有效养护肌肤，需要先认识它、了解它。

保护肌肤的外衣——表皮层

表皮层位于肌肤的最外层，是肌肤的保护层。在表皮层的底部生长着表皮细胞，刚形成的表皮细胞柔软、丰满、富含水分，伴随着人体的新陈代谢，表皮细胞会慢慢上升，渐渐向肌肤表层移动，并在这个过程中不断合成一种蛋白质，即角质蛋白。当表皮细胞最终到达表皮时，就变成了一层干瘪的硬壳，即最外层的肌肤。这层肌肤就是既防水又可防止病菌侵入的防护层。而这些表皮细胞会逐渐老化、自动脱落，这时新的细胞又从底层游移上来代替脱落的表皮细胞。这样，表皮细胞就完成了一次新陈代谢。

表皮细胞的代谢周期为28天，但细胞代谢的速度会随年龄的增长而逐渐变慢。

肌肤结构图

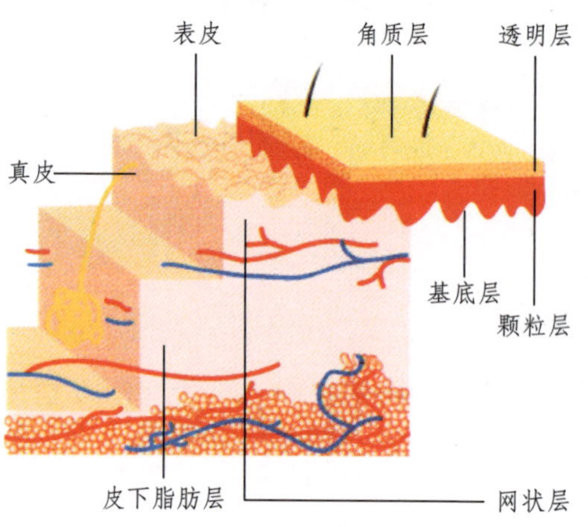

让肌肤弹力十足的组织——真皮层

表皮层下面的真皮层，是肌肤组织中最厚的一层，约占肌肤厚度的90%，肌肤大部分的重要工作都在这里完成。真皮层由富有弹性的胶原质和弹性组织两种纤维构成，而胶原质和弹性组织则由纤维细胞构成。随着年龄的增长，胶原质和弹性组织都会渐渐硬化直到退化，这样就会导致皱纹的形成。

油脂腺也隐藏于真皮层中，并一直延伸到表皮，通过肌肤表面的毛孔来分泌油脂。另外，汗腺、分泌腺也在这一层。在真皮层下方的是皮下脂肪层，它能使肌肤表面的轮廓美观。另外，在脂肪层中间开始出现毛囊、汗腺、淋巴、神经末梢、较粗的动脉和静脉血管。脂肪层中的淋巴液，随时可以将细胞代谢生成的残渣和废弃物带走。

最天然的滋养品——油脂与汗液

对于肌肤自身来讲，油水平衡是最佳的状态。而油脂腺分泌的油脂与外分泌腺分泌的汗液混合在一起形成的乳液是肌肤的天然滋养品。最理想的情况下，肌肤可以根据外界环境的湿度和温度变化来自动调节水油比例，精确地调配出最适宜自身肤质的乳液。这层天然滋养品略呈酸性，pH值在5.5左右，刚好可以允许与我们体内的有益菌体生存，帮助我们共同抵御有害物质的侵袭，保护肌肤。

Skin

肌肤的作用

提到肌肤，我们往往能立刻想到漂亮、美丽，而忽略了肌肤更重要的作用。事实上，肌肤是我们身体内部和外界环境的使者，也是身体的保护者。

肌肤的保护作用

肌肤就像一把保护身体的雨伞一样，具有很好的障壁作用，能保护体内的器官。但肌肤的吸收性很强，能将有益的、有害的物质不加辨别地一并吸收。因此，在选用护肤品时，一定要使用纯净、健康、对身体无害的产品。

另外，肌肤还可以抵挡部分紫外线的伤害，至于保护的有效程度，则取决于我们自身肌肤中黑色素的含量。肌肤中黑色素的含量是由遗传决定的，白皙的肌肤对阳光的照射会更敏感一些，也更容易出现皱纹和色斑，因此要特别注意防晒。

肌肤的清洁作用

汗腺存在于肌肤中，因此肌肤会利用汗液将盐分和其他废弃物质一起排出体外。当身体的其他排泄通道不能正常工作时，肌肤就会承担超负荷的清理任务。而青春痘、粉刺就是肌肤超负荷排出体内毒素的表现。

调节体温

一般情况下，我们的身体只有在内部温度维持在约37℃时才能在最佳状态下运转。如果外界温度突然升高，肌肤就会为了降低体表温度而使汗腺分泌更多的汗液。随着汗液的蒸发，肌肤表面多余的热量就会被带走，这样就降低了体表温度。

传递外界的信息

在肌肤组织中存在着一个复杂庞大的末梢神经网络，这个末梢神经网络随时会将外界信息传递给我们。在这个过程中，肌肤会先通过这些神经感觉到愉悦或痛楚的触感，然后再将特定的信号传递给大脑。

散发独特的体香

人体在腋下和乳尖周围蕴藏着微量的外激素，这些微量的外激素会使每个人的肌肤都散发出独特的体香。但我们大部分人是察觉不到这种味道的。

Skin 护肤重点——保养你的角质层

我们的肌肤每天都在不断地生长。表皮下的基底层每天生出新的细胞，这些新细胞约14天后变成角质，不久后就变成老废角质脱落。所谓的肌肤保养，就是要保养这一层厚度仅为0.02毫米的角质层。

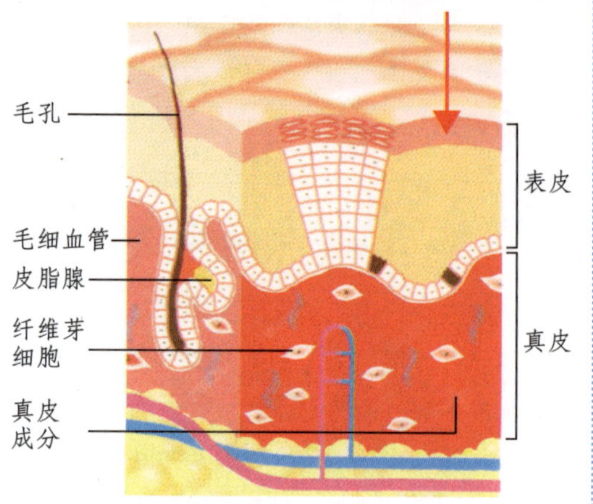

角质层的作用

角质层是身体内外的分界线，担任着“防护膜”的功能。可以防止身体内部水分、养分等流失，阻隔病毒、紫外线等刺激物或杂质进入身体里。例如洗澡时，身体不会因为水分而膨胀，就是角质层的障壁功能发挥了作用。

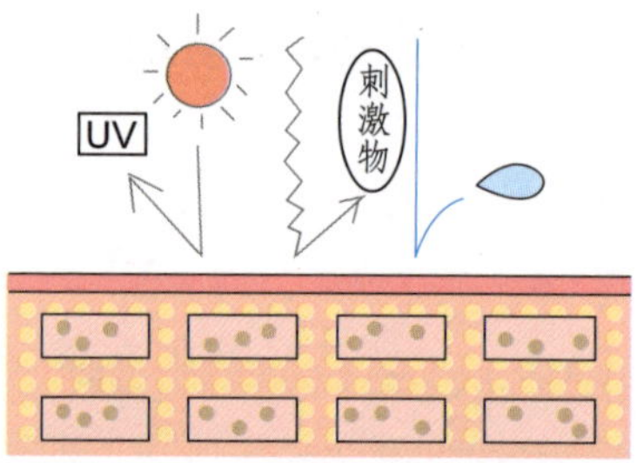

肌肤保养＝角质层保养

很多美眉认为：角质层是死去的细胞，所以应该保养生成肌肤的基底层或决定弹性紧致与否的真皮层才对。因为化妆品只能涂在角质层上，因此根本没有什么效果吧。

其实，这是错误的观念。角质层绝对不只是死去的细胞，它还具有很多功能。此外，由于角质层、基底层及真皮层之间彼此相互影响，一旦角质层状态不佳，新增生的细胞也会处于不正常状态。

怎样保养你的角质层

为了让角质层保持最佳状态，应该让角质层随时保持滋润、充满水分状态。而角质层里面，角质细胞中的天然保湿因子、角质细胞与角质细胞之间的“细胞间脂质”，会紧紧锁住水分，再利用紧密包覆住肌肤表面的“皮脂膜”，防止水分流失。

每天保养肌肤可以帮助角质层发挥障壁功能，只要依照化妆水、乳液、乳霜等步骤，便可以维持角质层最理想的状态。

角质层结构图

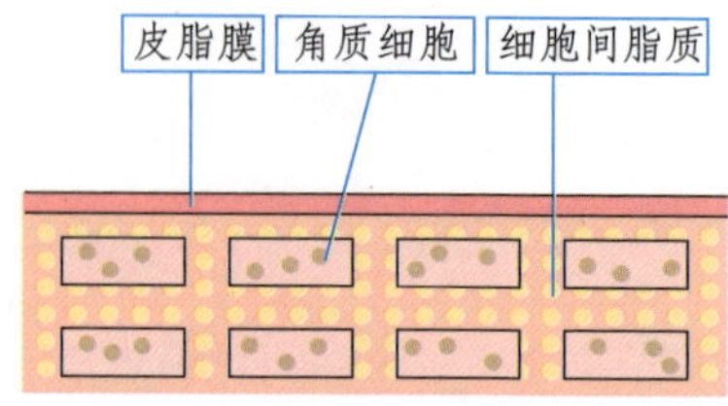

Skin

面膜对肌肤的修复原理

用天然材料自制的面膜具有很好的护肤功效，还能在一定程度上修复受损的肌肤，使肌肤重现光滑、润泽。面膜对肌肤的修复原理如下：

用面膜前

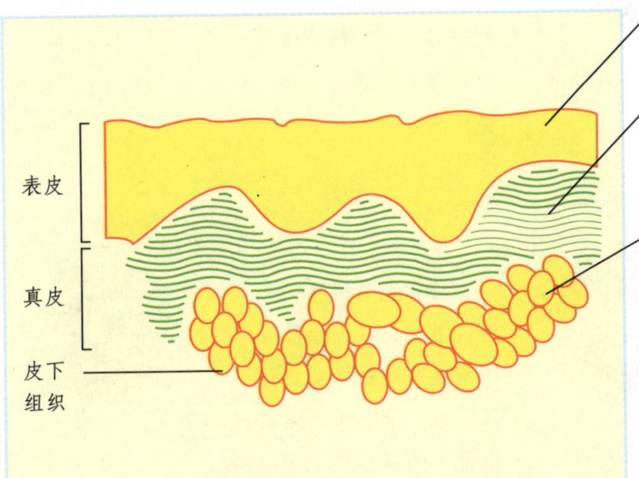

表皮现象：凹凸不平，出现细纹、痘痘、斑点、松弛等瑕疵。

真皮层：脂肪细胞增大、肌肤的弹力和胶原蛋白弹性不足导致了脂肪细胞无限往上凸出，从而形成橘皮组织。

皮下组织：脂肪细胞内充塞大量脂肪，脂肪细胞体积增大，导致脂肪细胞间的空隙变小，这样便阻塞了真皮内正常的微循环，水分及废物不易从肌肤排出，局部脂肪无法代谢排出，直接导致肌肤代谢的恶性循环，肌肤由此出现各种瑕疵。

用面膜后

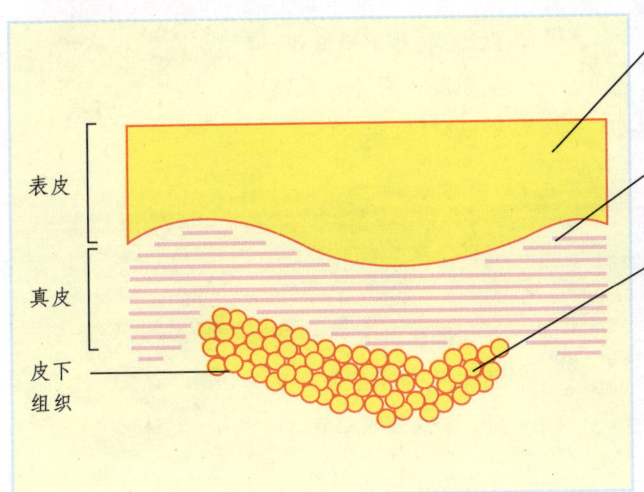

表皮现象：微循环和脂肪代谢恢复正常，真皮组织得到修复，橘皮组织消失了。

真皮层：强化真皮组织的支撑力，并修护已经受损的组织与纤维。

皮下组织：保证循环畅通，将水分和废物顺利排出，还能增加脂肪细胞的含氧量，帮助脂肪代谢顺利进行，使脂肪细胞的体积缩小，脂肪细胞间的空隙因此而变大，脂肪代谢及肌肤内的循环就变得顺畅了。

Skin 自制面膜常用的天然材料

芦荟

芦荟含有大量的芦荟胶和丰富的皂素苷，能在肌肤表面生成一层透明的薄膜，防止水分蒸发，为肌肤补充水分，同时又具有极好的清洁、净化功能。

西红柿

西红柿含有丰富的维生素C和胡萝卜素，能有效滋润肌肤，改善肌肤干燥现象，经常使用能使肌肤红润、柔嫩、细滑。

牛奶

牛奶含有丰富的乳脂肪、多种维生素与矿物质，能很好地保湿、滋润肌肤，又具有紧实肌肤的作用。

面粉

面粉具有极好的清洁作用，能去除毛孔中的老废角质和脏污，令毛孔呼吸顺畅。

柠檬

柠檬含有丰富的维生素C，具有极佳的美白功效，还能促进身体的新陈代谢，帮助身体排出毒素，消除身体的疲劳感。使用后，要避免阳光照射。

蜂蜜

蜂蜜具有良好的清洁、滋润功效，能有效去除毛孔中的污垢，润泽肌肤，是制作天然护肤品不可缺少的明星材料。

鸡蛋

鸡蛋含有丰富的蛋白质，能很好地滋养、紧实肌肤，是不可多得的护肤材料。

香蕉

香蕉具有极好的滋润作用，能为肌肤补充水分，防止皱纹生成。

珍珠粉

含有多种氨基酸和微量元素，具有抑制脂褐素增多、增强肌肤活力、延缓细胞衰老等功效，自古以来就是名贵的美容佳品。

苹果

富含维生素C、果酸、果胶等成分，能有效滋润、美白、紧实肌肤，增强肌肤弹性。

橄榄油

具有滋润、锁水的功效，是一款很好的润肤材料。

猕猴桃

猕猴桃中含有丰富的维生素C，能防止肌肤中的黑色素沉淀，软化角质，预防青春痘及肤色暗沉等肌肤问题；还能美白肌肤，延缓肌肤衰老。

燕麦

燕麦的颗粒能有效清洁肌肤，去除肌肤的老废角质，改善暗沉的肤色，令肌肤亮白、红润。

红酒

红酒是美容圣品，具有抗氧化、促进血液循环的作用，能延缓肌肤衰老，令肤色红润；红酒还能软化角质，使肌肤柔嫩、光滑。

黄瓜

黄瓜具有滋养、补水、镇静的作用，能安抚晒后的肌肤。但由于黄瓜含有光敏感物质，因此，使用后要避免日晒。

维生素E

具有极好的润肤功效，能营养肌肤、淡化肌肤细纹。

玫瑰

玫瑰含有多种养颜成分，能滋润、美白肌肤，防止皱纹产生，还能通过改善女性经期不适来改善肤质、活化肌肤。

木瓜

木瓜含有丰富的木瓜酵素和胡萝卜素等成分，可以软化肌肤角质，使肌肤光滑细嫩。

Skin

自制面膜常用的工具

锅

在制作面膜的过程中，有些材料需要加热，锅能用热水将材料的活性成分萃取出来。当材料需要加热或隔水加热时，就需要锅发挥作用了。

大匙、小匙

在自制面膜的过程中，有些材料的用量要求不是很精确，因此不必用量匙。用量较多的可用大匙，用量较少的用小匙即可。

密封罐

具有极好的密封作用。有些面膜在制作过程中可能需要放入密封罐中放置一段时间后再用，所以，密封罐也是不可缺少的用具。

面膜碗

在制作面膜时，可以将不同的材料先放入面膜碗中，再搅拌均匀。

毛巾

敷脸、清洁过后，要用毛巾将肌肤上的水分吸干，然后再进行美肤保养。

玻璃杯

可用来盛装调制好的面膜。

榨汁机

能将天然材料绞碎、拌匀，并能萃取汁液，使材料更有效地发挥作用。

面膜纸

水状面膜不能直接涂抹在脸上，这时可用水状面膜将面膜纸浸透，再将面膜纸敷在脸上。

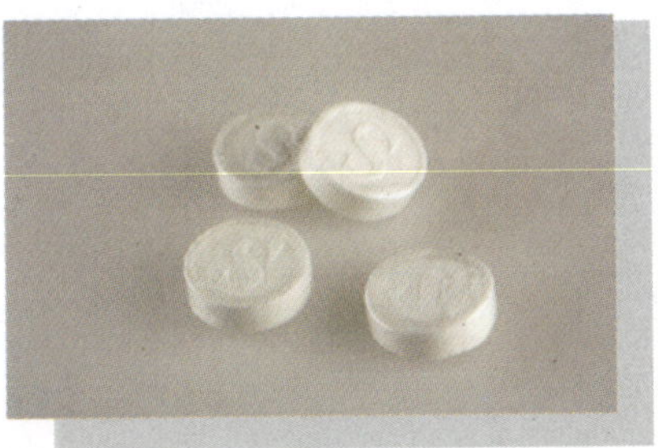

研磨器

在天然面膜的制作过程中，研磨器能将不太坚硬的材料研磨成粉末，使材料更加细致。

搅拌匙、搅拌筷

大多数面膜都由多种材料制作而成，因此在制作过程中需要搅拌均匀、充分混合后才能使用。这时，搅拌匙、搅拌筷就有用武之地了。

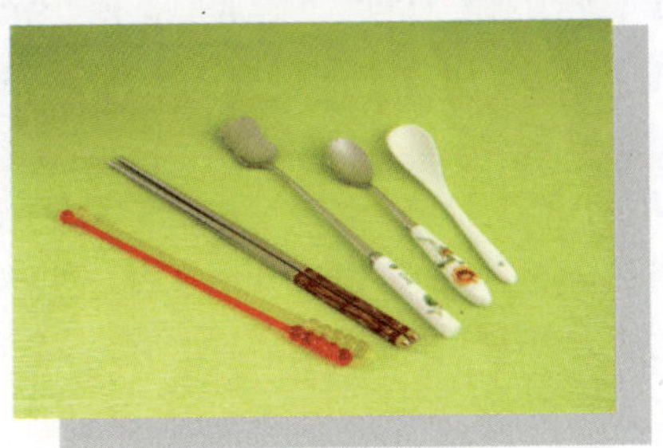

滤网

有些材料经过初步的打碎后，往往需要滤渣取汁的过滤过程，这时滤网是不可缺少的。

量匙

有些用量较少的材料在使用时，用量要求较精确，量匙就是很好的计量工具。

无菌滤布

有些容易挤汁的材料，不必再用榨汁机来榨汁，可用无菌滤布代替榨汁机挤压出汁液即可。

量杯

液体材料在使用时需要定量，用量杯能够准确地把握材料的用量。

化妆棉

可用于蘸取一些水状面膜涂抹在肌肤上，这样可以不必用面膜纸，还可以方便配合按摩手法。

Skin

自制面膜的注意事项

用天然材料自制面膜，相对而言，更加亲肤，更加安全，但也并非没有禁忌。在制作面膜过程中，要注意以下几点。

注意选择自制面膜的材料

自制面膜可选择的材料较多，如各种蔬果、五谷杂粮、调味料、中药材及植物精油等。在选择时，需注意所选的材料要适合自己的肤质，以免适得其反，尤其是敏感性肌肤者更要注意。如：在用鸡蛋制作面膜时，油性及混合性肌肤宜选用蛋清，中、干性肌肤则适合用蛋黄。

另外，天然材料只有在新鲜时，其有效成分才能发挥作用。所以一定要确保所用材料的新鲜度，千万不可使用已经开始变质或腐烂的材料。

有些天然材料含有光敏感物质，如用此类材料制作的面膜敷脸，再经阳光照射，可能会引发肌肤炎症、肌肤过敏、肤色变暗等现象。含有光敏感物质的材料主要有柠檬、黄瓜、芹菜、白萝卜、芦荟、白芷、佛手柑精油等。所以，此类面膜最好在夜间使用，或在使用前先在肌肤上涂抹一层薄薄的蜂蜜。

自制面膜所用的水要确保水质清洁，最好使用过滤水、纯净水或蒸馏水。

制作过程要保持清洁

为了保证自制面膜的清洁与安全，在自制面膜前，一定要洗净双手，以免将细菌带到面膜中，引发各种肌肤问题。同时，也要注意材料与用具的清洁。残留的农药或滋生的细菌，可能引起肌肤发炎或感染等。此外，各种制作与盛装工具也一定要仔细彻底清洁。

自制面膜不宜长期保存

自制面膜与市售面膜不同，未添加任何防腐剂和抗氧化剂，无法长期保存，所以每次制作的量不要太多，最好一次用完。也可放入冰箱中冷藏，但时间不宜过长，以不超过一周为宜。

使用前请先做敏感测试

任何护肤产品都不是绝对安全的，自制面膜也一样。某些材料中可能含有某种可令肌肤产生不适或出现过敏反应的成分，尤其是敏感性肤质的人。所以在使用前，一定要先进行敏感测试，可先将自制面膜涂抹在耳后或手臂内侧等隐蔽的部位，停留24小时左右，如未出现红肿、发痒等不适感或其他异常情况，方可放心使用。

Skin

美人必知的保养重点——如何正确敷面膜

大多数美眉都很喜欢做面膜，但如果想把面膜的功效发挥得淋漓尽致，就一定要知道它的正确敷法。

1.使用面膜前先清洁脸部，将脸部毛细孔中的污垢彻底清除，一般可先用热水洗脸或者用热毛巾敷脸，让毛细孔扩张，营养物质的吸收效果会更好，敷脸时才能达到更好的功效。

2.刚洗完澡时，是最佳的敷脸时机。因为洗澡后血液循环畅通，肌肤还保留温热效果，毛孔微微张开时，敷上面膜，清洁、保养效果可以倍增！

3.选择适合的面膜。每个人肤质不同，对含特殊成分的化妆品可能会有过敏的现象，因此在使用新产品前，可在手腕内侧的肌肤测试是否会过敏。

4.敷脸时要完全覆盖每一寸肌肤，脸上部位有凹有凸，如颧骨、下巴等处应注意要轻轻按压面膜，使其完全覆盖、贴合脸部肌肤。

5.躺着敷脸，利用地心引力原理，增加渗透效果，更能加强面膜对脸的服贴度，自然而然能加强营养成分的渗透效果。

6.面膜不要敷太久，不论是哪种面膜，平均使用时间以15～20分钟为准，15～20分钟的敷膜时间足以让面膜上的营养物质被脸部肌肤吸收。如果等干透了才揭下来，或者是带着它入睡，那么在缺少水分的情况下，营养物质是无法被肌肤吸收的。而且变干的面膜会带走肌肤本身的水分，会让肌肤闷热不透气，呼吸不畅，有时还会造成肌肤损害，对于肌肤来说反而是一种负担。面膜的使用次数一般为一周1～2次，清洁的面膜每周1次。

7.过敏或有伤口时，暂停敷脸；而肌肤红疹或脸部有伤口时也不宜使用面膜。肌肤较敏感的人可以选用抗过敏、无香料的面膜。

8.敷后按摩。滋养面膜取下后，利用手掌上的温度，轻压拍抚肌肤，可促进脸部的血液循环，帮助保养品完全渗透被肌肤吸收，使脸蛋更有光采！

9.敷完脸，可以马上搽上乳液，因为敷完脸的后续保养，是保湿的重要关键。马上擦乳液或乳霜，可把水分锁在肌肤里不会蒸发掉，让肌肤持久保湿。

10.敷完脸后，不要马上化妆，可让肌肤的弹性更好，也让敷脸的效果更为持久，所以睡前敷脸也是好方法！

11.敷面膜是一次性的，所以自制面膜最好的使用方法是即用即调。如果使用后的面膜还剩很多，可以用它敷贴身体其他部位。

抚

Skin 玩转四季的护肤诀窍

补水抗敏在春季

春季时，肌肤的新陈代谢最为旺盛，皮脂腺与汗腺的生理活动也日益增强，所以看起来较为嫩滑。由于皮脂腺分泌旺盛的缘故，春季肌肤对于外界的吸附能力也会增强，当空气中的灰尘、细菌、花粉等随着春风飞舞时，它们就会轻而易举地粘附在肌肤上。而由于身体的调节作用旺盛，肌肤也会变得兴奋且较不稳定，水油分泌容易失调。因此，相对而言，春季是肌肤最容易出现敏感与病变的季节。

◎春季应做的肌肤保养

想在整个春季保持肌肤美丽，就要在季节更换之际，增强肌肤的耐受力，做好清洁、保养、保湿工作，将肌肤调整到最佳状态以适应新的季节变化。例如：眼、唇四周的肌肤较细致，皮脂分泌较少，是脸部肌肤中最脆弱的部位，所以在早晚要用滋润型保养品来加强眼、唇等部位的保养。另外，在春季，大多数人的两颊较容易干燥，可常用补水面膜来敷脸。

◎怎样敷面膜才能让肌肤更水嫩

想让肌肤晶莹剔透，肌肤的含水量必须要达到25%～35%。而用面膜敷脸的主要功效，就是可以在短时间内为肌肤补充水分，并将肌肤的水分锁住，让暗沉的肌肤得到改善，使肤色更加水亮。不过，想要靠敷脸来达到水亮肌肤所要求的含水量，让水分能有效渗透到真皮层，可是需要一定技巧的。

敷脸的时间要掌握好，以10～15分钟为佳。时间过短，会造成肌肤吸收不完全；时间太长，面膜就会变干，不仅会吸走肌肤自身的水分，让肌肤变得干燥，也容易引起肌肤红肿、发痒、刺激性湿疹等现象。所以，敷面膜时间不宜过长，更不能敷着面膜就直接睡觉，以免适得其反。另外，取下面膜后，要用指尖轻拍面部，让肌肤将剩余的成分完全吸收，而不应让其自然挥发，以免脸部产生干燥紧绷感。

防晒控油在夏季

夏日的阳光令人心旷神怡，不过，若过度

地让阳光亲吻你的脸，就要当心暗沉、黑斑、雀斑等烦恼悄悄爬上你的脸！与春季相比，夏季的皮脂腺与汗腺分泌更加旺盛，新陈代谢的速度也更快。因为天气炎热的缘故，汗水与油脂更容易沉积在肌肤上。

◎夏季应做的肌肤保养

清洁是夏季的保养重点，每天都要对肌肤进行彻底的清洁，洗完脸后赶紧搽上弱酸性化妆水及乳液，以中和肌肤的酸碱度，防止肌肤变得粗糙。如果再搭配每周一次的清洁控油面膜，肌肤就会更加清爽宜人。

夏季，肌肤油腻、易脏，因此不能忽略清洁用品。

当然，防晒也是夏天保养的重头戏，除了防晒乳液以外，外出时的遮阳帽及太阳镜更是白美人的必备品。至于隔离霜与面霜等产品，最好选择具有防晒效果的，防晒指数(SPF)的数值越大，防晒效果越强，作用时间也较长。

防晒护肤品是夏季防晒的必备物品。

◎白美人的健康防晒计划

每天使用防晒护肤品

紫外线有三种波长：UVA、UVB及UVC，除了UVC会被大气层过滤掉之外，UVA长波和UVB中波都会对肌肤造成伤害，尤其是UVA长波经折射后几乎无所不在，所以即使是在阴天都要做好防晒工作，最好的办法是养成每天擦防晒保养品的习惯。在防晒系数方面，平时可使用SPF15值的防晒霜，若不得已长时间暴晒，则需使用更高系数的防晒产品。

夏日出门挑时间

尽量避免在上午10：00～下午3：00时段长时间地在太阳底下暴晒，如果避免不了，一定要搽上防晒系数较高的护肤品，并撑伞或戴遮阳帽，必要时可穿一件轻薄透气外套。

多补充维生素C

维生素C能增强身体的抗氧化作用，夏季多吃一些富含维生素C的食物，可以防止肌肤出现色斑，富含维生素C的食物有柠檬、草莓、葡萄柚、猕猴桃、西红柿、苹果等。但寒性体质者或行经期间则不宜吃太多。

注意脸部清洁

做好脸部清洁工作，以免肌肤发炎、黑色素堆积。

养成良好的生活习惯

不要让身体太劳累而伤肝伤肾，因为压力太大也会促使黑色素生长，而使你看起来不再白皙。

保湿防衰在秋季

秋天虽然不像夏天那么热，但防晒工作仍然不能懈怠哟！经过整个夏季的强烈日照，若干燥、疲惫的肌肤此时再没有得到及时恰当的呵护与修护，那么脆弱的肌肤将会在冬季凛冽寒风的侵袭下变得不堪一击。因此，夏末秋初、秋末冬初是秋季肌肤的重点保养时段。

增加肌肤弹性的小窍门

想要维持肌肤的水嫩，按摩其实是最简便的方法。每天做3～5分钟的脸部按摩，不但可以增加血液循环，促进新陈代谢，调节肌肤油分与水分的平衡，使皮脂腺功能活跃、肌肤柔软有张力，还可以延缓衰老、预防皱纹产生、让肌肤更具弹性！

A.先在眼部周围擦上少许眼霜，再用双手食指、中指指腹，由额头中间逐渐向两侧压揉。

B.从眉头滑向太阳穴，并轻按眼窝。轻轻按住并略提起眼下肌肉（四白穴）约5秒钟。

双手轻轻揉压处

用手按压四白穴

◎秋季的保养重点

在秋季时，身体的新陈代谢速度会稍微减缓，肌肤会变得较为干燥、缺水，因此要加强肌肤的清洁与呵护。中、干性肌肤可以选用较滋润的霜类护肤品；油性肤质者则可以使用乳液类护肤品。在洗完脸后，可涂抹弱碱性的化妆水，以加强毛孔收敛的效果，并且要多做一些脸部按摩，让疲惫的肌肤重现活力、消解疲劳。

按摩滋润在冬季

冬天对于肌肤而言是一项考验，大多数人的肌肤都容易干燥，甚至产生白白的皮屑，不容易上妆。还有人在这个季节出现“冬痒”现象，其实这就是皮脂分泌缓慢造成的，所以冬季美肌的主题是滋润保湿。另外，冬季的低温会使肌肤血液循环变慢，让肤色暗沉、粗糙，而按摩能有效改善肌肤血液循环、促进真皮与表皮层的新陈代谢，如果配合使用含有植物精华与保湿成分的按摩霜，更能使肌肤回复红润好气色。

◎冬季的保养重点

不论是何种肤质的人，在冬季时都要涂上滋润性强的护肤品，洗脸的次数也要相应减少，洗完脸后最好搽上油脂类的护肤品，以便在肌肤表面形成保护膜，防止水分流失。另外，冬季时唇部也是保养重点，建议涂护唇膏来滋润双唇，防止干裂。

另外，冬季的肌肤保养要注意以下要点：

使用不含酒精的化妆水

化妆水具有调理肌肤水油平衡的作用，而酒精具有分解油脂的作用，含酒精的化妆水会使肌肤的油脂含量减少，因此最好选择含有甘油成分的化妆水，以保持肌肤油脂含量。敏感性肌肤或干性肌肤的人，可选用含有金盏草、甘菊、接骨木等成分的化妆水。

使用含高保湿成分的面霜

让肌肤保持水分是对抗寒冬的最佳做法，但要做到保湿而不油腻，可选择含有玻尿酸、芦荟等成分的面霜。

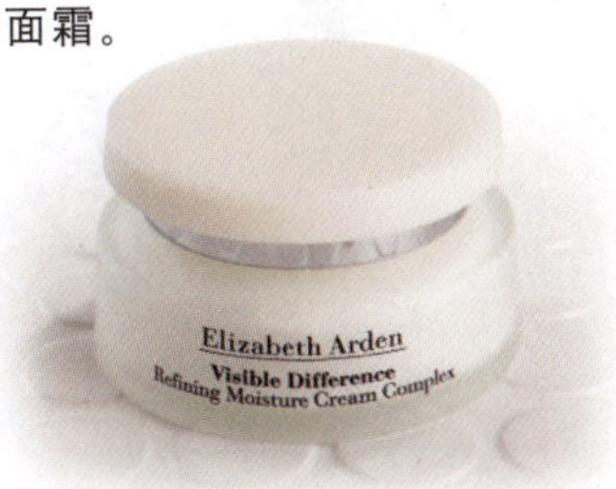

冬天洗脸，用冷水还是热水？

大多数人认为，冬季用热水洗脸可以利用热胀冷缩原理，让热水的温度令毛孔张开，可以把毛孔内的污垢清理干净。但实际上，这是一种错误的做法。因为热水的蒸气将毛孔打开，可能会将脸上累积一天的污垢带进毛孔里，这样就会造成毛孔堵塞，引发各种肌肤疾病。另外，高温湿热也容易刺激皮脂腺分泌出更多的油脂，反而会越洗越油腻。

因此，不论什么季节，洗脸还是以冷水或是微温的水清洗为好。有些人认为冰水具有紧肤除皱的效果，其实这也是错误的。因为过冷的水会过度刺激肌肤，甚至不容易让毛孔张开，而无法将油垢清洗干净。

养

Skin 完美肌肤的养护策略

年龄的增长、外界环境的影响、作息不规律……众多的不利因素令肌肤失去了昔日的光彩，细纹在不知不觉中爬上了眼角、额头，斑点慢慢遍布脸颊，肤色也不如以前白皙、水嫩。这时才惊觉自己需要保养了。那么，怎样才能找回肌肤原有的美丽呢？最好的保养方法就是内部调理与外部保养同时进行，当内外都维持最佳状态时，你会发现，找回肌肤昔日的美丽是如此简单！

内在调理——全身保养

◎正常作息

正常作息的关键就是充足的睡眠，如果睡得太晚，第二天会发现毛孔明显变得粗大，这是30岁前女性的第一危机。但如果能养成在黄金时段（即每天23：00～次日凌晨1：00）就上床睡觉的习惯，肌肤的新陈代谢便能恢复正常，毛孔或黑眼圈自然也就不见了。如果睡眠时间不长，那就要让自己在较短的睡眠时间内保持在深睡眠状态，因为好的睡眠质量也能提升肌肤品质！

◎运动

对女性而言，血液循环顺畅，看上去就会容光焕发。因为血液循环较好，血液含氧量就会增加，肌肤也会更健康，看起来白里透红，不易产生斑点和细纹。因此，建议每天运动1小时左右，让身体发汗，排出体内废水，紧实肌肤，还能将多余的脂肪消耗掉，美肤、瘦身同时进行。瑜伽是很好的运动方式，若长期坚持做瑜伽，可让身体维持最自然的健康状况，并及时排出体内毒素，从而让肌肤更健康、更润泽。

◎水

这里指的不只是喝的水，也包括沐浴等一切用于身体上的水。干净的饮用水能清理体内的毒素，有助于保养肌肤。沐浴也是一种很好的美肤方式，可借助冷热水交替淋浴或桑拿蒸汽来排出体内的汗水、除去体表的角质。

◎饮食

很多女性受到各种饮食观念的误导，认为油脂类、淀粉类食物会让身体变胖，从而光吃蔬果。其实，适量的良性油脂能让肌肤丰润、有弹性；淀粉能转化成身体的热能，这些都是维持肌肤年轻光滑的主要成分。因此，要将多种食物科学搭配，找出最适合自己体质的饮食组合，让自己吃出健康、吃出美丽。

外在保护——表面滋润

◎肌肤分类保养

肤质一般分为干性、中性、油性、混合性、敏感性五种。其中除了敏感性较特殊外，其他肌肤首先需要保湿，只要适时补充水分，再搽上适合自己肤质的保养品，自然轻爽美丽。敏感性肌肤最好去医院测试找出敏感源，再找出适合自己的保养品。

适用保养品：保湿型化妆水、精华液等。

◎清洁、控油

不同类型的肌肤，其清洁与控油的方法也各有不同。油性肌肤容易产生多余的油脂，阻塞毛孔，长出痘痘，甚至发炎，因此需要做好清洁与抑制油脂分泌的工作，并为肌肤补充足够的水分。混合性肌肤的T字部位容易出油，因此要注意抑制该部位油脂的分泌，以减少粉刺、酒糟鼻的产生。

控油保养品：清爽型洗面奶、面膜、化妆水、乳液、控痘凝胶、精华液等。

◎防晒、隔离

防晒和隔离应使用不同的产品。防晒乳液可以阻挡紫外线伤害肌肤；隔离霜可隔绝外来脏污入侵，但没有防晒成分。但相同的是，二者都不是保养品，最终都要洗去，让肌肤恢复原有的清爽洁净。

防护妆前品：防晒乳液与隔离霜针对不同肤色具有不同的选择；隔离霜又有修饰不同肤色的分类，如紫、红、黄、蓝等颜色。

PART 1

Skin 有助于美容的10个好习惯

保持肌肤的清洁

每天睡前一定要卸妆，将脸上的彩妆与一天下来沾染的灰尘彻底清除，以免阻塞毛孔。卸妆完毕，选择没有刺激性且pH值为5.0～6.5的中性洗面奶，由下往上，经由鼻翼向脸颊外按摩，以画弧形的方式顺着血液经络，重复2～3次，再以32℃～40℃的水，洗去泡沫，不要用太冷或太热的水，因太冷较难洗净油垢，太热则容易诱发皱纹、肌肤松弛等现象。

做好去角质保养

去除老废角质是促进肌肤新陈代谢、有效吸收养分的重要环节之一。大多数去角质产品多属搓除式，去角质的效果较强，但到了干燥的季节要减少此类产品的使用次数，可改用具有温和更新肌肤、促使肌肤老废角质自然脱落功效的去角质产品。这样不但可有效达到活化肌肤的功效，还可为肌肤提供保湿因子。

注意肌肤的保水度

洗脸及淋浴时，不要使用过烫的水，以免使肌肤变得更干燥，水温最好以接近人体温度且不超过40℃最佳。洗澡次数不宜过多，每天最多洗1次澡，时间不要超过15分钟。此外，清洁用品应选用无刺激的无皂碱洁肤用品或中性的天然清洁用品。洗完后，身上过多的水分要赶快拍干，以免遇到冷风加速水分流失，最后再涂上营养霜或滋润性较高的护肤品。

此外，摄取足够的水分也能增加肌肤的光泽与弹性。一般来说，每人每天应摄取2000毫升以上的水分，以维护身体的正常功能，尤其是在空调房中工作的上班族，水分会从表皮蒸发，造成肌肤的干燥及瘙痒，所以更应该多补充水分。

除了选择具有保湿成分的保养品，做面膜更是迅速补水的好方法。面膜的作用是在短时间内制造一个密闭的环境，让肌肤与外界暂时隔离，尽量使有效成分渗入肌肤，提供最佳的护理功效。利用10分钟敷上深层保湿面膜，就能立即补充大量水分，使肌肤展现柔软、水嫩与光泽。脆弱的眼部肌肤因为皮脂分泌较少，老化的速度特别快，因此早晚更应该使用具有良好保湿与滋润效果的眼霜，以延缓眼部周围肌肤的老化，避免眼睛周围细纹提前出现。

做好美白保养

如果身体中的黑色素会慢慢沉积在肌肤表层，再加上缺水等原因，肌肤就容易变得暗沉、蜡黄，因此任何时候美白功课都不能忽视。含有甘草萃取物、左旋C等成分的产品，能有效抑制黑色素生成，减少雀斑、黑斑等，改善不均匀的肤色，使肌肤看起来更白皙、明亮。另外，也可使用面膜来达到美白淡斑、去除角质、保湿滋润的效果，使肌肤嫩白、水润。

使用抗氧化产品防止肌肤老化

长期缺水的肌肤特别容易产生小细纹，轻

易就能透露出实际年龄的秘密，因此抗老化也是护肤的重点保养问题。建议使用多酚类抗氧化产品、胶原蛋白、维生素E等营养物质的护肤品，防止肌肤胶原蛋白流失，有效防皱、除皱，令肌肤焕发青春光采！

避免不良的小动作

脸部肌肤比较脆弱，尤其是眼睛周围的肌肤，一些习惯性的小动作，如眯着眼睛看东西、躺着看书、挤眉弄眼、用手揉眼睛等，都会给肌肤造成很大的刺激，容易导致皱纹出现。因此，平时一定要避免做这些不良的小动作。另外，还要适当放松表情肌，笑的时候不要太夸张，更不要皱眉头或是维持同一个表情过久。

定期按摩肌肤

脸部血液循环的快慢会影响面容。脸部的血液循环变慢，肌肤就容易出现暗沉、粗糙等问题。建议定期使用含丰富植物精华与保湿成分的按摩霜来按摩脸部肌肤，促进血液循环，使肌肤柔嫩、光滑、并展现红润气色。建议中、干性肌肤每周按摩5次，每次10～15分钟；混合性肌肤每周按摩3次，每次5～10分钟；油性肌肤每周按摩2次，每次3～5分钟；敏感性肌肤每周按摩1次，每次不超过3分钟。

保证充足而良好的睡眠

良好的睡眠质量能让你容光焕发，每天都能亮丽光鲜地出门。而经常熬夜或失眠都会让脸色变得暗淡无光，肌肤也会变得粗糙，甚至还会冒出让人讨厌的青春痘。因此，若想拥有迷人的肌肤，一定要保证充足而良好的睡眠。

经常泡澡

泡澡无论对身体还是对肌肤都十分有益。泡澡的好处很多，经常泡澡，能帮助身体排出毒素，缓解压力，放松精神，还能起到瘦身的作用。

泡澡时，热水会使身体温度升高，让体内的血管扩张，从而促进血液循环顺畅，令肤色健康、红润。而且泡澡时身体会大量流汗，使堵塞在毛细孔中的老废角质与污垢软化剥落，从而使肌肤柔嫩、光滑。另外，热水会加速体内的新陈代谢，有助于身体热量的消耗，再搭配适度的按摩更能有效改善因为局部循环不良所引起的肥胖，达到瘦身的效果。

做好防晒工作

出门前15～30分钟，先涂上一层耐水、耐汗、耐皮脂功效且防晒系数至少为30倍的防晒品，让肌肤有时间吸收，并要保证2小时补充1次防晒乳液。

除了擦防晒隔离产品外，最好穿着长袖衬衫和长裤等可以防御紫外线的衣物。戴12厘米宽的宽边圆帽，以保护脸颊，并能兼顾耳朵和脖子后的肌肤。并再戴上能遮盖包括眼睛四周并能完全阻挡紫外线的大镜面太阳镜。最好搭配遮阳伞使用。同时要注意气象预报中的紫外线指数，如果指数大于7～9，就尽量不要在10：00～14：00外出。紫外线指数若大于10，就要尽量避免外出。

Skin 测试：你的肌肤安全吗？

请从以下问题中选出符合你的选项，并根据选项算出得分，再根据结果测试一下你的肌肤是否处于安全状态，并找出适合你的最佳保养方式。

注：选 A → 3 分　选 B → 2 分　选 C → 1 分

1. 含水量检测：你的肌肤干燥且不易上妆吗？

A.看起来干燥且有脱屑现象。

B.看起来干燥且有浮粉现象。

C.看起来细致且有光泽。

2. 出油量检测：你的毛孔粗大吗？

A.肌肤毛孔大又明显。

B.T 字部位明显，两颊还好。

C.很细致，几乎看不到毛孔。

3. 细致度检测：你脸部的纹理是否细致？

A.全脸毛孔很大且明显。

B.只看得到横向肌纹理。

C.几乎看不到肌肤纹理。

4. 光泽度检测：你的肌肤是否暗沉？

A.肌肤看起来蜡黄且疲倦。

B.肌肤看起来晦暗。

C.肌肤明亮呈粉嫩状。

5. 均匀度检测：你的脸上是否有斑点？

A.25 岁后长出许多斑点而且颜色较深。

B.只有几个斑点点缀其中。

C.几乎不长。

6. 紧致度检测：你的脸上是否有皱纹？

A.眼角嘴边有较深的纹路或细纹。

B.笑的时候才有几条细纹牵动。

C.几乎没有。

7 分以下：总体上较安全！

不要因为天生丽质就随意偷懒，因为肤质会随着生活环境或身体状况而有所改变。

保养建议：每周自己敷脸 1 次，每月做 1 次全面的保养。

8～12 分：该小心注意了！

你的肌肤已经在抗议喽！再不注意可能会出问题！

保养建议：每周自己敷脸 1～2 次，每月做 1～2 次全面保养。

13 分以上：要特别注意！

再不保养的话，“未老先衰”、“干妹妹”将要变成你的代名词了！

保养建议：每周自己敷脸 2～3 次，每周做 1 次全面保养。

Skin 面膜护肤的Q&A

Q 面膜敷得越久效果越好吗?

A: 一般面膜的建议使用时间是15～20分钟。有些人认为敷得越久功效越好，所以就自行增加敷面膜的时间。其实，在15～20分钟内，肌肤对有效成分的吸收已经饱和了，所以没必要增加敷面膜的时间，面膜敷得太久反而可能造成一些伤害。因为面膜成分中，有些刺激的成分如果酸、水杨酸等，敷太久可能造成刺激。面膜的水分渐渐蒸发后，有效成分的浓度会升高，使得原本不会刺激的成分也变得刺激。如果敷得太久，面膜变干了，不但没有保湿作用，反而会把角质的水分蒸发到空气中，造成肌肤干燥过敏。

Q 脸上长了青春痘能敷面膜吗?

A: 如果情况不太严重，可以用具有控油、清洁作用的面膜，如泥状且含有抗痘、消炎、镇静成分的面膜等。如果脸上长有脓包或有细菌滋生，就不可长期敷用保湿类或偏油性的面膜，以免脸部长期处在封闭微温状况下，使青春痘更严重。但无论是哪种青春痘都不适合使用有磨砂颗粒的面膜，以免面膜的颗粒让痘痘破皮，留下疤痕。

Q 面膜应该多久使用一次?

A: 根据面膜功效的不同，其使用的频率也有所区别。保湿面膜基本上可以天天用；具有深层清洁功效的面膜平均每周使用不超过2次，油性肌肤每周2次，干性肌肤使用1次；滋润面膜每周使用不可超过2次，以免造成脸部营养过剩，引起过敏、暗疮等；其他有特殊功效的面膜也不适宜频繁使用。但由于每个人的肌肤性质都不一样，要根据自己的实际情况使用面膜。

Q 一天中何时敷面膜最有效?

A: 肌肤的吸收能力和一天的任何时间没有什么直接关系，但是当肌肤表面温度高或者血液循环好的时候，肌肤对有效成分的吸收效果会比较好。做完运动、洗完热水澡后都是很好的时机。一般来说，由于晚上时间比较充裕，所以建议晚上沐浴及洗脸后敷面膜。一方面基础清洁已经做好了，另一方面也可以利用热水的温度增加肌肤表面的温度。但是不适合在太累的时候敷面膜，以免不小心睡着而敷太久。建议晚上敷面膜的另一个原因是精华液通常比较滋润黏稠，早上如果敷完面膜再要涂上防晒乳或化妆，会造成肌肤的油腻感，或是因为高分子胶而造成 “橡皮擦效应”。

Q 自制面膜如果一次用不完，应该怎样保存?

A: 大多数自制面膜都不宜长期保存，最好一次用完。但如果一次未用完，需要保存起来时，一定要用带盖的封闭性好的容器，放入冰箱中冷藏保存，但保存时间不宜超过一周。取用时最好用工具挖取，而不要直接用手，如果一次取用的面膜没有用完，不要放回容器中。

Q 自制面膜敷得越厚效果越好吗?

A: 不一定。大部分面膜涂得越厚越能发挥作用，因为只有涂得较厚，才能完全封住表皮层，让肌肤升温，以便全面发挥面膜的功效。但有些面膜涂得过厚反而会让肌肤透不过气来，造成肌肤“缺氧”而无法吸收面膜中的成分，如一些不必清洗的乳霜型面膜等。

PART 2

日常滋养

面膜

美丽的肌肤是每一天精心呵护的成果，忙碌之余，千万不要忘了自制一些面膜来滋养肌肤哟！

○麦片酸奶去污面膜
○蜂蜜牛奶滋润面膜
○樱桃蜂蜜养颜面膜
○绿豆苦瓜控油除痘面膜
○薰衣草甘菊控油面膜
……

Skin

深层清洁面膜

肌肤保养第一步——清洁

◎做好肌肤的清洁工作

我们的肌肤含有一定的水分和油分，其中的油分能帮助肌肤锁住水分，但同时也会吸附空气中的灰尘颗粒及其他污垢。也就是说，空气的污染程度越高，肌肤就越容易变脏。同样的原理，我们使用的所有保湿面霜或营养面霜也会将污垢聚集在肌肤上。另外，肌肤表面的汗液蒸发后，盐分和废物颗粒也会存留在肌肤表层。如果不及时清除死皮，同样会积聚粉尘和污物。

如果不及时清除肌肤上的污物，不仅会使肌肤看起来暗淡无光，还会导致污物阻塞毛孔，引发粉刺和黑头。如果你有化妆的习惯，尽管妆化得很薄，化妆品中含有的油脂和色素颗粒同样会增加肌肤的负担。

因此，清洁是所有肌肤护理的基本要求，不论你属于哪种肤质，清洁永远是肌肤保养最重要的一个环节，否则便无法改善肤质。

◎怎样选择洁肤产品

洁肤产品大致分为三种类型：固体型、液状泡沫型、黏稠的霜剂。自己究竟该选择哪种呢？最重要的是看洁肤产品的成分。美容专家认为：纯植物护肤品最能亲近肌肤。因为纯净的植物精油和萃取物制成的洁面产品温和无刺激而且去污能力非常强，不含有破坏肌肤自然机能的化学成分。

正确的洁肤方法

洁肤时间段	产品选用	清洁目的
早晨	选择一种清爽的含有草药成分的洁肤露，或者天然植物香皂，但一定要适合自己的肤质。	洗去在夜间积累的肌肤自然分泌物、污垢和残余的晚霜。
晚上	选择一种牛奶洗液或洁面霜（也可以自制），将可溶性污物洗去，然后涂上适合自己肌肤的植物精华素和精油，最后再用植物皂或温和的化妆水重新清洗一次。	彻底洗去皮脂分泌物和化妆留下的痕迹。
白天	在肌肤上喷洒少量的化妆水（选择不含酒精成分的，或者自己调配）即可。	清除多余油脂及肌肤上粘留的灰尘及其他污物。

彻底去除油性脏污的卸妆方法

在脸上附着一天的粉底、大气污染物质、香烟等油性脏污，一旦残留在肌肤上，将会导致各种问题与麻烦。而且现在的粉底贴合度高，相对地也变得更难卸除干净了。像这一类的油性污垢，光用洗面奶很难洗净，这就需要掌握恰当的卸妆方法，才能彻底清洁肌肤。

◎卸妆对角质层的影响

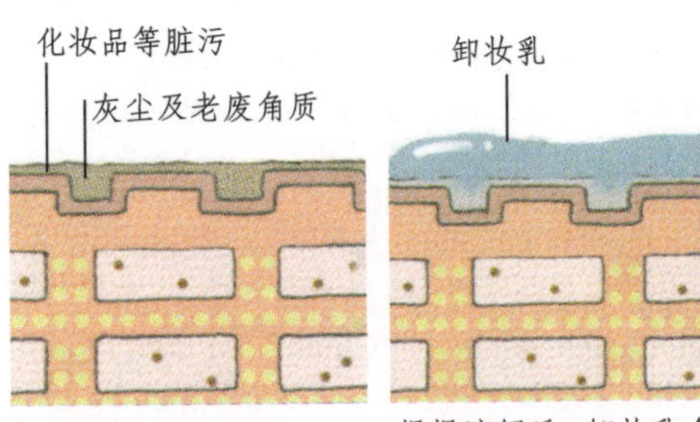

卸妆乳在附着了粉底、皮脂及大气污染等的肌肤上。

慢慢溶解后，卸妆乳会深入毛孔中，溶化脏污并使其浮出，变成较容易脱落的状态。

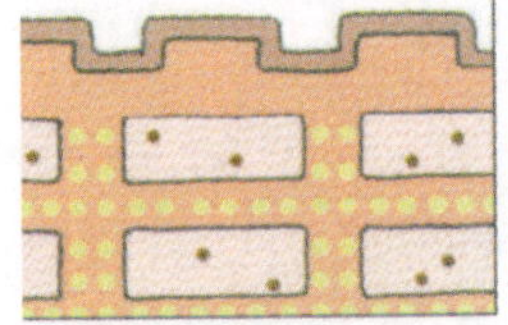

最后再加以冲洗或擦拭，这样一来，油性脏污就不会残留在肌肤表面。

◎卸妆的顺序

首先将卸妆乳放在掌心微微加温，再由脸颊或额头等面积较大的部位涂起，然后是眼部、眉毛、嘴唇等重点部位。当手的触感变轻时，就是卸妆乳已经溶解脏污的表现，最后以稍凉的温水冲洗即可。

◎开始卸妆啦

卸妆前最好选择乳液或乳霜状卸妆乳。水油平衡良好的乳液状或乳霜状卸妆乳给肌肤造成的负担较少，又能彻底清除污垢。它不会夺走肌肤必需的水分，只会带走不必要的脏污。如果不知道要选择哪一个品牌，干脆买与粉底相同的牌子，搭配使用效果较好。

1.忌用力揉搓。卸妆乳充分渗入肌肤中后就可以溶解肌肤中的脏污，并使其浮出并脱落。如果太用力搓洗，或只是随意涂抹，脏污溶解的效力将会减半。正确的手法应该是慢慢按摩，使卸妆乳逐渐渗入肌肤，慢慢溶解肌肤中的脏污。

2.夹搓式卸睫毛膏。用手指蘸取卸妆乳，夹住睫毛，轻轻地搓揉按压，就可以卸得干干净净。记住不要用力搓，轻柔地慢慢搓揉即可收到较好效果。

3.别忽略眉毛这一盲区。一旦没有卸干净眉毛里的残妆，粉底或眼影就会残留在肌肤上，导致痘痘的产生。

4.用化妆棉擦拭黏腻的卸妆乳。冲洗卸妆乳时，如果感觉太过黏腻，可在冲洗前先用化妆棉擦拭，将油分及脏污擦去。若是太用力会刺激到肌肤，所以按压脸部轻轻擦拭即可。

蜜桃燕麦去角质面膜

适用肤质 中、油性肌肤

制作方便度：★★★★ 推荐指数：★★★

【材料】蜜桃1个，蜂蜜1小匙，燕麦1小匙

【做法】

1.蜜桃洗净、去核、去皮后切成小块。

2.将蜜桃块放入锅中用小火煮至软熟，盛入容器中，用汤匙将蜜桃肉压成泥状。

3.将蜂蜜、燕麦一同加入蜜桃泥中，充分搅拌均匀。

【用法】

洁面后，将面膜均匀地涂在脸上，避开眼、唇四周。约10分钟后，用温水彻底洗净即可。每周使用1～2次。

蜜桃中含天然AHA，有助于去除脸上死皮，让难看的斑斑、痘痘一扫而光。搭配燕麦、蜂蜜使用，能够彻底清除毛孔中的污垢及毒素，让细胞能够更有效地吸收并锁住水分。

美丽叮咛

◎本款面膜容易变质，最好一次用完，如有剩余，需密封冷藏起来，且尽快用完。

◎油性肌肤在保养时适宜用清透性强的材料，蛋清是较好的选择。

绿豆粉去角质面膜

适用肤质 各种肌肤，尤其适合长痘痘的肌肤

【材料】绿豆粉2大匙，蒸馏水适量

【做法】

1.将绿豆粉放入面膜碗中。

2.将蒸馏水加入绿豆粉中，搅拌均匀即可。

【用法】

洗净脸后，将调好的面膜均匀地敷在脸上，15～20分钟后，用温水洗净，不必再用洗面奶。每周可使用2～3次。

绿豆粉具有很好的清热功效，具有降火气的作用，能预防青春痘产生，还能深层清洁肌肤，软化肌肤角质层，去除肌肤的老废角质。

美丽叮咛

此面膜使用的绿豆粉制作起来需要花些时间，如果觉得自己研磨比较费事，可直接购买成品。

制作方便度：★★★★★ 推荐指数：★★★★★

橙皮巧克力去污面膜

适用肤质 中、干性肌肤

[材料] 巧克力适量，橙子皮 1 个

[做法]

1.巧克力溶成浆，备用。

2.新鲜橙子皮洗净，切成小颗粒。

3.将做法 1 与做法 2 中的材料混在一起，搅拌均匀。

[用法]

洗净脸后，取适量本款面膜涂在脸上，避开眼睛、唇部肌肤。15～20 分钟后，用清水洗净即可。

橙子皮能去除肌肤角质；而巧克力可以深层吸附油污，清洁肌肤，用过之后，会觉得肌肤比先前润滑许多。二者搭配制成面膜，清洁肌肤、软化角质的效果非常明显。

美丽叮咛

◎如有条件，可在此面膜中加入少量新鲜的椰丝。

◎搅拌时要注意做到浓稠厚实，以免涂抹到脸上以后不会因过稀而流得到处都是。

延伸阅读

巧克力是美眉们特别喜爱的食品之一，不过，美眉们也许不知道，巧克力不仅好吃，还具有美容的神奇功效。如今，在美国等西方国家，巧克力美容日益流行，爱美的人们不再仅仅局限于传统的美容方法，而是让自己尽情享受香浓、甜蜜的巧克力浴、巧克力按摩中。它能促进人体的血液循环、改善肌肤的新陈代谢，令肌肤恢复活力。

制作方便度：★★★★　推荐指数：★★★★

✓ **保存期限：** 最好一次用完

✓ **美丽费用：** 3 元

✓ **材料购买地：** 巧克力→超市　橙子→农贸市场

花奶西红柿清洁面膜

适用肤质　各种肌肤

制作方便度：★★★★　推荐指数：★★★

[材料] 小西红柿3～5个，干菊花10朵，全脂奶粉2大匙，沸水适量

[做法]

1.将菊花泡在沸水中约3分钟后，用无菌滤布将残渣滤去，留取菊花水。

2.将小西红柿洗净、捣成泥状，与全脂奶粉一同放入菊花水中，调匀。

[用法]

洁面后，将本款面膜均匀地涂于脸部，再盖上面膜纸，以防滴漏。约15分钟后，用清水彻底洗净即可。

深层清洁肌肤，去除老化角质，减少黑色素沉积。

美丽叮咛

本款面膜最好一次用完，若无法用完需用玻璃器皿密封后放于冰箱中冷藏。

咖啡去角质面膜

适用肤质　除敏感肌肤外均适用

[材料] 咖啡粉、蜂蜜各3小匙，橄榄油2小匙

[做法]

1.将橄榄油和蜂蜜搅拌均匀。

2.再将橄榄油、蜂蜜、咖啡粉混合均匀。

[用法]

洗净脸后，将此面膜均匀地敷在脸上，避开眼部及唇部，轻轻按摩3分钟后，用清水洗净即可。

咖啡中含有咖啡因及矿物质，具有祛除暗沉及活化肌肤的作用，能有效去除肌肤角质，使肌肤光滑、柔嫩、紧实，防止肌肤松弛，对改善黑眼圈也有良好的作用。如用此面膜按摩身体，能促进血液循环，还有不错的瘦身功效。

美丽叮咛

◎此面膜尽量不要在睡前使用，以免越按摩精神越好，导致失眠。

◎蜂蜜较黏稠，为了方便按摩脸部，可添加适量橄榄油稀释一下。

制作方便度：★★★★★　推荐指数：★★★★

麦片酸奶去污面膜

适用肤质 各种肌肤

[材料] 酸奶、蜂蜜、麦片各1大匙

[做法]

将酸奶、蜂蜜、麦片一同放入面膜碗中搅拌成糊状即可。

[用法]

洗净脸后，用面膜刷将面膜均匀地涂在脸上，避开眼睛、唇部、发际，约30分钟后用清水将面膜清洗干净即可。

酸奶的洁肤、护肤功效非常好；蜂蜜又被称为天然的护肤保养品，二者搭配制作面膜，能有效清除毛孔中的污垢，让肌肤自由呼吸，帮助肌肤吸收水分和养分，具有良好的补水、滋润效果。

美丽叮咛

◎酸奶不仅能食用，而且能美容，爱漂亮的你可以一试哟！

◎由于此面膜较干燥，在洗掉时要轻柔且有耐心，以免使肌肤受伤。

制作方便度：★★★★★　推荐指数：★★★★

✓ **保存期限：** 最好一次用完

✓ **美丽费用：** 2元

✓ **材料购买地：** 酸奶→超市　蜂蜜→超市　麦片→超市

延伸阅读

酸奶的奇妙用途

酸奶是天然食物，也是非常好的护肤材料。过了期的酸奶也不要丢掉，可将其用于卸妆上。卸妆前，将酸奶轻轻涂敷脸部，用化妆纸拭净后，再用柔软湿巾轻拍脸上，有非常舒爽的效果，而且清洁效果非常好。

黄瓜芦荟去角质面膜

适用肤质 各种肌肤

制作方便度：★★★★ 推荐指数：★★★

[材料] 黄瓜半根，芦荟 1 片

[做法]

1.黄瓜洗净、去皮，芦荟洗净、去皮，一同放入榨汁机中，榨取汁液。

2.用无菌滤布滤取汁液。

3.将黄瓜汁、芦荟汁一同放入容器中，充分搅拌均匀。

[用法]

洁面后，取适量面膜均匀涂抹在脸上，避开眼、唇部肌肤。约 15～20 分钟后，用温水清洗干净即可。

芦荟含有皂素苷、多种氨基酸和矿物质，具有良好的抗菌、清洁、保湿功效，是消炎、美白肌肤的美容佳品。与黄瓜搭配可以同时为肌肤补充维生素C、氨基酸和黏多糖体，使肌肤更加嫩滑。

美丽叮咛

◎有伤口或痘痘的肌肤不宜使用。

◎有些人对芦荟皮有过敏反应，在制作本款面膜时，最好先将芦荟去皮，以免引起不适。

丝瓜面粉洁肤面膜

适用肤质 各种肌肤

[材料] 新鲜丝瓜 50 克，面粉 3 小匙

[做法]

1.新鲜丝瓜洗净，去皮。

2.将丝瓜切成小块，放入搅拌机中搅打成糊。

3.将面粉加入丝瓜糊中，搅拌均匀即可。

[用法]

洗净脸后，将调好的面膜均匀地敷在脸部及颈部，避开眼部和唇部周围。约 10～15 分钟后，用温水洗净即可。

丝瓜中含有大量的水分和维生素，能促进肌肤细胞的新陈代谢，具有增强肌肤防御能力、调节肌肤水油平衡、有效清洁美白肌肤、淡化皱纹和色斑等多种作用。

美丽叮咛

这款面膜不宜久存，最好一次用完。

制作方便度：★★★★★ 推荐指数：★★★★★

牛奶砂糖洁肤面膜

适用肤质　各种肌肤

[材料] 牛奶2大匙，砂糖2大匙

[做法]

将砂糖加入牛奶中，充分搅拌。

[用法]

洗净脸后，将此面膜均匀地涂在脸部，避开眼睛、唇部肌肤，静敷20分钟后洗净，清洗时一边按摩，一边冲洗，可以达到去角质的效果。

牛奶是一种能使人重返青春的美容圣品，它具有养颜、安神、调节心情的功效。长期坚持用本面膜，能有效去除肌肤角质，彻底清洁肌肤，使肌肤嫩滑、白皙、充满光泽。

美叮咛

以牛奶为材料制作面膜，虽然属于天然护肤品范畴，但敏感性肤质的人还应慎用。可先在耳后做小面积试验，如无出现过敏症状，则可以继续使用。

制作方便度：★★★★★　推荐指数：★★★★

✓ **保存期限：** 最好一次用完

✓ **美丽费用：** 2元

✓ **材料购买地：** 牛奶→超市　砂糖→超市

延伸阅读

不同年龄肌肤的清洁方法

洁肤方法要根据不同的时间，不同的年龄段有所调整。对于20岁左右的女性，清洁的重点在于控油，为了保持肌肤的清爽；30岁时，要对肌肤进行适当的刺激，提升肌肤的代谢率；40岁时肌肤越发变薄，屏障脆弱，所以清洁肌肤时要温和清洁，防过敏，磨砂等刺激性强的洁肤用品尽量少用。

Skin

滋养保湿面膜

你需要保湿补水面膜吗

◎肌肤特征

- **洗脸后10分钟，肌肤仍有局部干燥现象。**
- T字部位出油很多，但两颊特别干燥、紧绷。
- 局部肌肤容易生成小细纹及斑点。
- 季节交替时，肌肤容易干燥、粗糙。
- 上妆后容易出现粉堆积及脱屑现象。

测试结果：如果有上述三项以上，你就该使用补水面膜啦！

◎简易检测法

早上洗过脸，到中午时用手指轻摸鼻子，若无油腻感，甚至能刮下些小皮屑，那么你就该为肌肤补水了。

◎保湿产品选购秘诀

- 不宜选择去油力较强的脸部清洁用品。
- 可选择不含酒精成分的化妆水。
- 涂抹滋润性强的乳液或面霜。

让肌肤滋润有弹性的小秘笈

如果平时没有时间拯救自己干燥的肌肤，到了周末就要特别花费一些时间来做保养了，爱漂亮的美眉们，不妨尝试一下以下的方法，看看你那干燥的肌肤是否得到了改善。

1.芳香熏脸防干燥

洗脸后，在洗脸盆内滴入1～2滴自己喜爱的芳香精油，然后倒入热水。当冒出蒸汽时，把脸部靠近蒸汽，直到蒸汽消失。

Tips

根据肤况选精油

为肌肤干燥而烦恼的美眉，可选择具有镇静、保湿效果的薰衣草、天竺葵和伊兰等芳香精油。不仅在蒸脸器内可使用芳香精油，还可以当作底油加以稀释调成来按摩润滑。

2.锁住水分不外露

洗脸后，依序涂抹化妆水—精华液—面霜来滋润保养肌肤，待面霜被完全吸收后，再均匀地涂抹适量的滋润油，由下往上轻轻地按摩，这样能使保养品更容易渗入肌肤中。

橘汁芦荟滋养修护面膜

适用肤质 各种肌肤

[材料] 柑橘汁1小匙，鲜芦荟1小片，维生素E胶囊1粒，面粉适量

[做法]

1.将芦荟洗净，去刺去皮，捣成泥状。

2.用剪刀将维生素E胶囊剪开，把维生素E油液、柑橘汁、面粉倒入芦荟泥中，调匀。

[用法]

洁面后，将调制好的面膜涂抹在脸上，注意避开眼睛及唇部周围肌肤。约20分钟后，用温水洗净即可。

美人功效　促进肌肤新陈代谢，滋润肌肤，并能在肌肤表面形成保护膜，防止辐射。

美丽叮咛

◎本款面膜放入玻璃器皿中密封，冷藏，可保存15天左右。

◎柑橘汁有一定的刺激性，因此使用前需先涂抹于手臂内侧，做一个肌肤敏感测试，如果未产生过敏现象则可以使用。

制作方便度：★★★★　推荐指数：★★★

豆腐蜂蜜保湿面膜

适用肤质 各种肌肤

制作方便度：★★★★★　推荐指数：★★★★

[材料] 豆腐1小块，蜂蜜1大匙，面粉适量

[做法]

1.将豆腐放在面膜碗里，捣成泥状。

2.将蜂蜜加入豆腐中，再加入面粉拌成糊状即可。

[用法]

洗净脸后，将调好的面膜敷在脸上，避开眼睛、唇部肌肤。约10分钟后，用清水洗净即可。

美人功效　豆腐、蜂蜜具有滋润保湿的功效，面粉能深层清洁肌肤，紧致毛孔。三者搭配使用，可使肌肤滋润、白皙，还能淡化色斑，收敛粗大的毛孔。

美丽叮咛

◎此面膜最好现做现用，不要长时间保存，以防变质。

◎蜂蜜是极好的润肤材料，肌肤干燥的人直接将蜂蜜涂在脸上，约10分钟后洗去，也能较好地滋润肌肤。

白芷绿豆粉保湿面膜

适用肤质 油性及混合性肌肤

制作方便度：★★★ 推荐指数：★★★★

[材料] 绿豆粉3小匙，白芷粉2小匙，蜂蜜、牛奶各适量

[做法]

1.将绿豆粉与白芷粉放入面膜碗中混合均匀。

2.加入牛奶、蜂蜜后搅拌均匀即可。

[用法]

洗净脸后，将调好的面膜均匀地敷在脸上，避开眼部及唇部肌肤。约15分钟后，用清水洗净即可。

美人功效

绿豆粉、白芷具有很好的清热、消炎、抗菌功效；蜂蜜既能滋润肌肤，又具有清洁作用；牛奶是美白肌肤的佳品。四者合用既能润泽肌肤，又能控制油脂分泌，预防青春痘及暗疮产生，令肌肤润白、光滑。

美丽叮咛

◎此面膜不宜久存，尽量一次用完。

◎每周可使用2次。

红糖蜂蜜保湿面膜

适用肤质 各种肌肤

[材料] 红糖、蜂蜜各1小匙，纯净水少许

[做法]

1.将蜂蜜及红糖放入干净的容器中。

2.将纯净水加入做法1中，搅拌至黏稠状即可。

[用法]

洗净脸后，将调好的面膜均匀地敷在脸上，避开眼、唇部肌肤，为防滴漏，可再覆上一张面膜纸，10～15分钟后取下，洗净。每周可使用2～3次。

美人功效

红糖含有多种矿物质，对肌肤有天然的滋润、保湿作用。红糖与蜂蜜合用，能为肌肤提供保湿因子，具有极好的补水、锁水功效，令肌肤水嫩、莹润。

美丽叮咛

制作面膜时，最好不要用白糖，因为白糖是经提炼加工而成的，除去了许多原有的天然养分，其滋养功效远不如红糖。

制作方便度：★★★★★ 推荐指数：★★★★★

适用肤质　各种肌肤

双汁蛋粉滋养面膜

[材料] 芦荟叶1片，黄瓜1根，鸡蛋1个，面粉2大匙，红糖2小匙

[做法]

1.芦荟叶洗净，去刺，去皮，放入榨汁机内榨出汁液。

2.黄瓜洗净，去皮，放入榨汁机内榨出汁液。

3.鸡蛋打散后搅匀，加入芦荟汁、黄瓜汁、红糖、面粉，调匀即可。

[用法]

洗净脸后，将面膜均匀地抹在脸上，避开眼、唇周围，25分钟后用温水洗净。

芦荟中含有大量的植物蛋清、芦荟特有的芦荟素、多种氨基酸、酶类活性成分等，能促进血液循环和细胞再生，还能软化角质，滋养肌肤，抑制黑色素沉积。

美丽叮咛

黄瓜具有很好的镇静效果，这款面膜尤其适用于敏感性肤质。

延伸阅读

瑜伽嫩肤——扣兔式

扣兔式能通过按摩腹部器官来促进肠蠕动，防止体内毒素堆积，预防肤色暗沉、青春痘、皱纹等肌肤问题。具体做法：

1.跪坐，臀部放在两脚跟上，脊柱伸直，颈部挺直。

2.上半身向前弯屈，把额头放在地面上。手臂伸直，放在小腿两侧，手掌向上。

3.抬起臀部，让头顶触地，大腿与地面垂直。双手在背后交叉，并向头的方向伸展。保持该姿势10～15秒钟。

制作方便度：★★★★　推荐指数：★★★

✓ **保存期限：** 最好一次用完

✓ **美丽费用：** 3元

✓ **材料购买地：** 芦荟叶→花店　黄瓜→农贸市场　面粉→粮油店　红糖→超市　鸡蛋→农贸市场

双粉蛋清保湿面膜

适用肤质 各种肌肤

制作方便度：★★★★ 推荐指数：★★★★★

[材料] 核桃粉20克，珍珠粉2克，鸡蛋1个，蜂蜜1小匙，牛奶半杯

[做法]

1.鸡蛋打破，去壳，留取蛋清。

2.将蛋清、珍珠粉、核桃粉、牛奶、蜂蜜一同放入碗中，充分搅拌均匀。

[用法]

洁面后，将本款面膜均匀地涂在脸上，避开眼部及唇部四周肌肤。约20分钟后，用清水彻底洗净即可。

美人功效

面膜中加入核桃粉可改善肌肤松弛状况，使肌肤变得紧致、嫩白、有光泽，蜂蜜的滋润性很好，与牛奶搭配使用，功效更佳。

美丽叮咛

◎本款面膜最好一次用完，若无法用完需用玻璃器皿密封放入冰箱里冷藏，可保存5天。

◎晚上睡觉前使用效果最佳。

豆腐牛奶保湿面膜

适用肤质 各种肌肤

[材料] 南豆腐1/4块，牛奶适量，面粉1大匙

[做法]

1.将豆腐捣成泥状备用。

2.将面粉、牛奶、豆腐依次放入碗中搅拌均匀，至呈黏稠状即可。

[用法]

洗净脸后，将调好的面膜均匀地敷在脸上，避开眼、唇部肌肤。约15分钟后，再用清水洗净即可。每周可使用2～3次。

美人功效

豆腐含有丰富的大豆异黄酮，它具有与雌激素相似的功效，能抵抗肌肤氧化，延缓衰老，还能为肌肤补水，令肌肤白皙、细致、水嫩。豆腐与牛奶、面粉合用，能深入清洁毛孔，去除堵塞毛孔的老化角质，使营养与水分通过毛孔渗入肌肤，令肌肤润泽、光洁、有弹性。

美丽叮咛

此款面膜不宜久存，最好一次用完。

制作方便度：★★★★★ 推荐指数：★★★★★

橙子蜂蜜滋养面膜

适用肤质 各种肌肤

[材料] 橙子半个，蜂蜜1大匙

[做法]

1.橙子洗净，切开，将半个橙子放入榨汁机中榨汁，滤取汁液，放入玻璃器皿或面膜碗中。

2.将蜂蜜放入橙汁中，用搅拌筷调匀即可。

[用法]

洗净脸后，将面膜均匀地涂抹在脸上，避开眼睛、唇部肌肤。20分钟后用温水清洗干净即可。

现代研究表明，内服或外用蜂蜜，均可改善营养状况，促进肌肤新陈代谢，增强肌肤的活力和抗菌力，减少色素沉着，防止肌肤干燥，使肌肤柔软、洁白、细腻，并可减少皱纹和防治粉刺等肌肤问题，起到理想的美容养颜作用。

美叮咛

◎使用该面膜后要避免阳光曝晒。

◎清洗面膜时，一定要确保彻底清洁，虽然橙子的酸性比柠檬弱，但清洗不彻底也会伤害肌肤。

延伸阅读

享受红酒浴，拥有娇嫩肌肤

红酒中丰富的葡萄多酚具有抗氧化、促进血液循环的作用。红酒中的酒精可以促进肌肤吸收养分，让营养成分更快进入肌肤里层。

方法：将适量红酒加入温水中搅匀，夏季倒入量为500毫升，冬季为750毫升左右。注意水温不要太高。浴后应彻底用清水清洁，随后涂上护肤乳，以加强锁水功效。

制作方便度：★★★★ 推荐指数：★★★

✓ **保存期限：** 最好一次用完

✓ **美丽费用：** 2元

✓ **材料购买地：** 橙子→农贸市场 蜂蜜→超市

蜂蜜牛奶滋润面膜

适用肤质 各种肌肤

制作方便度：★★★★★ 推荐指数：★★★★

[材料] 蜂蜜2大匙，脱脂牛奶适量

[做法]

1.将脱脂牛奶缓缓加入蜂蜜中，边加入边搅拌。

2.充分搅拌均匀即可。

[用法]

洁面后，将本款面膜均匀轻柔地涂抹在脸上，避开眼部、唇部肌肤，用指腹以由内向外以打圈方式按摩15分钟，再用清水彻底洗净即可。

能长久滋润肌肤，补充肌肤所需的水分。

美丽叮咛

◎本款面膜不宜保存，最好一次用完。

◎最好选用脱脂奶粉，如果奶粉中脂肪含量过高，会使脸部肌肤营养过剩，易长痘痘。

芦荟薏仁润肤面膜

适用肤质 各种肌肤

[材料] 芦荟1小段，蜂蜜1小匙，薏仁粉1大匙，凉开水少许

[做法]

1.芦荟去皮，去刺，取出内部透明叶肉备用。

2.将芦荟叶肉用研钵研磨至泥液状。

3.将芦荟泥、蜂蜜、凉开水放入面膜碗中，加入薏仁粉搅匀即可。

[用法]

洗净脸后，将调好的面膜均匀地敷在脸上，避开眼部及唇部肌肤，10～15分钟后，用清水洗净。每周可用2～3次。

这款面膜具有保湿、美白的双重功效，坚持使用，可令肌肤净白、润泽、有弹性。

美丽叮咛

敏感性肌肤的美眉在使用本面膜前一定要做测试。

制作方便度：★★★★ 推荐指数：★★★★★

冬瓜蜂蜜滋养面膜

适用肤质 各种肌肤

[材料] 冬瓜100克，核桃20克，蜂蜜3小匙

[做法]

1.冬瓜洗净，去皮，切丁，放入榨汁机中打成泥。

2.核桃仁打成粉末，备用。

3.将冬瓜泥、核桃粉、蜂蜜放入面膜碗中，搅拌成糊状。

[用法]

洗净脸后，将面膜均匀地涂抹在脸上，避开眼、唇部。20分钟后，用温水洗净。

冬瓜具有淡化色素的功效。核桃仁含有丰富的维生素E、维生素B6，不仅能帮助肌肤抵抗氧化，还能减少紫外线对肌肤的伤害；蜂蜜具有保湿作用。

美叮咛

如果面膜一次没有用完，可将剩余的倒入保鲜袋中密封，置于冰箱中保存，且一周内必须用完。

制作方便度：★★★★　推荐指数：★★★★

✓ **保存期限：** 最好一次用完

✓ **美丽费用：** 3元

✓ **材料购买地：** 冬瓜→农贸市场　核桃→农贸市场　蜂蜜→超市

延伸阅读

秋季慎用甘油保湿

甘油能吸收空气中的水分，令其覆盖的肌肤时刻保持湿润。但是，秋季使用甘油滋润肌肤就有些不妥了。因为甘油的保湿效果很容易受到空气的湿度影响，秋季空气比较干燥，用甘油产品保湿效果就会较差，它在空气中吸收不到充足的水分，就会从肌肤真皮中吸取水分，令肌肤更加干燥，甚至脱水。

Skin 活肤亮颜面膜

简单的按摩让眼部肌肤亮起来

早晨起床后，照镜子一看，两个大大的“熊猫眼”难免让爱美的你暗自伤神。黑眼圈的形成大多与睡眠不足、生活不规律造成血液循环欠佳有关。由此看来，要想彻底避免“熊猫眼”，首先要促进眼睛周围的血液循环，改善血管阻塞。这样不仅黑眼眶会变淡，眼睛也会变得更清澈明亮，给人留下炯炯有神的印象。

1.钩指按压

两手作成“钩状”，以食指的第二关节沿着下眼睑从脸部的中心朝外侧按压，每处按压3秒，以产生舒适感为宜。

2.按摩眉骨

以中指、无名指的2只指尖按住眉毛的上方，按照眉头—眉峰—眉尾的顺序，以画小圈的方式按摩。反复按摩3次，最后稍加用力按压太阳穴。

按摩眼部时的注意事项

- 可先抹上眼霜再进行。
- 因为是敏感部位，注意不可用力摩擦。
- 养成每天按摩的好习惯，效果会更加显著哟！

3.画圈式按摩

和步骤1所按压的部位相同，把中指指腹按在下眼睑骨线凹处。从眼角朝眼尾的方向按压，以画圆圈的方式来按摩。按压3秒钟。

适用肤质 各种肌肤

胡萝卜美白润肤面膜

[材料] 胡萝卜半根，西红柿、黄瓜各适量

[做法]

1.胡萝卜洗净去皮，西红柿、黄瓜洗净，然后一同放入榨汁机中榨取汁液。

2.用无菌滤布将残渣滤掉，留取汁液。

[用法]

洁面后，用棉签蘸取胡萝卜汁液涂于面部，避开眼睛、唇部肌肤。约15分钟后，用清水彻底洗净即可。

消除黑色素沉着，改善肤色，让肌肤更白皙。

美丽叮咛

◎本款面膜材料好买且制作容易，要想取得最好的效果，最好即做即用。

◎可以只用胡萝卜榨汁敷面，效果同样很好。

制作方便度：★★★★★ 推荐指数：★★★★

鲜柚莲子淮山美颜面膜

适用肤质 各种肌肤

制作方便度：★★★ 推荐指数：★★★★

[材料] 葡萄柚半个，莲子10颗，淮山粉1大匙，纯净水半杯

[做法]

1.将葡萄柚的果肉挖出，放入果汁机中榨汁。

2.将莲子研磨成粉。

3.将葡萄柚汁和莲子粉末与淮山粉一起放入面膜碗中，加半杯纯净水搅拌均匀即可。

[用法]

洗净脸后，将调好的面膜均匀地敷在脸上，避开眼、唇部肌肤，稍加按摩，约10分钟后用清水洗净即可。

这款面膜能改善肤色，改善脸部的气血，使肌肤明亮、光滑、充满弹性。

美丽叮咛

淮山粉一定要用干品，不能用新鲜的山药泥代替，以免鲜山药中的黏液刺激肌肤，产生过敏。

草莓酸奶滑肤面膜

适用肤质 油性及混合性肌肤

制作方便度：★★★ 推荐指数：★★★★

[材料] 草莓5个，蜂蜜3小匙，酸奶半杯，面粉2大匙

[做法]

1.草莓去蒂，洗净，与蜂蜜一起放入搅拌机中搅打成泥，倒入容器中。

2.将酸奶、面粉一同放入碗中，搅拌均匀。

3.将前两步中做成的东西放在一起，充分混合均匀即可。

[用法]

洗净脸后，将调好的面膜均匀地敷在脸上，避开眼、唇部肌肤，10～15分钟后，用清水洗净即可。每周用1～2次。

这款面膜含有丰富的维生素C，能防止肌肤衰老，有效滋养肌肤，改善肤色暗沉，增加肌肤活力，令肌肤光滑、细腻、有弹性。

美丽叮咛

这款面膜最好一次用完，如有剩余，将多余产品放在冰箱中冷藏，可保存一周。

蜂蜜梨汁活肤面膜

适用肤质 各种肌肤

[材料] 雪梨2个，蜂蜜适量

[做法]

1.雪梨洗净，去皮、去核，放入榨汁机中，榨汁。

2.用无菌滤布将雪梨果肉滤掉，留取汁液。

3.将蜂蜜加入梨汁中，调匀即可。

[用法]

洁面后，用面膜纸浸透本款面膜，再均匀地敷在脸上，避开眼睛及唇部周围肌肤。约15分钟后，用温水彻底冲洗干净。

具有很好的滋润效果，能有效保持肌肤湿润，使肌肤恢复弹性。

美丽叮咛

◎本面膜可以放在玻璃器皿中密封冷藏，但要在2周内用完。

◎由于市售雪梨皮上都有防腐剂，很难清除，因此建议去皮后使用。

制作方便度：★★★★ 推荐指数：★★★

牛奶酵母美白面膜

适用肤质　各种肌肤

[材料] 牛奶4大匙，酵母粉1小匙

[做法]

将牛奶温热，加入酵母粉，混合搅拌均匀。

[用法]

洗净脸后，将此面膜均匀地涂抹在脸部，避开眼睛、唇部肌肤。约20分钟后用温水洗净即可。

牛奶可使肌肤光洁、白皙，酵母常被用来护肤，能够使肌肤细嫩、光滑。二者搭配使用，有滋润肌肤、美白的神奇功效。

美丽叮咛

◎本款面膜的新鲜度很重要，要即调即用。

◎一定要购买新鲜牛奶，最好不要用奶粉代替。

伸阅读

认识美白成分

◎维生素C。抑制麦拉宁黑色素合成的效果非常好，并能被机体充分吸收，达到美白的效果。

◎酵母菌类。时下一种强力的美白成分。具有抑制麦拉宁黑色素合成的功效，在肌肤科经常用作黑斑的治疗。

◎熊果素。是一种植物营养成分，用来阻断麦拉宁黑色素形成的前导物质——酪胺酸酶的效果很好。

制作方便度：★★★★★　推荐指数：★★★★

✓ **保存期限：** 最好一次用完

✓ **美丽费用：** 2元

✓ **材料购买地：** 牛奶→超市　酵母粉→超市

苹果牛奶滋养面膜

适用肤质 各种肌肤

制作方便度：★★★★ 推荐指数：★★★★

[材料] 苹果1个，牛奶2大匙，鱼肝油胶囊1粒

[做法]

1.苹果洗净，去皮、去核，捣成果泥。

2.用剪刀将鱼肝油胶囊剪开，将鱼肝油油液、牛奶加入果泥中，充分搅拌均匀。

[用法]

洁面后将果泥敷在脸上，避开眼睛、唇部肌肤。约20分钟后，用清水彻底冲洗干净即可。

美人功效

苹果中含有丰富的碳水化合物、胡萝卜素、苹果酸以及纤维素等成分，可以通过紧致肌肤、强化肌肤的储水功能来达到润肤的目的。

美丽叮咛

◎本面膜不宜久存，最好一次用完。

◎制作的时候，加入鱼肝油胶囊，会使面膜具有更加优良的活肤功效。

豆苗牛奶美白面膜

适用肤质 各种肌肤

[材料] 豌豆苗30克，牛奶3小匙

[做法]

1.豌豆苗洗净，磨成细泥状。

2.在豌豆苗泥中慢慢加入牛奶，调至略黏稠至不易滴落的程度即可。

[用法]

洗净脸后，将调好的面膜均匀地敷在脸上，避开眼、唇部肌肤，为防滴漏，可再覆上一张面膜纸，约15分钟后，将面膜纸取下，用清水将脸洗净即可。每周可使用1～2次。

美人功效

这款面膜具有良好的镇定、消炎及美白作用，能有效修复晒后的肌肤，防止紫外线对肌肤造成伤害。

美丽叮咛

此款面膜不宜久存，最好一次用完。

制作方便度：★★★★ 推荐指数：★★★★

苹果蛋清美白面膜

适用肤质　各种肌肤

[材料] 苹果肉2小匙，白果2小匙，淘米水、蛋清各适量

[做法]

1.将白果、苹果一同放入淘米水中浸泡。

2.加入适量蛋清一起搅拌均匀。

[用法]

洗净脸后，将用面膜汁液浸透的面膜纸，敷在脸部，10分钟后用清水洗干净。

该面膜具有滋润，保湿，使肌肤水嫩、白皙的作用。

美丽叮咛

最好选择已经去壳的白果，配合此汁液洗脸或敷脸，一周后，可使脸部更白嫩且有光泽。

制作方便度：★★★★　推荐指数：★★★

✓ **保存期限：** 最好一次用完

✓ **美丽费用：** 4元

✓ **材料购买地：** 苹果→农贸市场　鸡蛋→农贸市场　白果→中药店

延伸阅读

美白洗面奶能美白吗

目前，市场上出现了多种多样的美白产品，如洗面乳、化妆水、面霜、精华素等，受到了许多美眉的关注。一整套的美白系列产品和高效的护肤品身价昂贵，让不少美眉无法承受。这时，低价的美白洗面乳就显得平易近人多了。那么，美白洗面乳究竟能不能起到美白作用呢？研究表明，那些真正有效的美白成分只存在于高营养、高浓缩的精华类产品中，而那些标榜能达到美白作用的洗面乳，其实只是具有软化角质的作用。有些产品甚至含有果酸或酵母，长期使用肌肤会逐渐失去角质层的保护，易形成敏感肌肤。

面粉红茶亮肤面膜

适用肤质 各种肌肤

制作方便度：★★★★★ 推荐指数：★★★★

[材料] 红茶泡水半杯，红糖1大匙，面粉适量

[做法]

1.将红茶水加热。

2.将红糖加入茶水中搅拌至红糖全部溶解。

3.将面粉加入茶水中，调成糊状，冷却待用。

[用法]

洁面后，用面膜刷蘸取本款面膜糊敷于面部，避开眼睛、唇部肌肤。约15分钟后，用清水彻底洗净即可。

具有良好的消毒、杀菌功效，使肌肤白皙、有光泽。

美丽叮咛

◎本款面膜不宜久存，最好一次用完。

◎调制本款面膜时，要注意黏稠度，以不会从脸上滴下为宜，否则会弄脏衣领。

银耳牛奶润白面膜

适用肤质 各种肌肤

[材料] 干品银耳10克，牛奶、甘油各3大匙

[做法]

1.取干品银耳，放入研钵中研成细末。

2.将牛奶、甘油加入银耳末中，一起搅拌均匀即可。

[用法]

洗净脸后，将调好的面膜均匀地敷在脸上，避开眼、唇部肌肤，10～15分钟后，用清水洗净。每周可使用1～2次。

银耳含有多种微量元素及丰富的胶质，具有润肤、美白的功效，能增强表皮细胞的活力，提高肌肤的自我保护能力，增加肌肤的弹性。

美丽叮咛

◎此款面膜不宜久存，最好一次用完。

◎银耳要购买优质产品，受潮、发霉的银耳会产生毒素，对美容无益。

制作方便度：★★★★ 推荐指数：★★★★★

樱桃蜂蜜养颜面膜

适用肤质　各种肌肤

[材料] 蜂蜜半小匙，新鲜樱桃5个，纯净水适量

[做法]

1. 用干净的小盘盛放少许纯净水，加入半小匙蜂蜜，调匀至浓稠。
2. 樱桃洗净，去核，连皮捣碎，连汁带皮一起倒入做法1中，拌匀即可。

[用法]

洗净脸后，敷上本款面膜，避开眼睛、唇部肌肤，15分钟后用温水洗净即可。

樱桃的美白功效配合蜂蜜的养颜成分，使用后能够有效改善肤色憔悴、枯黄、暗沉、暗斑、痘痘、细纹等问题，还能消除或淡化肌肤的色斑，为肌肤补充水分，使肌肤光洁、嫩滑。

美丽叮咛

一定要购买优质蜂蜜。优质蜂蜜在常温下是透明、半透明状的黏稠液体，气味香甜，无异味，无死蜂蜡屑及其他杂质。低温时出现结晶，属于正常现象。

延伸阅读

瑜伽活肤——骆驼式

骆驼式能将血液带到面部，活化肌肤，令肌肤嫩透莹润。具体做法如下：

1. 跪在地上，双腿略分开。脚趾朝后，脚背贴地。双手自然放在体侧。
2. 吸气，将双手分别放在同侧的髋部，轻轻将脊柱向后弯曲，伸展大腿的肌肉。
3. 呼气，同时把双掌放在脚底上。保持两大腿与地面垂直。将头向后仰，并向后伸展颈部。用手掌压住脚掌，并轻轻将脊柱向大腿方向推。臀部夹紧，伸展下脊柱区域。保持这个姿势30秒钟，然后将双手放回髋部，慢慢恢复到跪姿。最后坐下来休息。

制作方便度：★★★★　推荐指数：★★★

✓ **保存期限：** 最好一次用完

✓ **美丽费用：** 3元

✓ **材料购买地：** 蜂蜜→超市　樱桃→农贸市场

Skin

控油理肤面膜

3个秘诀轻松驱走满面油光

油性肌肤的美眉常常为油乎乎的脸烦恼，尤其到了夏天，经阳光的照射后，整个脸部就更加油光可鉴了。如何解决脸上恼人的油光呢？其实，方法很简单。

◎避开高温环境

处在温度较高的环境中，肌肤油脂的分泌量会比平常高10%，因此若想解决油光满面的问题，一定要避开高温环境，尽量选择待在能让肌肤产生舒适感的环境中。

◎降低体表温度

肌肤表面的温度偏高也容易使皮脂的分泌速度加快，从而使肌肤变得油腻。因此，若想解决这个问题，就要降低肌肤表面的温度，使肌肤表面皮脂分泌的速度降下来。平时可用一些含薄荷、芦荟等成分的化妆水或凝露，以达到清热降温的作用。

◎做好清洁工作

想让脸部清爽无油，就要做好清洁控油工作保养。含有果酸、水杨酸等成分的护肤品，能有效清除脸部多余油脂，同时还能抑制肌肤出油，肌肤较油的美眉不妨常用这一类的护肤品，可以保持肌肤的清爽。

聪明美眉的驱油妙法

1.将化妆水倒在化妆棉上，保证化妆水充分浸透化妆棉。

2.将浸有化妆水的化妆棉在脸部由下往上擦拭，再从T字部位到脸颊方向擦拭，T字部位要多拍几下。

3.用指腹轻轻拍打肌肤，可帮助舒缓毛孔，促进肌肤吸收控油成分。

小苏打收敛面膜

适用肤质 油性及混合性肌肤

[材料] 小苏打粉1小匙，玫瑰精油1滴，纯净水3大匙

[做法]

1.将小苏打粉与3大匙纯净水混合在一起，使小苏打粉溶于水中。

2.将玫瑰精油加到小苏打粉溶液中，混合均匀即可。

[用法]

洗净脸后，将面膜纸放入调好的面膜中浸透，然后将面膜纸敷在脸上，将面膜纸与肌肤之间的气泡挤出，10～15分钟后取下，用清水洗净即可。每周可使用1～2次。

豆腐、蜂蜜具有滋润保湿的功效；面粉能深层清洁；小苏打粉具有清洁、收敛的功效，能清除毛孔中的油污，抑制油脂分泌，软化老废角质；玫瑰精油能调节内分泌，令肤色红润。

美丽叮咛

玫瑰精油能改善女性经期不适，但孕妇不宜使用。

制作方便度：★★★★★ 推荐指数：★★★★

去油按摩精油

适用肤质 油性肌肤

制作方便度：★★★★ 推荐指数：★★★

[材料] 迷迭香精油3滴，薰衣草精油3滴，葡萄籽油适量

[做法]

将薰衣草精油、迷迭香精油、葡萄籽油一同放入容器中，调匀即可。

[用法]

洁面后，取适量精油按摩脸部，约15分钟后，用清水冲洗干净即可。

平衡油脂分泌，收敛肌肤，使肌肤充满活力。

美丽叮咛

◎精油必须稀释后才能使用。

◎用不完的精油必须储存于密封完好且为深色的玻璃瓶内，并且放置于阴凉的场所，避免阳光直射。

芳香收敛面膜

适用肤质 各种肌肤

制作方便度：★★★★ 推荐指数：★★★

[材料] 薰衣草精油2滴，绿豆粉2小匙，生鸡蛋清1个

[做法]

1.鸡蛋打破，去壳，留取蛋清。

2.将薰衣草精油、绿豆粉一同放入蛋清中，充分搅拌均匀，调成糊状。

[用法]

洁面后，将本款面膜敷于脸上，避开眼、唇部肌肤。约15分钟后，用温水将脸洗净即可。

杀菌、排毒，收敛脸部肌肤，防止青春痘、粉刺的产生。

美丽叮咛

◎肌肤或体质敏感者，请在使用本面膜前先进行敏感测试，如出现过敏反应需立即停止使用。

◎怀孕最初几个月内最好避免使用本面膜。

瓜果清凉控油面膜

适用肤质 各种肌肤

[材料] 小西红柿3个，西瓜1块，黄瓜半根

[做法]

1.将小西红柿、黄瓜洗净，将西瓜的红色果肉取出。

2.将小西红柿 、黄瓜、西瓜肉放入榨汁机中，榨取汁液，盛在容器中。

3.把装有汁液的容器放到温水中隔水蒸至温热。

[用法]

洁面后，用棉签蘸取本款面膜均匀地涂抹在脸上，避开眼睛、唇部肌肤，约25分钟后，用清水彻底冲洗干净即可。

具有良好的镇定、控油作用，能有效滋润、美白、清洁肌肤。

美丽叮咛

◎如果一次没有用完，可置于玻璃器皿中密封冷藏，并于一周内用完。

◎小黄瓜是美容的好帮手，还可以多吃来保养肌肤。

制作方便度：★★★★★ 推荐指数：★★★★

牛奶野菊花控油面膜

适用肤质　油性肌肤

[材料] 牛奶1杯，野菊花50克

[做法]

1.野菊花洗净，放入锅中，倒入清水，煎15分钟成野菊花汁液。

2.将野菊花汁与牛奶混合，倒入面膜碗中，待冷却后即可使用。

[用法]

洗净脸后，用消毒纱布包裹野菊花牛奶冰块后，轻抹脸部，涂抹10分钟左右即可。

美人功效

该面膜能保持肌肤水油平衡，有效清洁肌肤，达到美白、抗痘效果。

美丽叮咛

每天2次，每次涂抹10分钟左右，治疗痘痘1周见效，长期坚持使用可防止痘痘复发。

制作方便度：★★★★　推荐指数：★★★★

✓ **保存期限：** 最好一次用完

✓ **美丽费用：** 2元

✓ **材料购买地：** 牛奶→超市　野菊花→超市

延伸阅读

控油不能盲目进行

脸上泛油光是许多美眉的梦魇，幸好我们生活在美容科技发达的时代，市面上五花八门的控油平衡水、收敛水给美眉们提供了足够大的选择空间。于是，每天喷、涂控油水、收敛水就成了每日必修课。虽然说，控油、收敛护肤水能平衡肌肤pH值，用后会产生清爽的感觉，但也不可过于迷恋，频繁使用。美容专家指出：大部分控油平衡水、收敛水之类的产品，通常都含有酒精成分，虽然能清除油污，但也加速了肌肤表层水分的流失，令肌肤变得敏感、干燥。

丝瓜胡萝卜洁肤面膜

适用肤质　各种肌肤

制作方便度：★★★★　推荐指数：★★★★

[材料] 丝瓜1小段，胡萝卜半个，藕粉1大匙，黄瓜汁适量

[做法]

1.丝瓜、胡萝卜洗净，一同放入榨汁机中。

2.将黄瓜汁加入榨汁机中，与丝瓜、胡萝卜一起打成汁。

3.将做法2中打好的汁液与藕粉一同搅拌成糊状即可。

[用法]

洁面后，将本款面膜均匀轻柔地涂抹在脸上，避开眼部、唇部，用指腹以由内向外以打圈方式按摩。15分钟后，用清水彻底洗净即可。

美人功效

丝瓜可深入清洁毛孔，为肌肤补充水分；胡萝卜能使肌肤红润、焕发光采；小黄瓜能使肌肤富有弹性与光泽；藕粉能促进肌肤的新陈代谢。

美丽叮咛

◎如果面膜调制得太清稀，可加面粉令它黏稠后再使用。

◎涂料成九成干时，就要将面膜用温水清洗掉，否则会出现细小的纹路，影响面膜效果。

皂土甘油深层清洁面膜

适用肤质　各种肌肤，尤其适合油性肌肤

[材料] 皂土、甘油各半小匙，高岭土3小匙，蒸馏水少许

[做法]

1.将皂土和高岭土混合均匀。

2.将甘油、蒸馏水加入皂土和高岭土的混合物中，充分搅拌均匀直到呈细致的泥状即可。

[用法]

洗净脸后，取适量调好的面膜均匀地涂抹在脸上，避开眼、唇部肌肤。10～15分钟后，用温水洗净。每周可使用1～2次。

美人功效

高岭土、皂土都具有很强的黏性，可深入毛孔并带走毛孔中的污垢、角质与油垢，使肌肤清洁、光滑，还能收敛粗大的毛孔，使整个脸庞看上去更加细致。

美丽叮咛

皂土单独与水调和很难调匀，1份皂土要搭配5～6份的高岭土，才能调出均匀柔软的面膜。

制作方便度：★★★★　推荐指数：★★★★

西红柿蜜醋控油洁肤面膜

适用肤质　油性肌肤

[材料] 西红柿半个，蜂蜜、苹果醋各适量

[做法]

西红柿洗净，连皮捣烂，然后加入适量蜂蜜、苹果醋，搅至糊状。

[用法]

洗净脸后，将本款面膜均匀地涂在脸或手部，避开眼睛、唇部肌肤。15分钟后用温水清洗干净即可。

美人功效　消除暗疮，去除油腻，令肌肤嫩白、细致。

美丽叮咛

本款面膜不仅可用于脸部，还可用于颈部及手部的美白，具有消除暗疮、祛除淤血的功效，还能有效去除油腻，防止肌肤感染，使肌肤白皙、细致。

延伸阅读

夏天也要涂乳液

夏天要清爽不要油腻，而洗完脸后涂上乳液的感觉有些黏，许多油性肌肤的美眉，干脆洗完脸后不涂乳液了。这并不是控油的理想方法，反而会让肌肤油的地方越来越油，干的地方越来越干。这是由于清洁、爽肤后，肌肤表层充满水分，角质层特别柔软，如果此时不马上涂乳液，将水分锁在肌肤里，水分很容易蒸发掉，使比较干燥的部位更干。而油性肌肤则会发出补油的指令，使皮脂分泌更旺盛，出油较严重的部位也就越来越油了。

制作方便度：★★★★★　推荐指数：★★★★

✓ **保存期限：** 最好一次用完

✓ **美丽费用：** 3元

✓ **材料购买地：** 西红柿→农贸市场　蜂蜜→超市　苹果醋→超市

高岭土控油面膜

适用肤质 油性及混合性肌肤

制作方便度：★★★★ 推荐指数：★★★★

[材料] 高岭土4大匙，甘油2～3小匙，纯净水1～2大匙，甘草萃取液1小匙

[做法]

1.将高岭土加入纯净水中搅拌均匀。

2.加入甘油，搅拌均匀。

3.加入甘草萃取液，充分混合均匀。

[用法]

洗净脸后，将调好的面膜均匀地敷在脸上，避开眼、唇部肌肤。10～15分钟后，用温水洗净。每周可使用1次。

美人功效 这款面膜能控制油脂分泌，调节水油平衡，有效祛除粉刺、痘痘。

美丽叮咛

不建议干性肌肤者使用此面膜。

抹茶矿物泥活力面膜

适用肤质 油性及混合性肌肤

[材料] 矿物泥1小匙，抹茶1小匙，纯净水3～4小匙

[做法]

1.将矿物泥与抹茶混合均匀。

2.将纯净水加入到矿物泥与抹茶的混合物中，充分混合成泥状即可。

[用法]

洗净脸后，将调好的面膜直接涂在脸上，避开眼、唇部肌肤，约10分钟后，用清水仔细冲洗干净。每周可使用1次。

美人功效 这款面膜含有多种矿物质，能滋养肌肤，还能有效清除毛孔中的油脂与老废角质，令肌肤清新、富有活力。

美丽叮咛

矿物泥不易取得，可用高岭土等黏土代替。

制作方便度：★★★★★ 推荐指数：★★★★

绿豆苦瓜控油除痘面膜

适用肤质　各种肌肤，特别适合长痘痘的肌肤

[材料] 面粉、苦瓜、绿豆各10克

[做法]

1.苦瓜洗净，放入榨汁机中榨汁；绿豆泡发后放入榨汁机中榨汁。

2.苦瓜汁和绿豆汁混合，加入面粉调匀。

[用法]

洗净脸后，用调好的面膜敷面，避开眼部、唇部肌肤。20分钟后用温水清洗干净即可。

苦瓜有良好的清洁功能，能深层去除面部油腻。绿豆可排毒消炎。二者与面粉合用，能消除痘痘，预防粉刺。

美 

叮咛

油性肌肤最容易长痘痘，使用本品时，可适当在身上长痘的部位，如额头、两颊等处，多涂一些，再配合按摩，效果更加明显。

延伸阅读

控油密招搜集令

◎补水法。随身携带喷雾，坚持少量多次喝水以补充水分。

◎急救法。用凉水或冰箱里的冰可乐冰一下脸部，让毛孔立即缩小，再使用控油护肤品，效果加倍。

◎睡眠法。充足的睡眠是缓解疲劳、熬夜、忧虑等状况的“减压油”。

◎精油法。葡萄柚和鼠尾草有不错的快速控油效果，可美白和收紧脸部肌肤。

◎香水法。用半勺青柠檬和黄瓜的混合汁液敷脸。特别爱出油者，再加入几滴纯正的法国古龙水。

制作方便度：★★★★　推荐指数：★★★★★

✓ **保存期限：** 最好一次用完

✓ **美丽费用：** 2元

✓ **材料购买地：** 面粉→粮油店　绿豆→农贸市场　苦瓜→农贸市场

Skin

时尚精油面膜

关于精油，你知道多少

精油随着产地、调配工艺的不同，质量与价格也有很大的差异。有时候很小的一瓶精油，价格却高得惊人，而便宜的精油则和普通的香水没什么区别。然而，即使是不同质量的精油，我们普通人也看不出明显的差别。因此，对于非专业人士而言，所以如果想购买一款适合自己的精油，还得先学两招。

◎注意精油的纯度

大多数精油的纯度是100%，如果精油的纯度达不到这个标准，就要注意了。这说明其中加入了基础油稀释过了，甚至还掺杂了一些挥发性液体，从而以次充好。这样在精油的疗效上自然大打折扣，甚至还会伤害肌肤。

100%的纯精油是不能直接涂抹在肌肤上的，一定要按照一定的比例稀释后，才能涂在肌肤上，但是要保证购买的就是纯精油。下面就介绍几个检验精油纯度的好办法，将精油滴入热水中，质纯的精油会发散成微粒，凝固后不会出现黑色的黏稠物；而掺杂过其他液体的精油，则无法凝结成微粒，呈浮油发散状，而且凝固后出现黑色的黏稠物。其次，可将精油滴在纸巾上，纯精油凝固后不会留有痕迹，而且保持原先的清香，不纯的精油会留下油渍，而且香味挥发很快。购买精油时，不妨做一下纯度测试！

◎辨别精油的气味

通过精油的气味也能辨别出精油的好坏。工业化合精油售价颇为低廉，通常用来制成空气芳香剂、精油洗发精、精油面纸等。化学合成的精油虽然闻起来感觉不错，但是却有着本质的区别，比如，有些人属于敏感体质，闻到化学合成的香味就会头昏，这就是香味不纯造成的。化学合成的精油绝对不能拿来当作纯精油护肤，否则会对肌肤造成极大的伤害，出现过敏现象或形成过敏肌肤。如果精油的价格超级便宜，购买时就需留心了，若是闻出好像廉价香水般的味道，或是稍有不适的感觉，就不要轻易购买。

◎选择有知名度的品牌

品牌一直是美眉们购物的一个标准，如果你不是一个精油老手，选购知名品牌就是非常理智的。如果对精油有足够的了解，不妨以产地为主导选购，可以买到相对比较便宜的产品；但若是第一次接触精油，还是以品牌为主导较妥当，至少货真，但是价格相对来说就会偏高一点，毕竟价格和品牌是成正比的哟，美眉们切勿贪图便宜，购买假货，那就有些得不偿失了。

◎了解精油的产地

专门生产精油的地区，有最适合植物成长的温度与丰富的采收经验，提炼出来的精油疗效才最好。了解了精油的产地，才能做出合理的选择。比如出自于法国的薰衣草就是名门大户，而售价只比国内、日本等地出产的精油贵10%；还有出产意大利的佛手柑精油就最为正宗，当然，这些信息都需要询问专柜的导购小姐，知道产地就可以有更明确的购买方向。

Tips

被孕妇列入黑名单的精油

薰衣草、罗勒、牛膝草、茉莉、杜松果、樟树、马郁兰、没药、雪松、玫瑰、迷迭香、百里香、艾草、山金车、白桦、快乐鼠尾草、丝柏、薄荷、冬青以及其他有毒的精油。

芳香疗法越来越受到更多人的推崇。

◎精油使用的注意事项

芳香疗法如今已经广泛被人们接受，并应用在美容养颜、足疗保健等多个领域。但是，也许你已经注意到，精油并非人人都能使用，如果你是个有心人，会观察到许多精油的使用说明中都有标示“禁止孕妇使用”。原因之一是：纯度过高的精油具有微毒性，对于一般人并无严重的伤害，但是对于代谢系统与吸收系统敏感的孕妇与胎儿，就有可能造成伤害了。例如某些精油有“调经”的功效，对于一般女性来说，可以缓和月经带来的不适与副作用，并让经期更顺利、舒适一些，但是如果孕妇使用，就可能引发流产。如果你是一位孕妇，在选购精油时，一定要注意看使用说明，如看到标有“禁止孕妇使用”字样的说明，最好不要购买。

那么是否每种精油都会对孕妇造成伤害呢？当然不是，有些精油对孕妇有所帮助，孕妇甚至可以利用这些精油，减轻孕期恶心、背痛、脚和脚踝水肿的问题。

常见植物精油的美肌功效

精油类别	作用	适用肤质	产地	颜色	味道	保存期限	使用禁忌
迷迭香精油	是很强的收敛剂，有紧实肌肤的功效，可减轻充血、浮肿、肿胀的肌肤现象，对松垮的肌肤很有益处	各种肌肤	澳大利亚	微黄色	樟树香	1年	怀孕初期及怀孕末期不能使用，以免刺激平滑肌收缩造成流产或早产
檀香木精油	含有檀香醇、松烯、檀香酸，对干性及老化肌肤特别有益，能柔软肌肤	面疱肌肤以及各种肌肤	印度	淡淡的黄绿色	甜香	尽快用完	含感光物质，与太阳光紫外线会产生化学作用而令肌肤大量产生黑色素，应避免在日间使用。孕妇禁用，否则会刺激子宫收缩
薰衣草精油	能调理油性肌肤、改善面疱、活化干燥肌肤、安抚神经、缓解紧张情绪，助睡眠	各种肌肤	法国	淡黄色	花香	1年	怀孕初期及怀孕末期不能使用，以免由于平滑肌的收缩造成流产或早产
香蜂草精油	振奋精神、愉悦心情	各种肌肤	英国	淡黄色	柠檬香	1年	怀孕初期及怀孕末期不能使用，以免刺激平滑肌收缩造成流产或早产
茶树精油	消炎及杀菌效果佳，还可以提高免疫力	面疱肌肤、油性肌肤	澳大利亚	浅黄色	清新香	2年	肌肤敏感者在使用前要做局部肌肤敏感测试，孕妇禁用，会刺激子宫收缩
佛手柑精油	能有效抑制油光，使肌肤达到水油平衡的状态；缓解怀孕初期的低潮与不良情绪	油性肌肤	意大利	绿色	橘柑香	1年	含感光物质，会与太阳光紫外线产生化学作用而令肌肤大量产生黑色素，应避免在日间使用
柠檬草精油	有很强的杀菌作用，因此非常适合面疱肤质，它的渗透力也很强，能够加速血液循环，同时可改善因疲劳而造成的肌肉酸痛	除敏感性肌肤外均适用	西印度群岛以及印度	淡棕色	柠檬香	1年	刺激性较大，因此并不适合敏感性肤质者使用，而且也不适合在出门前使用，会加速肌肤底层黑色素沉淀；而且容易刺激子宫收缩，所以孕妇不适合使用

洋甘菊精油	含有甘菊蓝，能镇静舒缓肌肤，而且是所有植物精油中性质最温和的一种	各种肌肤	德国	绿色、宝蓝色	苹果香	1年	孕妇禁用
玫瑰精油	含有香茅醇、橙花醇，具有柔软肤质、保湿与抗皱的作用，可以有效调理干性肌肤，促进肌肤的新陈代谢	敏感、干燥及老化肌肤	摩洛哥	黄色	玫瑰花香	1年	玫瑰精油是通经药，怀孕期间不宜使用
柠檬精油	促进肌肤的新陈代谢，改善肌肤的橘皮组织和松弛现象，还可以调节肌肤出油过多的现象，缓解怀孕初期的低潮与恶心	油性肌肤	西班牙	淡黄绿色	柠檬香	6个月	柠檬对肌肤有刺激作用，而且有感光作用，敏感性肌肤不宜使用，出门前禁用
茉莉精油	含茉莉花精分子，具有温暖、活化及保湿肌肤的功效，能促进微循环，保湿润泽肌肤	干燥及敏感性肌肤	中国	深棕色	甜香	1年	孕妇禁用，会刺激子宫收缩
鼠尾草精油	含乙酸罗伽木酯、沉香醇等，可以令人精神振奋	各种肌肤	意大利	透明	坚果香	1年	怀孕初期及怀孕末期不能使用，以免刺激平滑肌收缩造成流产或早产
岩兰草精油	镇定心神	各种肌肤	东南亚地区	土黄色	土木香	尽快用完	怀孕初期及末期不能使用，以免刺激平滑肌收缩造成流产或早产
尤加利精油	能舒缓肌肤压力，抚平肌肤伤口，活化肌肤	各种肌肤	澳大利亚	淡黄色	清新香	2年	尤加利精油是一种强效精油，所以在使用剂量上要小心，高血压、癫痫患者、孕妇最好避免使用
天竺葵精油	平衡皮脂分泌，对肌肤松弛、毛孔阻塞及油性肌肤有益，由于天竺葵能促进血液循环，使用后会使肌肤红润有活力，并具有杀菌功效，能够防止肌肤感染	各种肌肤	法国	淡绿色	清香	1年	能调节激素，所以怀孕期间不适合使用
依兰精油	有效调节肌肤的油脂平衡，其香味还有安抚心灵、缓和情绪的作用	各种肌肤	菲律宾	淡黄色	花香	尽快用完	可能会刺激敏感肌肤，不建议在肌肤发炎以及湿疹时使用

玫瑰精油洁肤面膜

适用肤质 干性及老化型肌肤

制作方便度：★★★★★ 推荐指数：★★★★★

[材料] 玫瑰精油3滴，甜杏仁油10滴，纯净水半杯

[做法]

1.将一半纯净水倒入瓶中。

2.将甜杏仁油、玫瑰精油滴入做法1中。

3.最后将剩下的纯净水倒入瓶中，摇匀即可。

[用法]

洗净脸后，用面膜纸蘸取面膜，敷在脸部，避开眼、唇部肌肤。约15分钟后，用温水洗净。每周可使用1～2次。

美人功效

这款面膜可使肌肤柔软，还具有保湿、抗皱的功效，能活化肌肤，有效延缓肌肤老化。

美丽叮咛

◎高浓度的甜杏仁油可单独直接使用，或作为底油用于调和其他纯植物精油。

◎此款面膜易刺激子宫收缩，孕妇禁用。

薰衣草甘菊控油面膜

适用肤质 油性肌肤

[材料] 薰衣草精油2小匙，绿豆粉1小匙，洋甘菊精油2滴

[做法]

1.将绿豆粉放入碗中。

2.将薰衣草精油加入绿豆粉中搅拌均匀。

3.将洋甘菊精油加入薰衣草精油与绿豆粉的混合物中，充分混合均匀即可。

[用法]

洗净脸后，将调好的面膜均匀地涂在脸上，避开眼、唇部肌肤，由内向外、自下而上以打圈的方式按摩1～2分钟。约15分钟后，用清水洗净。

美人功效

薰衣草精油具有抗菌祛痘的功效。绿豆粉能清热祛痘。

美丽叮咛

按摩时，使用精油可增强按摩的效果，但按摩时不宜直接使用高浓度的精油。需与其他基础油调和后再用。

制作方便度：★★★★★ 推荐指数：★★★★★

尤加利茶树深层清洁面膜

适用肤质 痤疮肌肤

[材料] 尤加利精油2滴，柠檬精油1滴，茶树精油2滴，葡萄籽精油10毫升

[做法]

将以上材料混合，搅拌均匀，即可。

[用法]

充分清洁面部后，将调制好的精油面膜均匀地涂抹在脸上，避开眼睛、唇部肌肤，轻轻按摩3分钟。10分钟后用温水洗净即可。

该面膜具有深层清洁肌肤，有效改善痤疮等肌肤问题的特殊功效。

美丽叮咛

许多美眉都知道精油是护肤佳品，因此有些不法商贩在精油中做起了文章，假冒伪劣或以“混合性”精油冒充天然植物精油出售，购买时还需睁大双眼仔细辨认。天然植物精油可以取自于植物的各个部分，包括花、果、茎等，价格一定不便宜，所以那些10元、20元一瓶的精油多半就是合成的或是假冒伪劣的。

延伸阅读

呵护身体的每个角落

可将一两滴精油加入护手霜或身体乳液中，拌匀，即可使用(护手霜或身体乳液最好是高稳定性、纯植物的产品，若是含生化科技的产品容易与精油起化学反应，可先取少量调配试试)，或者直接使用调配好的产品，以安抚夏日灼热的肌肤。

制作方便度：★★★★★ 推荐指数：★★★★

✓ **保存期限：** 7天

✓ **美丽费用：** 5元

✓ **材料购买地：** 尤加利精油→美容用品店 柠檬精油→美容用品店 茶树精油→美容用品店 葡萄籽精油→美容用品店

玫瑰精油润肤面膜

适用肤质 中性及油性肌肤

制作方便度：★★★★ 推荐指数：★★★

[材料] 玫瑰精油 3 滴，鸡蛋 1 个

[做法]

1. 将鸡蛋打破去壳，留取蛋清。
2. 将玫瑰精油滴入蛋清中，充分搅拌均匀待用。

[用法]

洁面后，将本款面膜涂在脸上，避开眼睛、唇部肌肤，并配合按摩，约 10 分钟后，用温水洗净即可。

美人功效 去除面部角质，为肌肤补充水分，抚平皱纹。

美丽叮咛

本款面膜不宜久存，最好一次用完。

橙花精油爽肤面膜

适用肤质 油性及混合性肌肤

[材料] 橙花精油 3 滴，甜杏仁油 5 滴，纯净水半杯

[做法]

1. 将一半纯净水倒入瓶中。
2. 将橙花精油、甜杏仁油滴入瓶中。
3. 将剩下的纯净水倒入瓶中，摇匀即可。

[用法]

洗净脸后，将精油水膜均匀地涂抹在脸部，避开眼、唇部肌肤，约 15 分钟后，用温水洗净。每周可使用 1～2 次。

美人功效 橙花精油含有左旋柠檬烯，能安抚情绪，减轻压力，还能深层清洁肌肤。此面膜可令肌肤清爽、透明、无负担。

美丽叮咛

此款面膜不宜频繁使用，每周最多不可超过 2 次，以免因清洁力度太强而刺激肌肤。

制作方便度：★★★★ 推荐指数：★★★★★

天竺葵丝柏控油面膜

适用肤质 油性及混合性肌肤

[材料] 丝柏精油2滴，天竺葵精油2滴，依兰精油1滴，荷荷芭油2滴

[做法]

将以上材料混合，搅拌均匀，即可。

[用法]

充分洁面后，将调制好的精油面膜涂抹在脸上，避开眼睛、唇部肌肤，轻轻按摩3分钟。10分钟后用温水洗净即可。

收敛毛孔，清除过剩皮脂，调节皮脂分泌。

美丽叮咛

纯精油浓度高易挥发，多具有光敏感性，易变质，对保存环境要求高。如果购买来的精油不能一次使用完，最好放在深色瓶子中，放置在避光、干燥、阴凉的地方保存。

延伸阅读

长期使用精油会伤害肌肤吗

用精油护肤就像谈恋爱一样，要慢慢地、持久性地品味其中的味道，有些美眉会有这样的疑问，长期使用精油会不会对肌肤造成伤害？美容专家告诉你：如果是天然的、纯净的精油，不但不会有问题，更应该持续使用，因为精油护肤好似中医调理身体，并非立竿见影。也不用担心精油会残留在体内，它的分子极小，渗透率极高，多余的精油会随着体液排出体外。

制作方便度：★★★★★　推荐指数：★★★★

✓ **保存期限：** 7天

✓ **美丽费用：** 5元

✓ **材料购买地：** 丝柏精油→美容用品店　天竺葵精油→美容用品店　依兰精油→美容用品店　荷荷芭油→美容用品店

PART 3

针对问题肌肤的美肌面膜

色斑、皱纹、青春痘、肌肤暗沉、毛孔粗大……你是否被这些问题困扰呢？赶快行动起来，自制几款面膜，让肌肤重现昔日的光彩。

◯蛋清面粉收缩面膜
◯香蕉奶酪祛痘面膜
◯咖啡蛋清杏仁紧肤面膜
◯红薯牛奶淡斑面膜
◯木瓜蜂蜜抗敏面膜
……

Skin

解决毛孔粗大问题的面膜

你的毛孔是怎样变得粗大的

从皮脂腺活动旺盛的青春期开始，皮脂便开始分泌，而毛孔问题也就跟着出现了。随着皮脂分泌量的变化，人们也经历了青少年期、中年期，而毛孔的形状也一直随着在变化。我们只有了解了毛孔的生成过程，才能对毛孔进行恰当的保养。

◎ 10~19岁：毛孔阻塞

毛孔大小取决于雄激素分泌的多少。受到雄激素的影响，皮脂腺变得较为发达，如果皮脂腺变大，毛孔就会变得粗大。皮脂腺分泌旺盛的青少年期，如果没有把皮脂清理干净，就会有“毛囊皮脂腺”堵塞的问题。

◎ 20～29岁：毛孔泛红

如果放任分泌后的皮脂不管，它就会在肌肤上氧化，遇刺激物质毛孔周围开始发炎，这就是“毛孔泛红”问题。

◎ 30～39岁：黑头粉刺

毛孔周围若因为刺激物质而持续发炎，便会形成黑色素沉淀，最后变成黑斑，毛孔呈现“黑头粉刺”现象。

◎ 40～49岁：毛孔粗大

试着拉拉肌肤，毛孔是不是看起来更明显了。这个时期的肌肤渐渐失去弹性，毛孔也越来越大，出现“毛孔粗大”问题。

◎ 50～59岁：泪滴形毛孔

随着肌肤逐渐变得松弛，毛孔也跟着拉长，最后变成泪滴状，产生椭圆形毛孔的“泪滴形毛孔”问题。

◎ 60岁以上：带状毛孔

已经松弛的毛孔渐渐串连在一起，最后形成皱纹。等到那时，就会变成回天乏术的“带状毛孔”问题。

导致毛孔粗大的坏习惯

◎清洁不净

皮肤的表皮基底层不断地制造细胞，并输送到上层，待细胞老化之后，如不注意清洁肌肤，使其新陈代谢不顺利，无法如期脱落，就会致使毛孔粗大。每天仔细清洁脸部，是毛孔保养的基本步骤。每天晚上睡觉前，一定要先用卸妆乳卸妆，做好肌肤的清洁工作，再按正常的护肤程序保养。

没耐心而求快，毛孔可是会越来越粗大哟！

◎过度保养

为了抑制皮脂油光，一味地使用吸油面纸或做控油保养，只会让肌肤越来越干燥。一旦肌肤发出干燥警讯，毛孔就会分泌更多的皮脂，直到毛孔完全张开。而很多深层面膜需要首先将毛孔撑大，才能深入毛孔将油脂与脏污带出来，如果频繁使用深层清洁面膜，毛孔的恢复能力就会降低。不要一心只想着去除皮脂，给予肌肤充分的滋润也不容忽视。只要保湿工作做好了，肌肤接收到“皮脂已充足”的讯号，就会开始抑制皮脂分泌。

◎自行挤压粉刺

用指甲紧压住毛孔边缘，用力地把粉刺挤出来，你该不会常常这么做吧？挤粉刺是绝对禁止的！受了伤的肌肤或毛孔周围感染细菌后，常会引起发炎。注意不要一直不停地清理粉刺、洗脸或使用清洁粉刺的面膜等。要有耐心地做好基础保养，才是拥有美丽肌肤的最佳快捷方式。而挤压痤疮产生的过度刺激使肌肤表皮破裂，一旦伤害到真皮，肌肤细胞组织缺乏再生功能，难以产生新细胞，从而留下凹凸瘢痕，使毛孔变得更加粗大。

◎压力过大是摧毁美肌的杀手

我们常听人家说：“压力是美肌的头号敌人。”压力过大，会导致内分泌失调，肌肤不只会失去弹性，免疫力也会降低，变得容易发炎，同时肌肤纹路会越来越粗糙，毛孔也会变得更粗大。所以美眉们要处理好生活和工作中面对的各种压力。

◎喜欢吃零食糕点、油炸食物

摄取油脂多的食品与加了糖的糕点，不仅会造成肠胃的负担，在体内也容易氧化，对身体各器官带来坏影响。如果养成这种饮食习惯，就会因为缺少矿物质和维生素，导致免疫力降低，而肌肤问题也随之而来。尤其是毛孔泛红的人，更要注意日常饮食。

脸上的粉刺挤不得哟！

面膜护肤最基础的程序——毛孔护理

◎护理好你的毛孔

人体肌肤遍布毛孔，仅脸上就有20万个之多。毛孔大体上可分为三种，分别是生长汗毛的软毛性毛囊，生长头发、胡须的终毛性毛囊，以及负责制造大部分油脂的脂腺性毛囊，除了分布在脸上之外，也分布在我们的胸前、肩、颈及背部等处。由于脂腺性毛囊中负责分泌油脂的皮脂腺较发达，造成毛孔堵塞的可能性较大，所以在这些部位较容易出现青春痘等肌肤问题。

肌肤表面有一层角质细胞，在肌肤的防御机能中也扮演着非常重要的保护角色。新陈代谢状况良好的肌肤，老废角质会逐渐由新的细胞取代并自动脱落，否则就会堆积在毛孔附近，造成肌肤粗糙、暗沉。研究结果显示，脂腺性毛囊附近的角质细胞，其新陈代谢的速度是其他角质细胞的4倍。也就是说，脂腺性毛囊附近的角质细胞以快于其他角质细胞4倍的速度堆积在毛孔附近，挡住毛细孔的出口，使皮脂腺分泌的油脂淤留在毛孔中，最后老废角质也进入毛孔中，和其中的油脂、细菌等混合而形成粉刺，并逐渐堆积扩大，挤压撑大肌肤上的毛孔。因此，平时如果不注意对毛孔的护理，非常容易出现各种肌肤问题。

◎健康肌肤不能缺少油脂

虽然油脂分泌旺盛可能会引起各种肌肤问题，但过度去除脸部油脂却容易造成肌肤油脂分泌失衡。油脂与水分平衡是健康肌肤的必要条件。简单来说，肌肤既不能缺少内部的水分，也不能缺少外部的油脂。当内部的水分不足时，肌肤就会缺乏弹性；而当外部的油脂不足时，内部的水分也无法被锁住，最终造成肌肤缺水。由此可以看出，油脂对强化肌肤的防御机能是非常重要的。

为了保护肌肤的健康，我们的身体除了会不停地制造胶原蛋白、弹力蛋白等成分来支撑肌肤组织外，还会分泌油脂，油脂通过毛孔到达肌肤表面，从而形成一层皮脂膜，以保护肌肤不受灰尘、脏空气等外界因素的侵害。但是，如果肌肤毛孔堵塞，使皮脂无法正常分泌到达肌肤表面，就会造成肌肤新陈代谢机能的失衡，粉刺、青春痘等肌肤问题也就会随之而来。

◎毛孔护理小窍门

1.一边泡澡一边去老废角质。在正式进行去粉刺护理之前，必须先将堆积在毛孔口上面的老废角质清除干净，让毛孔出口保持畅通，才能更加容易去除粉刺。可利用泡澡时的蒸汽软化肌肤角质，接着再以手指轻轻按摩角质层堆积较厚的地方，约30秒后，就可以搓出堆积在脸上的老废角质。

2.用淋浴冲洗掉老废角质。将老废角质搓出后，再利用淋浴的水流由上往下将搓出的老废角质彻底洗净。

3.毛孔的简单护理。去除角质后，再使用清理毛孔的面膜敷脸，之后再涂上具有紧致、收缩毛孔作用的护肤产品。

蛋清面粉收缩面膜

适用肤质 中、油性肌肤

制作方便度：★★★★ 推荐指数：★★★★

[材料] 粗盐半小匙，蛋清 1 个，面粉 3 大匙，清水适量

[做法]

1.将粗盐、蛋清、面粉一同放到容器中。

2.加入清水搅拌至粗盐完全溶解，使之呈糊状。

[用法]

洁面后，将本款面膜敷于脸上，避开眼部及唇部，约 10～15 分钟后，用清水冲洗干净。每周使用 1～3 次。

具有收敛、消炎的功效，能有效收缩粗大毛孔。

美丽叮咛

◎本款面膜可能一次用不完，可将多余的部分置于密封玻璃器皿中冷藏，约可保存一周。

◎取蛋清时只需在蛋壳上敲一个小孔，然后让蛋清慢慢流出即可。

红豆小米收敛面膜

适用肤质 油性及混合性肌肤

制作方便度：★★★★ 推荐指数：★★★★

[材料] 酸奶 3 大匙，小米、红豆各 2 大匙

[做法]

1.红豆、小米分别用清水浸泡约 1 小时。

2.将浸泡好的小米倒入红豆中。

3.将酸奶倒入红豆与小米的混合物当中，倒入搅拌机中搅打均匀即可。

[用法]

洗净脸后，将调好的面膜均匀地敷在脸上，避开眼、唇部肌肤，约 15 分钟后，用清水洗净。每周可使用 1～2 次。

酸奶能持久滋润肌肤，令肌肤水嫩、细致、有弹性。酸奶与红豆、小米合用，能温和地滋润肌肤，为肌肤提供多种营养，令肌肤润泽、嫩滑，还能收缩毛孔，令肌肤紧致。

美丽叮咛

◎此面膜不宜久存，最好一次用完。

◎最好用原味酸奶制作此面膜。

胡萝卜蛋清茶树精油面膜

适用肤质 各种肌肤，尤其适合老化型肌肤

制作方便度：★★★★　推荐指数：★★★

【材料】茶树精油3滴，胡萝卜1段，蛋清1个，开水1杯

【做法】

1.胡萝卜洗净，去皮，切丁。

2.将胡萝卜丁放入果汁机中，加1杯开水打碎，滤掉大块。

3.将蛋清加入胡萝卜泥中，再加入茶树精油搅拌均匀。

【用法】

洗净脸后，将面膜均匀地涂在脸上，避开眼、唇部肌肤，约15分钟后，用清水洗净即可。每周可使用1～2次。

美人功效

茶树精油与胡萝卜、蛋清搭配使用，可增加肌肤组织的弹性，提升肌肤的保水度，令肌肤细致、润泽、光滑。

美丽叮咛

用此面膜敷面时，脸上尽量不要有大的表情，以免影响面膜效果。

玉米绿豆紧致面膜

适用肤质 油性及混合性肌肤

【材料】盐2小匙，玉米片、绿豆各2大匙

【做法】

1.玉米片、绿豆分别浸泡约1小时。

2.将绿豆倒入搅拌机中，打成糊。

3.将浸泡成糊状的玉米片加入到绿豆糊中，最后加盐搅拌均匀。

【用法】

洗净脸后，将面膜均匀敷在脸上，避开眼、唇部肌肤，约15分钟后洗净。每周可使用1～3次。

美人功效

这款面膜能消炎，祛痘，淡化细纹，令肌肤紧致，还能收缩粗大的毛孔。

美丽叮咛

肌肤有损伤者在制作此面膜时，不要加盐，以防刺激伤口。

制作方便度：★★★★★　推荐指数：★★★★

香蕉牛油果润肤紧致面膜

适用肤质 各种肌肤

[材料] 熟牛油果1个，香蕉半根

[做法]

1.牛油果去皮，去核。

2.香蕉去皮。

3.做法1与做法2中的材料一同放入面膜碗中捣成糊状，再加入适量清水拌匀。

[用法]

洗净脸后，将面膜均匀地敷在脸上，避开眼睛及唇部周围肌肤，约15分钟后用温水洗净。

有效滋养肌肤，收缩毛孔，令肌肤细滑、嫩白。

美 

叮咛

此面膜如一次未用完，可放入冰箱中冷藏，并在14天内用完。

延伸阅读

利用蒸汽蒸脸使你的毛孔紧致

毛孔大小是与生俱来的，但是靠着日常的保养多少也可以解决毛孔问题。有效清洁能够维持肌肤的弹性，让你拥有毛孔紧致的肌肤！告诉你利用蒸汽蒸脸的方法吧：先以微波炉蒸热毛巾，切记要先以手确认毛巾温度后再使用，然后把热毛巾放在毛孔明显的部位。或者用杯子装上水，用微波炉蒸热后，将热气对准脸上有毛孔问题的部位。这两种方法都可以软化毛孔里所含的污垢，待软化后再洗脸效果极佳。

制作方便度：★★★★ 推荐指数：★★★★

✓ **保存期限：** 7天

✓ **美丽费用：** 4元

✓ **材料购买地：** 香蕉→农贸市场 牛油果→超市

柠檬蛋清紧肤面膜

适用肤质　各种肌肤

制作方便度：★★★★　推荐指数：★★★★

[材料] 鸡蛋 1 个，柠檬汁 1 小匙

[做法]

1. 将鸡蛋打破、去壳，留取蛋清。
2. 在蛋清中加入柠檬汁，充分搅拌均匀。

[用法]

洁面后，将本款面膜均匀涂在脸部，避开眼、唇部肌肤，约 20 分钟后，用清水彻底洗净。

美人功效　有效收缩毛孔，增加肌肤弹性，使脸部肌肤紧实、嫩白。

美丽叮咛

◎本款面膜不宜保存，最好一次用完。

◎用蛋清敷面时，脸上尽量不要有大的表情，以免产生更多的皱纹。

奶酪蛋清紧致面膜

适用肤质　各种肌肤，尤其适合中性及老化型肌肤

[材料] 奶酪 1 大匙，鸡蛋 1 个

[做法]

1. 敲破鸡蛋，滤取蛋清，盛入面膜碗中。
2. 将奶酪捣碎，加入蛋清中，一起搅拌均匀。

[用法]

洗净脸后，将调好的面膜均匀地敷在脸上，避开眼、唇部肌肤，10～15 分钟后，用清水洗净即可。每周可使用 1～2 次。

美人功效　这款面膜具有很好的润肤、收敛功效，能为肌肤补充营养与水分，还能延缓肌肤，防止皱纹产生。

美丽叮咛

此款面膜最好一次用完，如有剩余，将多余产品放在冰箱中冷藏，可保存一周。

制作方便度：★★★★★　推荐指数：★★★★★

红薯酸奶紧致面膜

适用肤质 各种肌肤

[材料] 红薯1个，酸奶1杯

[做法]

1.红薯去皮，洗净，放入蒸锅蒸30分钟，直至软烂。

2.将软烂的红薯切成小块后放入搅拌机中，再倒入酸奶，搅拌均匀。

3.将搅拌好的面膜倒入玻璃器皿，待冷却后即可使用。

[用法]

洗净脸后，将面膜均匀涂抹于脸部，避开眼、唇部，15分钟后用温水洗净。

有效祛除痘痘，收缩毛孔，使肌肤光滑、柔嫩。

美丽叮咛

任何品牌、价钱的酸奶都可用于制作本面膜，建议使用含糖量低的原味酸奶。

延伸阅读

红薯美容还减肥

红薯含有大量膳食纤维，能刺激肠道，增强蠕动，通便排毒，尤其对老年性便秘有较好的疗效。红薯中还含有一种类似雌性激素的物质，对保护人体肌肤、延缓衰老有一定的作用。另外红薯中含有胡萝卜素、维生素A、维生素B、维生素C、维生素E以及钾、铁、铜、硒、钙等10余种微量元素，但红薯不会使人发胖，相反还有助减肥、健美。每100克鲜红薯仅含0.2克脂肪，产生99千卡热能，大概为大米的1/3，是很好的低脂肪、低热能食品，同时又能有效地阻止糖类变为脂肪，有利于减肥、健美。

制作方便度：★★★★ 推荐指数：★★★★

✓ **保存期限：** 最好一次用完

✓ **美丽费用：** 1.5元

✓ **材料购买地：** 红薯→农贸市场 酸奶→超市

Skin

抚平青春痘的面膜

认识让肌肤变丑的青春痘

◎青春痘形成的原因

“青春痘”又叫粉刺，学名为“痤疮”，是青春期常见的一种肌肤病，容易发生在脸部、前胸、背部等皮脂腺发达的地方。“青春痘”发生的主要原因是青春期内分泌大量增加，毛囊被堵塞，皮脂不能排出，形成一个个乳白色的小点，凸出于肌肤表面上。这些青春痘会因为不干净而引起局部发炎，形成脓疮，如果再不妥善处理的话，可爱的脸庞可就会变成月球表面了。

青春痘令很多人困扰，尤其是青春期的青少年朋友们，但是青春痘的产生并不单纯只是青春期才会有的，很多是因为生理、日常生活习惯等因素造成的，想要治好烦人的青春痘，最根本的方法还是从日常生活作息及内在的调理开始，才能拥有美丽光滑的脸蛋。

◎粉刺的形成过程

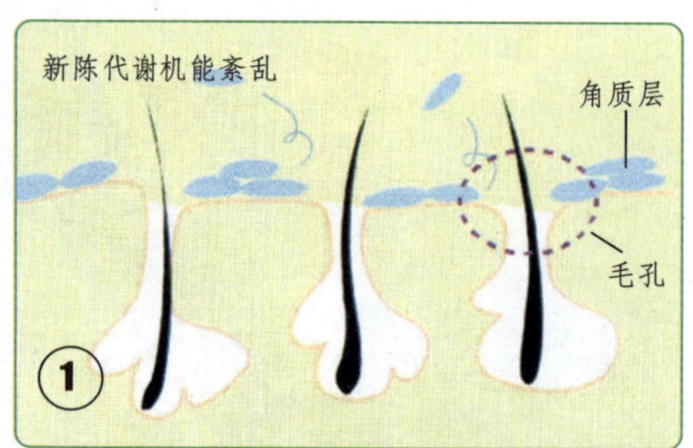

1.容易生成粉刺的毛孔，其新陈代谢的速度是其他毛孔的4倍。

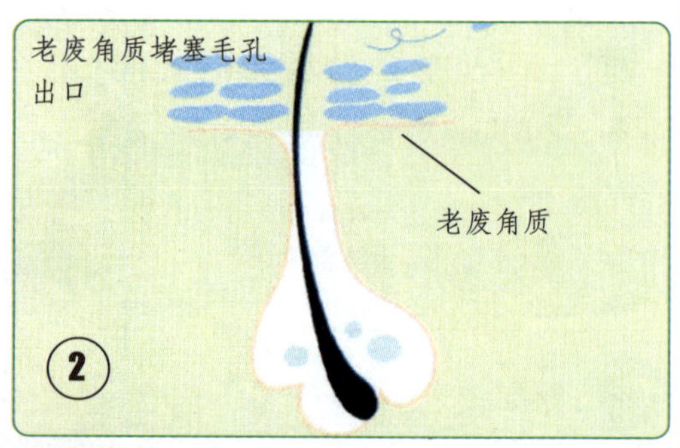

2.老废角质堆积在毛孔附近，毛孔出口逐渐被老废角质堵塞住。

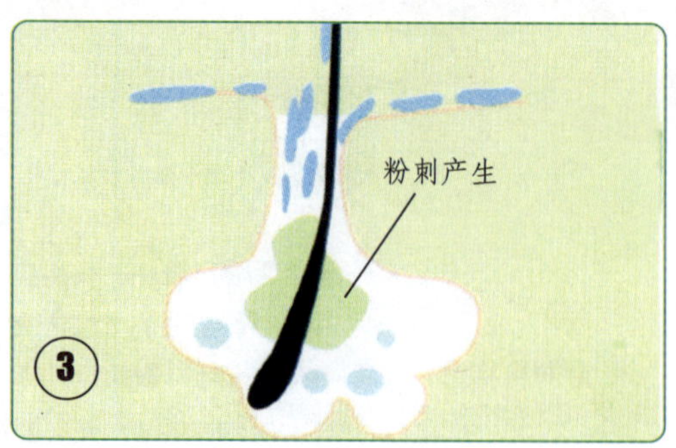

3.皮脂、老废角质、细菌等开始在毛孔中混合生成粉刺。

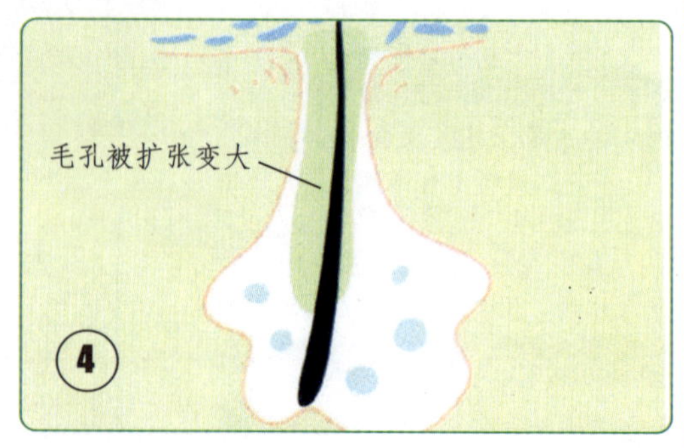

4.粉刺逐渐生成、积累、变大，然后挤压、撑开肌肤毛细孔。

◎认识让肌肤变丑的粉刺

粉刺分为黑头粉刺和白头粉刺两种。粉刺如果逐渐往接近毛发根部的毛孔内部堆积，并且逐渐增大，直至堆积到毛孔外部，被空气氧化而变硬变黑就会成为黑头粉刺。

如果毛孔出口被老废角质盖住，从表面看不出粉刺的存在，那么，这种粉刺就会成为白头粉刺。白头粉刺无法清除，而且容易转变成化脓性的青春痘。

黑头粉刺

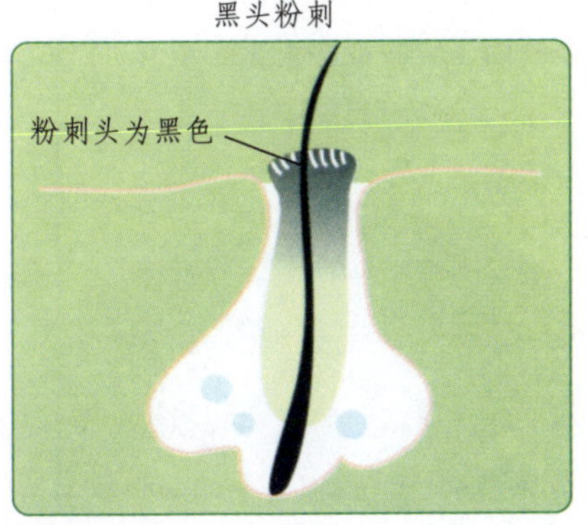

白头粉刺

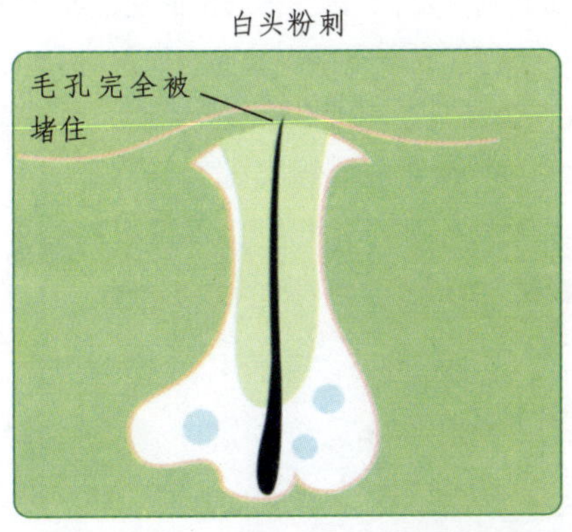

诱发青春痘的因素

◎内分泌失调

青春期激素分泌增多，刺激皮脂腺分泌旺盛，易堵塞毛孔。女性在经期前一周到月经结束这段时间性腺分泌异常，黄体素分泌过多，容易刺激皮脂分泌而形成痤疮。

◎饮食不当

长期食用油腻食物，如海鲜、肉食、油炸食品等，人体会产生游离脂肪酸，导致皮脂分泌增多，角质变厚，使皮脂不易排出，产生痤疮。另外，刺激性食物也会增加皮脂分泌，影响肌肤新陈代谢，使毛孔堵塞或发炎。

◎睡眠不足及情绪紧张

充足的睡眠对肌肤来说有很大帮助，因为每天晚上10点至隔日凌晨2点是肝脏运作最旺盛的时候，应让一整天帮我们分解毒素的肝脏好好地休息。如果经常熬夜或睡眠质量不良，都会使肝脏的负荷越来越大，而无法将毒素完全代谢，这样痘痘可是会越来越多喔！还有长期的精神、心情紧张都会影响到新陈代谢，进而引发青春痘。

◎排泄状况不良

现代人的饮食过于精细，缺乏纤维质的摄取，使肠道蠕动缓慢，废物堆积在肠道的时间增加，无法顺利排毒，导致有害细菌的滋生并因而产生许多毒素，长期下来身体受到伤害，而肌肤这个面积最大且兼具排泄作用的器官，就会借着冒“痘痘”来进行排毒了。

◎化妆品及其使用

有一些不适合自己的化妆品会导致青春痘的产生。因化妆品使用不当而导致的青春痘通常较轻微而不会产生疤痕，但是如果不更换合适的化妆品，这种现象会持续很久而不会痊愈，甚至会越来越严重，所以不可不注意。使用过多的油腻化妆品会刺激到毛囊，促使痘痘生长；而化妆品越擦越厚，使毛孔被封闭，也会加速痘痘恶化。

你是油性痘痘肌肤吗

◎肌肤特征

- 总是油光满面。
- 容易长粉刺或痘痘。
- 吸油面纸每次一张不够用。
- 洗完脸不到1小时脸上就开始出油。
- 不到中午就脱妆，妆效总是不能持久。

如有上述三项以上，你可能就是油性痘痘肌肤哟！

◎原因

由于肌肤的皮脂腺活动旺盛，促使毛细血管张开，使得肌肤毛孔较粗大。而压力大、营养失调、熬夜等，也会造成皮脂腺过度分泌，从而分泌过量油脂。如果同时未做好清洁工作，就极有可能堵塞毛孔，进而引起青春痘问题。

◎简易检测法

早上洗完脸后，到中午时用手轻摸脸部，如有油腻感，则属油性肌肤。

◎挑选其他保养产品小秘诀

- 清洁用品要能彻底清洁油脂和污垢。
- 尽量选择不含油脂的保养品。

11个战“痘”妙计

1.很多人常常喜欢东摸西摸后再来摸摸脸颊甚至挤痘痘，这是非常不好的习惯，因为手摸到的东西上的细菌沾染在手上，摸脸颊时就会沾染到肌肤上，造成细菌的滋生，而产生青春痘。所以应尽量避免手与脸颊不必要接触。

2.经常与脸部接触的物品，例如枕头、棉被、洗脸的毛巾等，都要经常清洗保持干净。最好的方法是“晒太阳”。由于紫外线具有很好的杀菌效果，会使得细菌无法生长，所以这些用品在清洗后最好拿出来晒晒太阳。

3.橱窗中的黑森林蛋糕、提拉米苏、苹果派等可口的甜点，是很多人都无法抗拒的。但是这些含糖分和碳水化合物都很多的蛋糕点心，最容易导致青春痘的产生，另外，脂肪较高的坚果类食物也尽量少吃。

4.快餐、零食容易造成便秘，尤其是喜欢吃消夜的人，消夜不仅对肠胃不好，更容易造成便秘，而便秘是青春痘的元凶之一。因此为了防止痘痘来袭，快餐、零食尽量不要招惹哟！

5.精神容易紧张或常常有烦恼的人可要特别注意了，精神上的压力及烦恼会刺激皮脂分泌更加旺盛，而这也是青春痘多发的原因之一。所以适度地调适心情、缓解压力是很有必要的。

6.养成每天运动的良好习惯。适当的运动可以促进身体的新陈代谢，对身体、肌肤都有良好的效果。即使每天只有5分钟时间运动也要持之以恒。

7.多吃新鲜的蔬菜水果。因为蔬菜水果中含有许多增强抵抗力的营养素，而且均衡的饮食也有助于身体的健康。

8.多喝水。水是对人体最好的饮料，不但能有助于肠道的吸收及排泄，肌肤也能因为喝饱了水而保持水嫩。

9.如果不想让青春痘找上你，无论工作有多忙、课业有多重，也请尽量在晚上11：00之前就寝。经常熬夜对肌肤的伤害是很大的，良好充足的睡眠能让肌肤得到完善的保养。

10.洗脸虽然是美丽肌肤的基本动作，但是不要过度清洗，这样会将肌肤上的保护油脂完全洗去，反而会使肌肤过于干燥，对肌肤造成更大的伤害。

11.紫外线对于肌肤的伤害是每个人都应注意的，但不要为了防止紫外线的伤害而将粉擦得厚厚的，这样对肌肤的伤害反而更大。应该选择适合自己的防晒产品，回家后也要记得彻底卸妆，预防油脂堵塞毛孔，而使肌肤产生青春痘。

灵

绿茶南瓜面膜

适用肤质 暗哑或有暗疮疤痕的混合性及油性肌肤

制作方便度：★★★★ 推荐指数：★★★★

[材料] 绿茶粉2大匙，南瓜肉4大匙，豆腐4大匙

[做法]

1.南瓜洗净，去皮，去子，放在锅里蒸软。

2.将南瓜、豆腐、绿茶粉一同放进搅拌机中，搅拌成糊状。

[用法]

洗完脸后，将本款面膜敷在面部，避开眼、唇部肌肤，用手轻轻按摩，约15分钟后，用温水洗净即可。

有效美白肌肤，并能消除长痘痘后留下的疤痕。

美丽叮咛

◎本款面膜如果一次没有用完，须用玻璃器皿密封，放入冰箱内冷藏，并尽快用完。

◎平时喝剩的绿茶茶包不要急着丢掉，将它放入冰箱中冰镇起来，可以成为很好的眼膜材料。

菠萝金银花祛痘面膜

适用肤质 油性及痘痘肌肤

[材料] 菠萝50克，通心粉、金银花各半大匙

[做法]

1.菠萝去皮，洗净，切小块，放入榨汁机中榨成汁，倒入面膜碗中。

2.将通心粉、金银花研成粉末。

3.将做法2中的材料加入菠萝汁中，搅拌均匀即可。

[用法]

洗净脸后，将调好的面膜均匀地敷在脸部及颈部的肌肤上，避开眼、唇部肌肤，10～15分钟后，用温水洗净即可。每周可使用1～2次。

此面膜能滋润肌肤，去除角质，淡化面部色斑，促进肌肤新陈代谢，使肌肤红润、嫩白。

美丽叮咛

此面膜不宜久存，最好一次用完，如有剩余，可将多余产品放在冰箱中冷藏保存，但要在一周内用完。

制作方便度：★★★ 推荐指数：★★★★

西红柿冬瓜祛痘面膜

适用肤质　各种肌肤，尤其适合痘痘和暗疮肌肤

[材料] 西红柿1个，冬瓜100克，奶酪1大匙

[做法]

1.西红柿、冬瓜洗净，去皮，备用。

2.将奶酪、冬瓜和西红柿放入搅拌机中，搅拌成糊状即可。

[用法]

洗净脸后，将面膜均匀地涂抹在脸上，避开眼、唇部，10分钟后用温水洗净。

能杀菌消炎，有效祛除痘痘，促进肌肤新陈代谢，令肤色红润。

每次使用此面膜时，顺便吃一个西红柿，对加快肌肤的新陈代谢很有好处。

延伸阅读

冬瓜荷叶美容减肥汤

冬瓜500克，削去皮，去瓤去子，切成块状。将鲜荷叶20克洗净，切成丝，二者共放入汤锅中，加水适量，先用大火，煮沸后改用小火，煮熟用精盐调味即成。冬瓜中含有多种维生素和人体必需的微量元素，可调节人体的代谢平衡。冬瓜性寒，能养胃生津、清降胃火，使人食量减少，促使体内淀粉、糖转化为热能，而不变成脂肪。现代药理证实，冬瓜中含有油酸、亚油酸、以及能抑制体内黑色素沉积形成的活性物质，是良好的润肤、美容佳品。

制作方便度：★★★★　推荐指数：★★★★

✓ **保存期限：** 最好一次用完

✓ **美丽费用：** 3元

✓ **材料购买地：** 西红柿→农贸市场　冬瓜→农贸市场　奶酪→超市

苦瓜祛痘面膜

制作方便度：★★★★ 推荐指数：★★★★

适用肤质 油性及面疱粉刺肌肤

[材料] 黄莲粉 1 小匙，新鲜苦瓜 1 块，绿豆粉 1 小匙

[做法]

1.将苦瓜洗净、去子后放入榨汁机中，榨取汁液。

2.将黄莲粉、绿豆粉、3 小匙苦瓜汁一同放入碗中，充分搅拌，调成糊状。

[用法]

将本款面膜敷于脸上，避开眼、唇部肌肤，静置 15 分钟后，用温水将脸洗净。

能洁净肌肤，清热解毒，改善青春痘及暗疮症状。

美丽叮咛

黄莲粉具有天然的黄色素，用后会将肌肤暂时染成微黄色，这是正常现象，一两天之后便会消失，不必过于担心。

薰衣草黄豆粉面膜

适用肤质 油性肌肤

[材料] 黄豆粉 2 小匙，薰衣草精油 2 滴，纯净水少许

[做法]

将薰衣草精油、黄豆粉和纯净水充分搅拌均匀即可。

[用法]

洗净脸后，将调好的面膜均匀地涂在脸上，避开眼、唇部肌肤，并用指腹由内向外、自下而上打圈方式按摩2分钟，约 20 分钟后，用清水洗净即可。每周可使用 1～2 次。

薰衣草精油具有舒缓、镇定的作用，还能有效抑制青春痘及暗疮产生，淡化痘痕。黄豆粉可滋润肌肤，保持肌肤水嫩。这款面膜可以控制油脂分泌，调节肌肤水油平衡，从而起到祛痘的功效。

美丽叮咛

怀孕初期的女性要避免使用薰衣草精油。

制作方便度：★★★★★ 推荐指数：★★★★

适用肤质　各种肌肤

香蕉奶酪祛痘面膜

[材料] 香蕉1根，奶酪1大匙

[做法]

1.香蕉去皮，备用。

2.将奶酪和香蕉放入搅拌机中，搅拌成糊状即可。

[用法]

洗净脸后，将面膜均匀地涂抹在脸上，避开眼、唇部，10分钟后用温水洗净。

这款面膜能清除脸上多余的油脂，彻底清除毛孔中的污垢及毒素，防止痘痘产生，帮助肌肤细胞有效吸收营养，并锁住水分。

美丽叮咛

此面膜亦可制成体膜，涂抹在身体、手及臂上的痘痘患处，同样有美容效果。

延伸阅读

木瓜奶酪美容餐

将一个木瓜剖开，取出果肉，放入果汁机中打碎。食用时将木瓜泥淋于奶酪上，也可加些蜂蜜一起食用。有白嫩肌肤、抗老化的效果，还可以淡化斑点、丰胸美白喔！木瓜拥有多种维生素B群、胡萝卜素等营养，加上所含的特殊蛋白酶，能够快速吸收鲜奶中的蛋白质。而蛋白质可以促进肌肤新陈代谢正常，保持弹性，提供抗老化、抗氧化的全面功能。这道浓、醇、香、滑的甜品，早上起来吃一盅，绝对是超幸福的事！

制作方便度：★★★★★　推荐指数：★★★★★

✓ **保存期限：** 最好一次用完

✓ **美丽费用：** 4元

✓ **材料购买地：** 香蕉→农贸市场　奶酪→超市

伏特加酸奶消炎面膜

适用肤质 油性及混合性肌肤

制作方便度：★★★★　推荐指数：★★★★

[材料] 维生素B6片1片，伏特加1小匙，原味酸奶2小匙

[做法]

1.将维生素B6片磨成粉末。

2.将维生素B6粉末与伏特加混合均匀，再调入原味酸奶搅拌均匀即可。

[用法]

洗净脸后，将调好的面膜均匀地敷在脸上，避开眼、唇部肌肤，约15分钟后，用温水洗净。每周可使用1～2次。

美人功效

这款面膜具有消炎、抗过敏及抑制油脂分泌的功能，十分适合出油较多或长痘痘的肌肤使用。坚持使用此面膜能祛除痘痘，淡化痘痕，还能防止肌肤过敏。

美丽叮咛

如果没有伏特加，也可用高粱酒代替。

椰汁芦荟绿豆粉面膜

适用肤质 各种肌肤

[材料] 椰子水半杯，芦荟1根，绿豆粉1大匙

[做法]

1.芦荟洗净，去皮。

2.将芦荟叶肉与椰子水一同放入榨汁机中。

3.将绿豆粉加入榨汁机中，与椰子水、芦荟叶肉一起搅打成汁液即可。

[用法]

洗净脸后，用调好的面膜浸透面膜纸，将面膜纸敷在脸上，避开眼、唇部肌肤，约15分钟后，用清水洗净即可。每周可使用1～2次。

美人功效

芦荟具有清热祛痘的功效，还能有效清除肌肤的老化角质。绿豆粉也具有清热的功效。芦荟、绿豆粉与椰子水搭配使用，可有效调节肌肤水油平衡，改善肌肤松弛现象，使肌肤净白、幼滑、有光泽。

美丽叮咛

可将多余的面膜放在冰箱中冷藏保存，但要在一周内用完。

制作方便度：★★★★　推荐指数：★★★★★

大蒜面粉抗痘面膜

适用肤质　各种肌肤

[材料] 面粉3大匙，大蒜3瓣，纯净水适量

[做法]

1.大蒜去皮，放入微波炉中加热2分钟，取出，捣成泥状。

2.面粉加纯净水混合均匀。

3.将蒜泥和面粉糊拌匀即可。

[用法]

清洁脸部后，将面膜均匀地涂在脸上，避开口、眼、鼻，静置15～30分钟后用温水洗净。每周可使用1～2次。

消除脸部浮肿，祛除痘痘，去除角质，使脸部轮廓更精致。

美

叮咛

本款面膜可冷藏在冰箱中，并在2周内用完。

延伸阅读

痘痘肌肤该用什么样的洁面产品

长痘痘的肌肤往往比较油，所以很多人都喜欢用清洁力强的洁面产品，试图让自己的肌肤变得清爽，但事实却不遂人愿，这是为什么呢？人肌肤表面有一层由脂质和水分组成的皮脂膜，对肌肤有保护作用，如果将皮面的脂肪去除，皮脂腺将以很快的速度分泌皮脂到皮表，以重新形成皮脂膜。痤疮患者的皮脂腺分泌功能旺盛，如果将表面的皮脂洗得过于干净会刺激皮脂腺分泌更多的皮脂，反而让肌肤变得更油。所以痘痘肌肤只需要温和的清洁就够了。

制作方便度：★★★★　推荐指数：★★★★

✓ **保存期限：** 7天

✓ **美丽费用：** 0.5元

✓ **材料购买地：** 大蒜→农贸市场　面粉→粮油店

金银花祛痘面膜

适用肤质 各种肌肤，尤其适合痘痘肌肤

制作方便度：★★★ 推荐指数：★★★★

[材料] 土豆1块，橘子半个，金银花（用少量沸水泡开）半大匙

[做法]

1.土豆洗净，切成块，倒入搅拌机中。

2.橘子去皮，放入搅拌机中与土豆一起搅打。

3.将金银花加入搅拌机中，搅打均匀成糊状。

[用法]

洗净脸后，将调好的面膜均匀地敷在脸部，避开眼、唇部肌肤，10～15分钟后，用温水洗净。每周可使用1～2次。

金银花能清热祛痘，促进细胞代谢，为肌肤提供营养，并帮助肌肤排出毒素，令肌肤光滑、润白。橘子含有丰富的维生素C，能深层滋润肌肤，为肌肤提供亮白因子，赶走黑色素和细纹。

美丽叮咛

土豆容易氧化，不易保存，所以此面膜每次不要制作过多。

珍珠豆粉美白面膜

适用肤质 油性及痘痘肌肤

[材料] 黄豆粉、绿豆粉、珍珠粉各半大匙，蒸馏水适量

[做法]

1.将黄豆粉、绿豆粉和珍珠粉放入面膜碗中混合均匀。

2.加入蒸馏水慢慢搅拌均匀至糊状即可。

[用法]

洗净脸后，将调好的面膜均匀地涂抹在脸上，约15分钟后，用清水洗净即可。每周可使用1～2次。

这款面膜可清热祛痘、美白淡斑、滋润保湿，还能去除角质，改善暗沉肤色。

美丽叮咛

此面膜不宜久存，最好一次用完。

制作方便度：★★★★ 推荐指数：★★★★★

适用肤质 各种肌肤

蜂蜜面粉祛痘润白面膜

[材料] 面粉1大匙，番茄酱2大匙，柠檬汁、蜂蜜各1小匙

[做法]

1.将番茄酱、柠檬汁及蜂蜜倒入面膜碗中拌匀。

2.再在其中加入面粉拌匀即可。

[用法]

洗净脸后，取适量面膜均匀地敷于脸部，安静休息15～20分钟，再用手指将微干的面膜搓掉，用温水将脸洗净即可。每周可使用1～2次。

面粉具有极好的清洁作用，能清除堵塞毛孔的污垢，保持毛孔畅通，从而防止青春痘的产生。西红柿含β－胡萝卜素、维生素C等成分，具有美白、抗老化作用。蜂蜜能促进血液循环。所以此款面膜除了能淡斑外，还可增加好气色。

美丽叮咛

可将余下的面膜放入冰箱密封保存，一周内用完。

制作方便度：★★★★★ 推荐指数：★★★★★

✓ **保存期限：** 最好一次用完

✓ **美丽费用：** 2元

✓ **材料购买地：** 面粉→粮油店 番茄酱→超市 柠檬汁→超市 蜂蜜→超市

延伸阅读

蜂蜜洗浴美容法

◎将蜂蜜直接加入温水中，配成1%左右的蜂蜜水溶液，洗脸或洗澡，特别是用来洗澡对消除疲劳功效明显，还可以使肌肤变得光洁润滑。

◎在沐浴之前，用蜂蜜涂抹全身，尤其是脚底、膝盖、手肘等部位要多涂一点，10分钟后，进入浴缸浸泡，然后再用香皂洗一遍，洗完澡后，会觉得全身滑腻如凝脂。

Skin 淡化肌肤皱纹的面膜

你的皱纹在哪里

皱纹是肌肤老化最容易看见的迹象，一般来说，很难靠化妆品或保养品消除，但皱纹又分成可以治愈与无法治愈两种。在尚未变成深刻明显的皱纹前，先做好防皱保养吧！

首先仔细检测，看看你的皱纹在哪里！

◎皱纹三姐妹

小细纹：皱纹的初期阶段为又浅又细的小纹路，而形成的主要原因其实就是干燥。肌肤保养的根本方法，就是彻底保湿。只要做好保湿工作，准备跟小细纹说bye bye！

表情纹：眉间、眼尾或嘴角附近的皱纹，通常是因为表情肌肉产生的。此外，保养及生活习惯等行为模式，也会导致表情纹的产生。

深皱纹：肌肤弹性松弛是深皱纹产生的最主要的原因。完全抚平深皱纹非常困难。然而，采取正确的保养方式，仍有可能阻止或减缓皱纹加深速度，大家一起加油吧！

找出让肌肤变老的凶手

◎内在因素

随着年龄的增长、激素分泌减少等自然生理老化现象的出现，皮肤表皮的障壁功能逐渐下降，真皮层的胶原蛋白减少，弹力蛋白机能变差，皮下组织的皮脂肪也会减少，使得皮肤失去弹性、缺乏水分与油脂，进而导致皮肤干燥、无光泽，最终致使皮肤松弛与皱纹产生。

◎外在因素

导致皮肤老化的外在因素主要包括生活方式与环境等。其中，阳光中的紫外线所造成的“光老化现象”，正是导致皮肤提早老化的主要原因。紫外线会导致肌肤中的胶原蛋白与弹力蛋白变性，使得肌肤失去弹性，导致皱纹出现、皮肤免疫能力下降，更有可能引发皮肤癌。

你的实际肌龄>真实年龄吗

◎肌肤特征

- 保湿能力变差。
- 血管增生，血管壁脆弱。
- 黑色素细胞功能失调，色素容易沉淀。
- 角质代谢减缓，角质层增厚。
- 皱纹变多，肌肤松弛。

如果有上述三项以上，你的肌肤可能就有老化的倾向喽！

◎简易检测法

开始出现了眼袋、眼下细纹、抬头纹及鱼尾纹，就算不笑也会出现法令纹。若有这些现象，就表明你的肌肤已经开始老化。

◎挑选抗衰老保养品小秘诀

- 选择能帮助肌肤新陈代谢的洁面用品。
- 早晚涂抹含抗氧化成分的保养品。
- 注意每周做去角质保养，并加强保湿和防晒。

祛皱保养重点

1.清洁。除了早晚的清洁工作，每周做去角质与使用泥膏状面膜的例行功课，可以避免毛孔阻塞所造成的粉刺问题。

2.保湿。选择不含油脂的保湿产品作为基础保养的必备品，早晚注意加强肌肤补水，让肌肤随时保持在最佳状态。

3.抗氧化。减少自由基能减慢肌肤老化速度，因此需选择含有抗氧化成分的保养品，尽早替肌肤做好抗老准备。

4.防晒。防晒是最重要的保养功课之一，不喜欢黏腻感觉的美眉可以选择质地较为清爽的防晒液。

粉蜜抗皱面膜

适用肤质　各种肌肤

制作方便度：★★★★　推荐指数：★★★★

[材料] 杏仁粉9克，白芷粉3克，冰片粉少许，面粉1大匙，蜂蜜、温水各适量

[做法]

1.将杏仁粉、白芷粉、冰片粉过筛，筛取细粉。

2.将筛取的细粉与面粉调匀，保存在密封罐中。

3.使用前，先将蜂蜜加少许温水调至黏稠状，然后再取出罐中细粉与蜂蜜水调匀。

[用法]

洁面后，将本款面膜涂于脸上，避开眼、唇部肌肤。约10～15分钟后，用温水彻底洗净即可。

美人功效　能有效收紧肌肤、防止皱纹的产生，使肌肤紧致、美白。

美丽叮咛

本款面膜最好一次用完，若有剩余，应放在玻璃器皿中，密封冷藏，并尽快用完。

白酒蛋清面膜

适用肤质　各种肌肤

[材料] 白酒适量，鸡蛋3个

[做法]

1.打破鸡蛋，去壳，取出蛋清。

2.将蛋清、白酒放入密封罐中，盖紧瓶盖，放置约25天。

3.将白酒蛋清取出，搅拌均匀即可使用。

[用法]

洁面后，将本款面膜涂在脸上，约20分钟后，用清水彻底冲洗干净即可。

美人功效　具有良好的清洁、美白、祛皱效果，可使皮肤紧致、有弹性。

美丽叮咛

本款面膜如果一次没有用完，可以盖紧瓶盖，放入冰箱中冷藏备用。

制作方便度：★★★★　推荐指数：★★★★

西红柿杏仁面膜

适用肤质 各种肌肤

[材料] 西红柿1个，杏仁粉3小匙

[做法]

1.先将西红柿连皮揉成泥状。

2.在西红柿泥中加入杏仁粉搅拌。

[用法]

洗净脸后，将面膜均匀地敷在脸上，约15分钟后用温水洗净。

美人功效

淡化色斑，消除皱纹，为肌肤补充水分，令肌肤白皙、水嫩。

美丽叮咛

面膜最好一次用完，如未用完，要放在冰箱里保存，一周内用完。

制作方便度：★★★★★　推荐指数：★★★★★

✓ **保存期限：** 最好一次用完

✓ **美丽费用：** 2元

✓ **材料购买地：** 西红柿→农贸市场　杏仁粉→中药店或超市

延伸阅读

让小细纹消失最重要的是保湿

保湿之所以重要，是因为干燥是小细纹的头号敌人。想要抚平小细纹，首要之务就是保湿，给肌肤充分的滋润保养最重要。尤其是在角质层薄的部位，因为可以保持水分的细胞较少，所以特别容易干燥，一定要将其列为重点保湿部位。日常中要特别留意洗脸的方式。若是常用错误的洗脸方式，会洗去过多的皮脂、导致皮肤加速干燥，一定要特别小心。最好用接近32℃左右的温水，先用手搓揉出大量泡沫，再以泡沫轻轻按摩脸部，之后用清水洗净。用毛巾轻轻擦干脸上多余水分，立刻擦上化妆水，让脸部得到滋润。

米水珍珠粉紧致面膜

适用肤质 各种肌肤

制作方便度：★★★★★ 推荐指数：★★★★★

[材料] 珍珠粉15克，淘米水适量

[做法]

1. 将珍珠粉放入容器中。
2. 将适量的淘米水缓慢倒入珍珠粉中，边倒入边搅拌，最后调匀成糊状。

[用法]

洁面后，将本款面膜均匀涂抹在脸上，避开眼、唇部肌肤，约15分钟后，用温水洗净。

美人功效 能够紧实肌肤，消除皱纹，使肌肤嫩白、光滑。

美丽叮咛

如果一次没有用完，须用玻璃器皿密封，放入冰箱内冷藏，并尽快用完。

蜜桃杏仁鸡蛋面膜

适用肤质 各种肌肤，尤其适合松弛肌肤

[材料] 桃肉1大匙，杏仁半大匙，蜂蜜2小匙，鸡蛋1个

[做法]

1. 桃肉切成片，与杏仁一起放入搅拌机中搅打成泥。
2. 将蜂蜜加入做法1中搅拌均匀。
3. 敲破鸡蛋，加入到做法2的混合物中，一起搅拌均匀即可。

[用法]

洗净脸后，将调好的面膜均匀地敷在脸上，避开眼部和唇部肌肤，10～15分钟后，用清水洗净。每周可使用1～2次。

美人功效 桃肉含有铁和维生素C，能改善肤色，令肌肤美白。杏仁能提亮肤色，使肤色红润。蜂蜜、鸡蛋具有滋润、紧肤的功效。这款面膜不但能改善肤色，还能紧致肌肤，令肌肤红润、有弹性。

美丽叮咛

此款面膜不宜久存，最好一次用完。

制作方便度：★★★★ 推荐指数：★★★★

咖啡蛋清杏仁紧肤面膜

适用肤质 各种肌肤

[材料] 杏仁25克，咖啡粉1大匙，鸡蛋1个

[做法]

1.杏仁用热水泡软后碾成泥。

2.鸡蛋敲破，滤取蛋清，备用。

3.将咖啡粉、杏仁泥以及蛋清混合，搅拌均匀。

[用法]

洗净脸后，将此面膜均匀地涂在脸上，避开口、眼、鼻，15～20分钟后将面膜洗去即可。每2周可使用1次。

淡化色斑，消除皱纹，为肌改善松弛的肌肤，淡化皱纹及黑斑。

美丽叮咛

本款面膜可冷藏在冰箱中，并在2周内用完。

延伸阅读

修复细纹小秘诀

当你很介意小细纹的存在时，有一个立即见效的方法，那就是充分利用淋浴的时间来蒸脸。具体方法如下：淋浴时，大量的热水会让浴室充满蒸气，所以利用此时蒸脸的效果极佳。洗完澡后直接敷脸，效果更是事半功倍。但如果热水直接碰触脸部，则会造成脸部干燥，要特别小心喔！

制作方便度：★★★★　推荐指数：★★★★

✓ **保存期限：** 最好一次用完

✓ **美丽费用：** 4元

✓ **材料购买地：** 杏仁→中药店　咖啡粉→超市　鸡蛋→农贸市场

中药抗皱面膜

适用肤质 各种肌肤

制作方便度：★★★★ 推荐指数：★★★★

[材料] 当归15克，川芎15克，鸡蛋1个

[做法]

1.打破鸡蛋，去壳，放入面膜碗。

2.将当归、川芎研磨成粉，一同放入面膜碗中，充分搅拌均匀。

[用法]

洁面后，取适量本款面膜均匀地涂在脸上，避开眼、唇部四周肌肤，约20分钟后，用温水洗净即可。

美人功效 滋润美白肌肤，抚平脸部皱纹，延缓肌肤衰老。

美丽叮咛

◎本款面膜最好一次用完，若无法用完须冷藏存放，并尽快用完。

◎买当归和川芎时，请中药店将药材磨成细致的粉末。

橄榄油鸡蛋润肤面膜

适用肤质 除敏感肌肤外均适用

[材料] 鸡蛋1个，柠檬半个，橄榄油、盐各2小匙

[做法]

1.敲破鸡蛋，盛入碗中，打散备用。

2.柠檬切块，放入榨汁机中榨取汁液。

3.将鸡蛋液、柠檬汁、盐、橄榄油一起搅拌均匀即可。

[用法]

洗净脸后，将调好的面膜均匀地敷在脸上，避开眼、唇部肌肤，10～15分钟后，用清水洗净。每周可使用1～2次。

美人功效 这款面膜能深层清洁毛孔，为肌肤补充养分与水分，淡化细纹，延缓肌肤衰老，令肌肤充满活力。

美丽叮咛

◎由于柠檬中含有感光物质，因此用此款面膜敷完脸后，不要晒太阳，以防肌肤变黑。

◎此款面膜不宜久存，最好一次用完。

制作方便度：★★★★ 推荐指数：★★★★

蜂蜜芦荟抗氧化面膜

适用肤质 除敏感肌肤外均适用

[材料] 芦荟1片，黑芝麻、蜂蜜各3小匙

[做法]

1.黑芝麻研磨成粉末；芦荟去刺去皮，切段，放入榨汁机内榨汁。

2.将黑芝麻粉、芦荟汁、蜂蜜搅拌均匀即可。

[用法]

洗净脸后，将此面膜均匀地涂抹于脸部，避开眼、唇部，约15分钟后用温水洗净。

滋润肌肤，为肌肤补充水分，安抚镇静肌肤，延缓衰老。

美丽叮咛

市面上的芦荟有很多种，一定要谨慎选择，否则不但没有任何作用，还会对肌肤造成伤害呢！

延伸阅读

简单、轻松的指压就可以抚平皱纹！

任何令你在意的皱纹部位，都可利用指压来促进血液循环，达到抚平皱纹的效果，请一定要亲自试试看！首先用拇指或食指由下往上按压下巴的边缘，接下来沿着颈部肌肉由上往下按，再来是由内往外按压锁骨部位，轻轻地顺着淋巴线下来，可以提高指压的效果。另外告诉你一个小秘密：微笑可以产生美丽的笑纹。生气、痛苦时产生的皱纹称为“纵细纹”，微笑时或表情丰富时的皱纹称为“横细纹”。面部皱纹就是反映你内心世界的镜子，如果一定会留下皱纹，请刻划美丽的笑纹。

制作方便度：★★★★ 推荐指数：★★★★

✓ **保存期限：** 最好一次用完

✓ **美丽费用：** 3元

✓ **材料购买地：** 芦荟→花店 黑芝麻→超市 蜂蜜→超市

Skin

淡化色斑的面膜

认识让肌肤变丑的色斑

◎晒斑

晒斑呈圆形，而且形状非常明显，在各种斑点之中为数最多，大多形成于容易晒到阳光的颧骨部位，因此一定要避免照射会导致黑色素增多的紫外线。如果已经出现晒斑.就要尽早开始美容保养，才可能淡化斑点。

◎肝斑

只有女性朋友才会长的肝斑，形状及颜色都不十分明显。倘若出现在脸颊上，通常会左右对称，两侧都有。怀孕时及生理期前，请注意避免照射紫外线，彻底阻止斑点的形成。此外，只要斑点尚未变深，美容保养都是有效的。

◎发炎后色素沉淀

长青春痘、湿疹后，会因发炎而引起色素沉淀。但依情况不同，色素的沉淀有时会自然消失。需要注意的是，发炎不只会导致皮肤粗糙，也可能变成色素斑，因此每天都要勤加保养。炒菜时，也要注意油烟飞溅喔！

◎雀斑

以鼻子为中心形成的雀斑，其主要成因是遗传，比如有人从小就长雀斑。因此对保养品的除斑效果，不要抱太大希望。

抗斑对策

1.多吃能淡化色斑的天然食物，如富含维生素C及亚油酸、花生油酸等多种不饱和脂肪酸的食物，此外，还有燕麦片、绿茶、猪皮、猪蹄、动物肝脏、芦笋、牛奶、芝麻等。维生素B_2、鱼油、海豹油等保健食品具有淡化色斑的作用，可适量补充。

2.含有左旋C、果酸等成分的保养品具有不错的淡斑效果。

3.果酸换肤、雷射、激光或彩光祛斑等手术治疗，能快速祛除色斑，也可考虑采用。

4.认真做好肌肤的防晒工作。

色斑增多的规律

20～25岁

嘴巴周围。

26～35岁

眼睛周围、鼻子、嘴巴等脸部的中心部位。

36～49岁

脸中心部位颜色变浓，额头、脸颊也出现较淡的斑。

50岁以上

以脸颊为中心，颜色逐渐变浓！

◎看看你的色素斑消得掉吗

✓形成时间不久的色素斑或轮廓不明显的咖啡色斑点是消得掉的色素斑。

✕已形成多年的色素斑或呈突起状的色素斑是消不掉的色素斑。

香蕉奶油淡斑面膜

适用肤质 各种肌肤

[材料] 香蕉1根，奶油3小匙，浓茶1大匙

[做法]

1.香蕉剥皮，放在碗中捣成泥状。

2.香蕉泥中加入奶油以及已经冷却的浓茶，充分混合搅拌均匀即可。

[用法]

洗净脸后，将面膜均匀地涂在脸上，避开眼部及唇部，15分钟后温水洗净即可。

有效淡化日晒后形成的色素沉淀，使肌肤恢复润泽、亮白，尤其适合外出时使用，使用3周后，日晒形成的黑斑就会逐渐消失。

美

叮咛

材料中的茶最好用绿茶。

伸阅读

防晒要从早上的基础保养开始做起

为了不再长出新的色素斑，防晒保养的工作绝对不能省略。如果担心因为粗心大意而忘了做防晒，不如就从早上的基础保养开始。这样一来，即使一整天不化妆也能安心，想要拥有净白肌肤就要养成这个习惯喔！

别忘了，在脸上特别容易晒到紫外线的部位，要做重点加强涂抹。可以按照以下方式进行：

◎在最容易照到紫外线，也最容易长斑的脸颊附近，多涂两次。

◎容易忘记涂抹的部位如眼角、鼻翼、鼻梁两侧等也不要放过。

◎被头发盖住的耳后及耳上发际部位也要注意！

制作方便度：★★★★ 推荐指数：★★★★

✓ **保存期限：** 最好一次用完

✓ **美丽费用：** 2.5元

✓ **材料购买地：** 香蕉→农贸市场 奶油→超市 茶→超市

苹果西红柿淡斑面膜

适用肤质 各种肌肤

制作方便度：★★★ 推荐指数：★★★★

[材料] 苹果1块，西红柿1小块，淀粉2小匙

[做法]

1.苹果洗净，切成小块，放入搅拌机中搅打成泥。

2.西红柿洗净，切成小块，放入搅拌机中打碎。

3.将做法1及做法2中处理好的材料与淀粉一起搅拌均匀即可。

[用法]

洗净脸后，将调好的面膜均匀地敷在脸部及颈部，避开眼部和唇部周围的肌肤，10～15分钟后，用温水洗净即可。每周可使用1～2次。

美人功效

这款面膜能防止肌肤老化，并能帮助肌肤排除毒素，抑制黑色素形成，淡化斑点。

美丽叮咛

由于苹果容易氧化，因此这款面膜不宜久存，最好一次用完。

酸奶酵母粉美白面膜

适用肤质 各种肌肤

[材料] 酵母粉2大匙，酸奶半杯

[做法]

1.将酵母粉缓缓加入酸奶中。

2.边加入边用搅拌棒搅拌，充分搅拌均匀即可。

[用法]

洁面后，将本款面膜涂抹在脸部，再覆盖上面膜纸，约20分钟后，用清水彻底冲洗干净即可。

美人功效

有效清洁肌肤，并提供肌肤所需的营养，使肌肤润白、柔嫩。

美丽叮咛

◎酵母与酸奶同为面膜保养中的明星材料，两者搭配使用，美白效果更显著。

◎酵母粉在超市里很容易买到。

制作方便度：★★★★ 推荐指数：★★★★

红薯牛奶淡斑面膜

适用肤质 干性肌肤

[材料] 牛奶半杯，红薯2个，鸡蛋1个

[做法]

1.红薯洗净，去皮，煮熟后研磨成泥放入面膜碗中。

2.用过滤勺分离蛋清与蛋黄，取蛋黄和红薯泥混和。

3.加入牛奶，用搅拌筷将红薯、蛋黄、牛奶搅拌成糊状。

[用法]

洗净脸后，将面膜均匀地涂抹在脸上，避开眼、唇部，15分钟后，用温水洗净。

为干燥的肌肤补充水分，消除黑斑、黄褐斑，使肌肤变得更加光滑水嫩、紧致细腻。

美丽叮咛

发芽或生黑斑的红薯有毒，制作面膜时不能使用，以免损害皮肤。

延伸阅读

洗脸水中有学问

你知道吗？水有软水和硬水之分，北方的水质较硬，南方的水质较软，硬水烧开后会在瓶内留下很多水垢。一般来说，使用软水洗脸比用硬水对皮肤更好一些。如果洗脸的水是硬水，可以把它烧开后放凉，或者加入适量小苏打，这样处理后，硬水就变得和软水一样了。用这样的洗脸水洗脸，能够使清洁剂达到最好的效果，让你洗脸的工作变得更轻松、更愉快。

制作方便度：★★★★　推荐指数：★★★★

✓ **保存期限：** 最好一次用完

✓ **美丽费用：** 1.5元

✓ **材料购买地：** 牛奶→超市　红薯→农贸市场　鸡蛋→农贸市场

菠萝小米淡斑面膜

适用肤质 各种肌肤

制作方便度：★★★★ 推荐指数：★★★★

[材料] 菠萝1块，小米（泡软）、甘油各半大匙

[做法]

1.菠萝去皮，切块，放入榨汁机中榨汁。

2.将小米与菠萝汁一同搅打均匀。

3.在小米与菠萝汁的混合物中加入甘油，混合均匀即可。

[用法]

洗净脸后，将调好的面膜均匀地敷在脸上，避开眼、唇部肌肤，10～15分钟后，用温水洗净。每周可使用1～2次。

美人功效

这款面膜能祛除青春痘、粉刺，淡化色斑，令肌肤美白、光洁。

美丽叮咛

◎此面膜不宜久存，最好一次用完。

◎甘油要选择美容专用的，不要选择药用的，浓度也不可过高。

苦瓜祛斑面膜

适用肤质 各种肌肤

[材料] 苦瓜半个，蛋清1个，蜂蜜1大匙

[做法]

1.苦瓜洗净，去子。

2.将苦瓜放入榨汁机中榨汁。

3.在苦瓜汁中加入蛋清、蜂蜜混合均匀。

[用法]

洗净脸后，将面膜纸放入调配好的面膜中，充分吸收后，敷在脸上，约15分钟后取下，洗净脸。每周可使用1～2次。

美人功效

苦瓜能使肌肤嫩白、柔软，长期使用还有祛斑、除皱的作用。蛋清能收缩毛孔，紧致肌肤。苦瓜、蛋清与蜂蜜合用，能为肌肤补充水分，淡化色斑和皱纹，令肌肤净白、细致。

美丽叮咛

◎用蛋清敷脸时，不要有太大的表情变化，否则会导致细纹产生。

◎由于鸡蛋腥味较重，所以建议使用新鲜的鸡蛋或有机鸡蛋。

制作方便度：★★★★ 推荐指数：★★★★★

杏仁蛋清淡斑面膜

适用肤质　各种肌肤

[材料] 杏仁15克，鸡蛋1个

[做法]

1.杏仁放入热水中浸泡，去皮后捣成泥状。

2.敲破鸡蛋，用过滤勺分离蛋清与蛋黄，取蛋清备用。

3.杏仁泥和蛋清混合，搅拌均匀即可。

[用法]

洗净脸后，均匀地涂上面膜，避开眼部及唇部，15分钟后用温水将面膜洗去。

清洁、滋润肌肤，淡化色斑和皱纹，使肌肤润白、富有弹性。

美丽叮咛

如果没有杏仁，可用李子仁代替。

制作方便度：★★★★★　推荐指数：★★★★

✓ **保存期限：** 最好一次用完

✓ **美丽费用：** 3元

✓ **材料购买地：** 杏仁→中药店　鸡蛋→农贸市场

延伸阅读

4～9月、生理期前要特别注意防晒

并非只在夏天时需要做防晒，紫外线一年到头对肌肤都会造成伤害，其中尤以春天到秋天严重，即4～9月，这段期间的紫外线辐射量是一整年的70%～80%。此外，怀孕期间及生理期前因为荷尔蒙的关系，肌肤较容易长斑，因此更需做好防晒！下面告诉你出门时如何做好全方位防晒：

◎帽子。尽量挑选有帽沿的帽子，最好是由外白内黑的宽沿帽！

◎太阳镜。阳光强的时候，也不要忘了太阳镜。

◎阳伞。跟白色比起来，黑色阳伞的效果比较好，但最重要的是撑的位置。建议尽量靠近脸庞。

Skin

改善暗沉肤色的面膜

肌肤暗沉的原因

虽然肌肤也说不上会有什么太大的问题，可是总觉得不太对劲。这就是肤色不够明亮的状态，我们称之为“暗沉”。因为暗沉可以靠彩妆掩饰，所以比较容易忽略，但是不要忘了暗沉却是肌肤机能衰老的前兆。因此不要再置之不理，一定要尽早采取补救措施。皮肤暗沉的原因包括内外两个方面：

◎内因

血液循环不良造成的黑眼圈

血液循环不良造成的充血，会淡化两颊的红润血色，使脸色变成可怕的铁青色。疲劳、睡眠不足、虚寒时较容易引起此种状况。此外，皮肤较薄的眼睛周围，一旦淤血就会出现所谓的黑眼圈。

对策：

- 利用蒸过的热毛巾敷脸、洗澡也可促进血液循环。
- 按压穴道或按摩以促进血液循环，从而改善黑眼圈。
- 简单的全身运动会促进全身血液循环，也可预防黑眼圈的产生。

角质肥厚皮肤造成的面部粗糙

肌肤的新陈代谢一旦停滞，角质层便开始增厚，肌肤整体也变得没有透明感，呈现暗沉的状态。气温或湿度变化、睡眠不足都会使肌肤干燥而出现暗沉，肌肤也会得粗糙起来，所以一定要特别注意肌肤的保湿。

对策：

- 老废角质较容易增厚的T字部位，要特别注意清洗干净。
- 利用具有清除老废角质效果的清洁面膜，做特别的护理。
- 建议以化妆水敷脸，做集中保湿。

黑色素滞留造成的脸色蜡黄

因为黑色素大量产生，使得多余的黑色素残留在肌肤上，就变成了咖啡色的暗沉肌肤。通常在照射过多紫外线后或夏天结束后，较容易产生黑色素，因此记得要做好适当的保养！

对策：

- 做好美白保养，击退黑色素。
- 为了抑制新的黑色素产生，别忘了防晒措施。
- 可以调整肌肤状态的保湿工作也很重要。

◎外因

1. 生活作息不正常或精神压力过大。睡得太晚或睡眠不足都会妨碍新陈代谢功能，让老化角质层增厚，肌肤失去透明感。精神紧张也会让血液循环不良，使得脸色晦暗。
2. 日晒。紫外线会破坏真皮层，使胶原蛋白及弹力蛋白受到损害，让肌肤整体失去晶莹剔透感，出现泛黄、暗沉现象。
3. 吸烟。吸烟会使人体的血液循环恶化，并让肌肤缺氧而导致脸色灰暗，而二手烟同样会弄脏毛孔。
4. 清洁不彻底。卸妆不彻底会让粉底和皮脂、灰尘混杂形成污垢，这些污垢堵塞在毛孔中也会造成肌肤氧化变质。
5. 空气污染。这会让身体积聚过多毒素，促使自由基形成，造成肤色暗沉。

祛除暗沉的对策

1.多吃能提亮肤色的天然食物，如猪皮、糙米、山药、黄豆、苹果、海带、腰果、莲藕等。铁、膳食纤维等保健食品能改善肤色，肤色暗沉的美眉可适量补充。

2.在保养方面，可经常进行足浴来促进身体的血液循环，每周使用1～2次的专业去角质产品，及时为肌肤补充水分，使用具有保湿作用的产品滋润肌肤。

3.水晶磨皮、果酸换肤等美容手术能使肤色焕然一新，也可考虑采用。

速效穴道指压及按摩法

◎洗澡后按摩可以促进肌肤的新陈代谢

只要每天持续做2～3分钟的简单按摩，就可以促进血液循环，提高肌肤新陈代谢的机能，所以一定要养成按摩的习惯哟!

1.画圆式按摩，增加红润血色

将按摩乳液涂满整脸，手掌紧贴脸部，由下颌部位往额头方向开始画圆，以螺旋状按摩。大约重复4～5次，直到肌肤变热为止。

2.利用手掌往上拉提

肌肤变热后，慢慢地滑动手指，由下颔往脸颊方向拉提。接着再轻轻抚过眼睛下方，由额头中心往外侧轻轻按压，待肌肤镇定后即可结束。

◎左右对称的穴道指压，重现玫瑰般肤色

使用食指作穴道按压，重点是边吐气边按压，边吸气边放开。由于脸部穴道比较敏感，因此须注意不要太用力。指压时应适度地调整力度。

边吐气边按压

边吸气边放开

对于暗沉有疗效的穴道

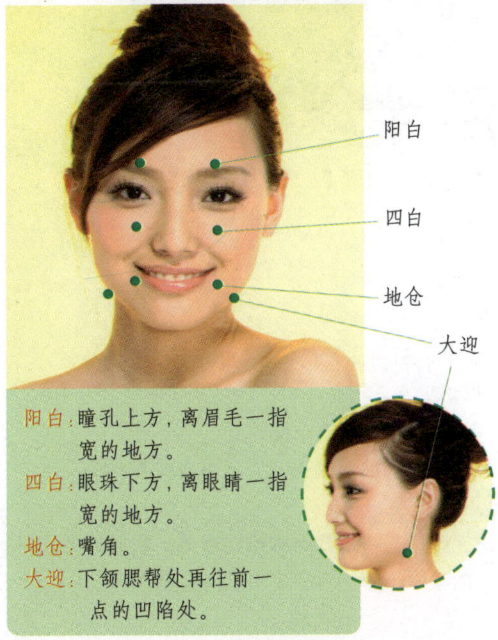

按摩注意重点

◎洗完澡后或睡前，心情放松时按摩效果最佳。

◎利用中指及无名指的指腹，无须太用力。

◎按摩时的方向应由脸的内侧至外侧，由下而上，按摩鼻子是由上而下。

◎速度大约与心跳速度相同，有规律地按摩。

黄瓜蛋黄美白滋润面膜

适用肤质　各种肌肤

制作方便度：★★★　推荐指数：★★★★

[材料] 白芷5克，橄榄油、蜂蜜各1小匙，鸡蛋1个，黄瓜1小段

[做法]

1.将白芷放入研钵中研磨成粉。

2.黄瓜切成小块，放入搅拌机中搅打成泥状。

3.将蛋黄、蜂蜜、白芷粉、橄榄油与黄瓜泥一同搅拌均匀即可。

[用法]

洗净脸后，将调好的面膜均匀地敷在脸上，避开眼、唇部肌肤，10～15分钟后，用温水洗净。每周可使用1～2次。

美人功效

这款面膜能为肌肤补充水分，并在肌肤表面形成保护膜，防止水分流失，滋润干燥的肌肤，预防肌肤出现皱纹，还能淡化色斑，提亮肤色，令肌肤白里透红。

美丽叮咛

此款面膜如一次用不完，可将多余产品敷在颈部的肌肤上。

鲜奶提子嫩白面膜

适用肤质　各种肌肤

[材料] 鲜牛奶适量，新鲜提子8颗

[做法]

1.将提子洗净后连皮捣烂。

2.将鲜牛奶加入提子泥中，充分搅拌均匀。

[用法]

洗完脸后，将本款面膜敷在面部。接着用手指轻轻按压，以助吸收，15分钟后，用温水洗净即可。

美人功效

能去除死皮，令皮肤柔软、细滑、滋润、白皙，还可消除皮肤暗疮、雀斑、黑斑。

美丽叮咛

◎由于使用的材料容易变质，所以本款面膜不宜久存，最好一次用完。

◎制作面膜时用手指轻轻按压面部能促进血液循环，还有助于肌肤吸收养分。

制作方便度：★★★★　推荐指数：★★★★

蜂蜜甘油美颜面膜

适用肤质 各种肌肤

[材料] 蜂蜜3小匙，面粉1大匙，甘油3小匙

[做法]

1.将所有材料放入玻璃器皿或面膜碗中。

2.将容器中的材料用搅拌匙搅拌均匀即可。

[用法]

洗净脸后，取适量面膜均匀地敷于脸部，安静休息10分钟后，再用手指将微干的面膜搓掉，最后用清水洗干净即可。每周可使用1～2次。

这款面膜有滋润、紧致肌肤的功效，还可以改善肤色暗沉现象，恢复肌肤的白皙透明感。

美丽叮咛

◎如果一次用不完，要密封放在冰箱里储存，一周内用完。
◎此面膜刚敷时有轻微刺激感，属正常现象。

延伸阅读

面粉也能用来敷脸

很多人对面粉可以用来敷脸觉得不可思议，其实，面粉的敷面疗效早已被实践证明。面粉搭配其他材料做成的面膜具有良好的收敛、紧实性，能有效地使毛孔紧缩，还能深层清洁肌肤，有效清除毛孔里的脏东西。因此，爱美的美眉可以多多使用。

制作方便度：★★★★★　推荐指数：★★★★

✓ ***保存期限：*** *最好一次用完*

✓ ***美丽费用：*** *2元*

✓ ***材料购买地：*** 蜂蜜→超市　面粉→粮油店　甘油→美容用品店

白芷蜂蜜美白面膜

适用肤质 各种肌肤

制作方便度：★★★★★ 推荐指数：★★★★

[材料] 白芷粉适量，麦片粉1大匙，蜂蜜1大匙，纯净水适量

[做法]

1.在白芷粉中加入适量凉纯净水，调成糊状。

2.将蜂蜜、麦片粉加入白芷糊中，搅拌均匀即可。

[用法]

洁面后，将本款面膜敷在脸上，约20分钟后，用清水洗净即可。

美人功效 有效清除肌肤深层污垢，使肌肤嫩白、润泽。

美丽叮咛

◎本款面膜若一次没有用完，可放入玻璃器皿中，密封后放冰箱中冷藏。

◎本款面膜不但可以用于脸上，还可以用于颈、肩等部位，效果同样显著。

菠菜杏仁蜂蜜面膜

适用肤质 各种肌肤

[材料] 杏仁粉1大匙，菠菜2棵，蜂蜜1小匙，纯净水半杯

[做法]

1.菠菜洗净，与纯净水一同放入榨汁机中榨汁。

2.将杏仁粉加入菠菜汁中，搅拌均匀。

3.将蜂蜜加入做法2的混合物中搅拌均匀成糊状即可。

[用法]

洗净脸后，将调好的面膜均匀地敷在脸上，避开眼、唇部肌肤，约15分钟后，用清水洗净即可。每周可使用1～2次。

美人功效 杏仁含有丰富的矿物质，能让肌肤变得光滑。蜂蜜能滋润肌肤，软化角质，令肌肤润泽、幼滑，还能促进脸部新陈代谢。菠菜富含铁，可改善肌肤暗沉现象，令肌肤光泽明亮。

美丽叮咛

此面膜不易保存，一次不要做得太多，以一次全部用完为宜。

制作方便度：★★★★ 推荐指数：★★★★

雪梨蜜粉润肤面膜

适用肤质　各种肌肤

[材料] 面粉、蜂蜜各适量，雪梨1个，纯净水适量

[做法]

1.雪梨去核，切块，雪梨肉磨成果泥。

2.加入适量蜂蜜、面粉及纯净水，搅拌均匀。

[用法]

洗净脸后，直接将面膜均匀地敷在脸上，安静休息15分钟，再用清水洗净。

美人功效

滋润肌肤，补充水分，令肌肤水嫩、柔滑、有光泽。

美丽叮咛

此面膜不易保存，一次不要做太多，最好一次全部用完。

制作方便度：★★★★　推荐指数：★★★★

✓ **保存期限：** 最好一次用完

✓ **美丽费用：** 1.5元

✓ **材料购买地：** 面粉→粮油店　蜂蜜→超市　雪梨→农贸市场

延伸阅读

雪梨煮黑豆，美容养身好

黑豆30克，梨1～2个。将梨去皮切片，加适量水和黑豆一起放在锅内，先用大火煮开，再用小火煮烂。吃梨喝汤，连吃1个月后，就能有明显的效果。黑豆味甘、性温、无毒。入心、脾、肾三经，有补肾滋阴，补血明目，除湿利水之功效。雪梨味甘、性寒，含苹果酸、柠檬酸、维生素B1、维生素B2、维生素C、胡萝卜素等，有生津润燥、清热化痰之功效。黑豆和雪梨两味食物一同炖煮，可改善面色晦暗无光泽、易生色斑、黑眼圈及面部油腻潮红、易生痤疮等皮肤问题，同时可治疗肺阴亏损所致的毛发柔弱、色淡，是不可多得的美容良方。

核桃粉蜜润肤面膜

适用肤质　各种肌肤

制作方便度：★★★★　推荐指数：★★★★

[材料] 核桃仁、蜂蜜、面粉各2大匙

[做法]

1.将核桃仁放入研钵中捣成细粉。

2.将蜂蜜加入做法1中混合均匀。

3.将面粉加入到核桃仁与蜂蜜的混合物中，搅拌均匀。

[用法]

洗净脸后，将调好的面膜均匀地敷在脸上，避开眼、唇部肌肤，10～15分钟后用清水洗净。每周可使用1～2次。

美人功效　蜂蜜、核桃仁与面粉合用，能去除老废角质，滋润肌肤，锁水保湿，令肌肤细腻、水嫩、白皙。

美丽叮咛

本款面膜最好一次用完，若没用完须用玻璃器皿密封放入冰箱内冷藏。

珍珠粉柠檬亮肤面膜

适用肤质　各种肌肤

[材料] 蜂蜜半大匙，蛋清1个，珍珠粉2大匙，柠檬精油1滴

[做法]

1.将蜂蜜、蛋清一起搅拌均匀。

2.将珍珠粉加入蜂蜜与蛋清的混合物，充分搅拌均匀。

3.将柠檬精油滴入制成的混合物中，充分搅拌成糊状。

[用法]

洗净脸后，将调好的面膜均匀地敷在脸上，避开眼、唇部肌肤，10～15分钟后用清水洗净。每周可使用1～2次。

美人功效　珍珠粉是理想的美容材料，具有显著的美白功效。蛋清能清洁、收敛肌肤，可改善肌肤松弛现象。柠檬精油能抑制黑色素生成，去除老化角质，促进胶原蛋白产生，改善暗沉肤色。三者与极具滋润功效的蜂蜜搭配使用，可使肌肤净白、红润、有光泽。

美丽叮咛

此款面膜不宜久存，最好一次用完。

制作方便度：★★★★　推荐指数：★★★★★

苹果皮祛暗沉面膜

适用肤质 各种肌肤

[材料] 苹果皮适量，橄榄油适量，鸡蛋1个

[做法]

1.将新鲜苹果的皮削下，洗净备用。

2.干性皮肤者，可将苹果皮与橄榄油混合；油性皮肤者，则将苹果皮与蛋清调和。

[用法]

洗净脸后，将浸透后的苹果皮敷于面部，20分钟后用清水洗净即可。

淡化肌肤色斑，令肌肤润白、细嫩。

美丽叮咛

将一块用同样方法制作的苹果皮敷在眼部下，有助于消除黑眼圈。

制作方便度：★★★★　推荐指数：★★★★

✓ **保存期限：** 最好一次用完

✓ **美丽费用：** 2元

✓ **材料购买地：** 苹果→农贸市场　橄榄油→超市　鸡蛋→农贸市场

延伸阅读

巧妙遮暗沉的化妆重点

◎面色暗沉时，可特别提升眼睛周围的明亮度，整张脸便可以立即亮起来．暗沉也变得不那么明显了。

◎粉底挑选以能够营造水嫩净透肌肤的为佳，避免粗糙肤质露馅，千万不要上一层厚厚的粉底。

◎具有珠光效果的底妆或蜜粉对付暗沉也有完美的遮掩效果喔！

◎腮红最好挑比肤色明亮的色彩！

◎偏黄色的暗沉肤色，最好使用明亮的粉红色粉底。

Skin

改善肌肤黝黑的美白面膜

肌肤变黑真相大公开

美白是必不可少的功课，可是光做美白是不够的，更重要的是要知道你为什么会变黑，以便采取最佳的美白对策。

◎导致肌肤黝黑的5大原因

1.遗传因素

皮肤表皮的最里层（即基底层）存在着黑色素细胞，黑色素细胞内含有一种叫酪氨酸酶的催化剂，可以让细胞里的酪氨酸氧化而生成黑色素，形成黑色素体。由于黑色素体的大小、数量以及黑色素体在表皮细胞分布的方式、被分解的速度都有所差异，而每个人细胞内所含的酪氨酸酶的活性也不同，因此人的肤色便有所差别。这就是有的人天生肤色比较白而有的人天生肤色比较黑的原因。

2.紫外线或紫外线反射

肌肤会变黑的原因之一是紫外线照射到皮肤时，基底层里头的黑色素细胞接收到讯号，促使酪氨酸酶活化，进而开始分泌黑色素来保护皮肤，防止皮肤晒伤。因此，当阳光持续照射时，黑色素细胞为了保护肌肤，就会不断地制造更多的黑色素，这也就是晒后出现斑点或雀斑的原因。阳光紫外线的穿透性极强，可以穿透玻璃、薄衫，让你不知不觉被晒黑。另外，海面、沙堆、雪地、购物街的橱窗等地方紫外线反射高达85%，属于危险级晒伤指数，20分钟左右就有可能被晒伤。

3.经常熬夜

皮肤的黑色素是靠皮肤表皮细胞的新陈代谢而将黑色素排出体外的，皮肤表皮细胞的新陈代谢如果不正常，便无法将黑色素排出体外。如果产生色素沉淀，那么皮肤就会变得暗沉或有黑斑。经常熬夜会使人体的新陈代谢降低，从而导致肌肤的黑色素沉积。

4.服用某些药物

如服用奎宁等药物后再接触紫外线，更容易引起黑色素增多。

5.压力太大

压力会造成皮肤的不适，妨碍养分吸收，所以应该时刻保持身心舒畅。

◎防止肌肤变黑的保养对策

1.要做好皮肤清洁、保湿、防晒的基本保养步骤。清洁是为了保持脸部毛孔呼吸畅通，使肌肤不会因被老化角质与污垢阻塞而滋生细菌、产生痘痘；保湿是为了要让肌肤处于滋润保水的状态，同时弥补有缺陷的表皮脂质障壁层，使其不易因缺水而导致肌肤干燥、脱屑，甚至产生细纹；防晒则是为了要防止阳光中的紫外线导致皮肤老化及产生斑点。

2.多吃能使肌肤白皙的天然食物，如富含维生素C的水果、芝麻、豆腐、核桃、玉米、小黄瓜等，但要避免白天吃含光敏感物质的食物。维生素C、维生素B2等保健食品具有优异的美白功效，可适量补充。

3.有些美容手术也能改善肌肤黝黑现象，如果酸换肤、雷射换肤等能使黝黑的肌肤变得白皙，也可考虑采用。

适用肤质　各种肌肤

香蕉苹果豆浆面膜

[材料] 青香蕉1根，苹果半个，薏仁粉1大匙，蜂蜜1小匙，无糖豆浆半杯

[做法]

1.青香蕉连皮洗净；苹果洗净，去皮，去核，与香蕉一同放入果汁机中。

2.将无糖豆浆加入果汁机中，留取汁液，滤掉大块杂质。

3.将蜂蜜、薏仁粉加入做法2的混合物中搅拌成糊状即可。

[用法]

洗净脸后，将调好的面膜均匀地敷在脸上，避开眼、唇部肌肤，稍加按摩，约15分钟后，用清水洗净即可。每周可使用1～2次。

这款面膜能调节肌肤油脂分泌，维持肌肤洁净、透明，还能活络气血，令肌肤看起来更红润。长期使用此面膜可使肌肤净白、润泽、富有青春活力。

美丽叮咛

由于材料容易变质，本款面膜最好一次用完，若无法用完须用玻璃器皿密封放入冰箱内冷藏。

制作方便度：★★★★　推荐指数：★★★★

鲜奶双粉美白面膜

适用肤质　各种肌肤

制作方便度：★★★★　推荐指数：★★★★

[材料] 鲜牛奶3小匙，甘草粉1小匙，薏仁粉1小匙

[做法]

1.将牛奶放入面膜碗中。

2.加入甘草粉、薏仁粉，搅拌均匀至糊状即可。

[用法]

洁面后，将本款面膜均匀涂于脸部，避开眼、唇部。约15分钟后，用温水冲洗干净即可。

有效抑制黑色素的产生，滋润、美白肌肤，使肌肤细嫩、光滑。

美丽叮咛

制作面膜时，如果肌肤偏油，可以使用脱脂牛奶，以平衡水油成分；肌肤偏干者最好使用全脂牛奶，以缓和肌肤干燥状况。

鸡蛋美白面膜

适用肤质 各种肌肤

制作方便度：★★★★★ 推荐指数：★★★★★

[材料] 鸡蛋1个，蜂蜜1大匙

[做法]

1.鸡蛋敲破，放入碗中，打散成蛋液。

2.将蜂蜜加入鸡蛋中，充分搅拌均匀即可。

[用法]

临睡前，洗净脸后，将调好的面膜均匀地涂在脸上，避开眼、唇部肌肤，10～15分钟后，用清水洗净。每周可使用1～2次。

鸡蛋与蜂蜜合用，不但能改善肌肤松弛的现象，还能进一步滋润肌肤，并在肌肤表面形成保护膜，防止水分流失，令肌肤持久水润，从而缓解松弛、细纹等肌肤问题。

美叮咛

此款面膜同样适用于身体其他部位的肌肤，如有剩余，可顺便做个体膜。

西红柿枣奶美白面膜

适用肤质 中性、干性及老化型肌肤

[材料] 西红柿1个，红枣3个，牛奶半大匙，淀粉适量

[做法]

1.西红柿洗净，切块，放入搅拌机中。

2.红枣去核，也放入搅拌机中。

3.将牛奶、淀粉加入搅拌机中，与西红柿、红枣一同搅打均匀即可。

[用法]

洗净脸后，将调好的面膜均匀地敷在脸上，避开眼、唇部肌肤，10～15分钟后，用温水洗净。每周可使用1～2次。

这款面膜能美白肌肤，淡化色斑，令肌肤细嫩、净白、有光泽。

美叮咛

此面膜不宜久存，最好一次用完。

制作方便度：★★★★ 推荐指数：★★★★

荸荠啤酒美白面膜

适用肤质 各种肌肤

[材料] 荸荠100克，啤酒半杯，面粉2大匙

[做法]

1.荸荠洗净，去皮，放入榨汁机中榨汁，取汁备用。

2.玻璃器皿或碗里加入啤酒、荸荠汁、面粉，用搅拌棒或搅拌筷搅拌成糊状即可。

[用法]

洗净脸后，将面膜均匀地涂抹在脸上，避开眼、唇部，静敷约15分钟后用温水洗净。

营养肌肤，令粗糙肌肤恢复细腻、嫩滑。

美丽叮咛

此面膜同样适用于全身的肌肤。

延伸阅读

啤酒洗脸可以美容

啤酒主要由大麦、啤酒花等天然原料制成，啤酒花是啤酒酿制的重要原料，为多年生桑科植物。实验表明：啤酒花中的有效成分具有抗结核菌、葡萄球菌及抑制真菌等作用。用适量啤酒洗脸有一定美容效果。方法如下：往温热洗脸水中加入2大匙新鲜啤酒搅匀，将毛巾浸水后拧干，于脸部上下做顺时针搓揉多次，捂脸数分钟，最后，用温水洗净面部。每日1次，晚间使用最好。经常用啤酒洗脸，可以营养肌肤、防止感染，使粗糙的皮肤变得细腻、滑嫩，同时对面部皮肤病也有一定辅助疗效。

制作方便度：★★★★ 推荐指数：★★★★

✓ **保存期限：** 最好一次用完

✓ **美丽费用：** 3元

✓ **材料购买地：** 荸荠→农贸市场 啤酒→超市 面粉→粮油店

玫瑰黄瓜柔白面膜

适用肤质　各种肌肤，尤其适合暗沉肌肤

制作方便度：★★★　推荐指数：★★★★

[材料] 鲜玫瑰花瓣30～50片，小黄瓜1小段，面粉1大匙

[做法]

1.将鲜玫瑰花瓣浸入1碗沸水中约1小时即成玫瑰花水。

2.小黄瓜洗净，放在擦泥板上擦成泥状。

3.将小黄瓜泥和面粉一起放入面膜碗中，加入适量玫瑰花水搅拌均匀即可。

[用法]

洗净脸后，将调好的面膜均匀地涂在脸上，约10分钟后洗净。每周可使用1～2次。

美人功效

玫瑰具有活血、抑制黑色素、滋润皮肤的作用，能让脸部细致、嫩白。小黄瓜具有平衡油脂分泌及镇定肌肤的作用，能让肌肤活化亮白，令细胞再生。

美丽叮咛

◎用此面膜敷脸时如配合适当按摩，效果更佳。

◎用玫瑰花泡成茶饮用，可调经补血，改善内分泌失调、腰酸背痛，还能消除疲劳，美白养颜，帮助伤口愈合。

猕猴桃苹果芝麻面膜

适用肤质　各种肌肤

[材料] 牛奶半杯，猕猴桃1个，苹果半个，芝麻粉1大匙

[做法]

1.猕猴桃、苹果均洗净，去皮，苹果去核，二者均切丁，放入榨汁机中。

2.将牛奶加入榨汁机中，与猕猴桃、苹果一起搅打成稀糊状。

3.将芝麻粉加入到前面制成的混合物中，充分搅拌均匀成糊状。

[用法]

洗净脸后，将调好的面膜均匀地敷在脸上，避开眼、唇部肌肤，约10分钟后，用清水洗净即可。每周可使用1～2次。

美人功效

这款面膜含有丰富的维生素C、果酸、不饱和脂肪酸等成分，能有效滋润、美白肌肤，还能防止皱纹产生，抵抗肌肤老化。长期使用此面膜，可令肌肤柔嫩、润白、有弹性。

美丽叮咛

本款面膜最好一次用完，若无法用完须用玻璃器皿密封放入冰箱内冷藏。

制作方便度：★★★　推荐指数：★★★★★

木瓜牛奶美白面膜

适用肤质　各种肌肤

[材料] 牛奶3大匙，木瓜1/3个

[做法]

木瓜洗净，去皮，切块，放入果汁机中，加入牛奶打成泥状。

[用法]

洗净脸后，用脱脂棉蘸取木瓜汁液涂抹在脸部，约20分钟后用温水洗净即可。

美人功效

木瓜含有木瓜酵素，具有优良的清洁与柔肤效果，可美白、滋润肌肤。此外，木瓜还能有效软化肌肤，使皮肤柔软、亮泽，与牛奶搭配，能美白、滋润肌肤。

美丽叮咛

本款面膜最好一次用完，若无法用完须用玻璃器皿密封放入冰箱内冷藏。

制作方便度：★★★★★　推荐指数：★★★★★

✓ **保存期限：** 最好一次用完

✓ **美丽费用：** 2元

✓ **材料购买地：** 牛奶→超市　木瓜→农贸市场

延伸阅读

美白靓肤小窍门

◎淘米水洗脸。每天淘米的时候，留下初次和第二次的淘米水，让它慢慢澄清，再取上面的清水部分来洗脸，脸色可变白变细腻。这种淘米水更适合油性朋友使用，因为用它洗脸后，面部不会再过分光亮，注意，用淘米水洗脸后，需再用清水洗净。

◎牛奶涂脸。将喝完牛奶的奶瓶或奶袋中滴入几滴清水，摇匀之后倒在手掌上，涂拭脸部，5～6分钟再后用清水洗净。此法若长久，脸部便会日渐白嫩，若是洗澡后使用更为有效。

◎吹口哨。吹口哨可牵动头面部肌肉群充分运动，因而可减少脸部皮肤皱纹，同时，可使脉搏减缓。

安抚过敏肌肤的面膜

敏感≠过敏

肌肤过敏又称异位性皮肤炎，曾患过异位性皮肤炎、日旋光性皮肤炎及脂漏性皮肤炎的人其实都属于过敏性肤质。过敏主要是由于先天遗传因素导致肌肤对某些天然或化学成分不适应而产生的，如花粉、动物毛屑、汗水等，当肌肤接触这些过敏源并产生反应时，就会立即出现红肿、瘙痒、脱皮等现象。

而敏感性肌肤主要是因为皮肤本身的保护能力降低，接触到外界的刺激，如环境污染、气候、保养品等，而引起肌肤不适的现象，通常会呈现出如同过敏症状一样的红肿、瘙痒及脱皮等现象。

肌肤容易过敏
怎么办？

找出你的过敏原因

遗传、环境因素、空气质量、气候、生活习惯、饮食、保养品等都可能是造成肌肤过敏的原因。据调查，脸部过敏大多是因为保养品与保养方法不当所致。其中，引发过敏的主要原因是刺激性的化学物质。

如果你的肌肤出现了过敏反应，首先要停用保养品，再对照保养品的成分表，排除不会引起过敏的成分，再找出可能引起过敏的成分。在下次购买保养品时，尽量避免再买含有此类成分的产品。

肌肤过敏时怎样用面膜

肌肤过敏时，肌肤的角质层常常不能保持住足够的水分，无论任何季节，肌肤容易过敏的人会比一般人更敏锐地感觉到皮肤缺水、干燥，因此在日常保养中要加强保湿。除使用含保湿成分的化妆水、护肤品外，定期做面膜也是非常重要的环节。一般情况下，能安抚过敏肌肤的面膜大多具有很好的滋润功效，能提高细胞活力，达到油水平衡，促进血液循环及新陈代谢。

黄瓜蜜奶柔肤面膜

适用肤质 中、干性肌肤

[材料] 黄瓜半根，蜂蜜1大匙，酸奶1大匙

[做法]

1.黄瓜洗净，去皮，放入榨汁机中榨汁，取汁水放入玻璃器皿中。

2.将蜂蜜、酸奶加入黄瓜汁中，用搅拌筷搅拌均匀即可。

[用法]

将面膜均匀涂在脸上，避开眼部及唇部，约15分钟后用清水洗净。

改善肌肤干燥缺水状况，有效滋润肌肤，使肌肤柔滑、红润、有光泽。

美丽叮咛

此面膜不易保存，要一次用完。

延伸阅读

黄瓜美容4法

◎生吃黄瓜美容。用黄瓜拌粉皮、拌海蜇、拌面、拌肚丝、拌鸡丝，也可拿整根黄瓜当水果吃。

◎黄瓜汁。黄瓜汁有舒展皱纹、保护皮肤的作用，是美容术中常用的汁液。可饮用也可直接擦面。如皱纹较多，可一天一次，生效很快。

◎黄瓜片。把黄瓜切成薄片，可临睡前贴在脸上，第二天早晨去掉，你会发现皮肤比昨日光滑、润泽多了。

◎黄瓜面膜。黄瓜和其他材料搭配，能制作出多种多样的面膜。

制作方便度：★★★★　推荐指数：★★★★★

✓ **保存期限：** 最好一次用完

✓ **美丽费用：** 1.5元

✓ **材料购买地：** 黄瓜→农贸市场　蜂蜜→超市　酸奶→超市

木瓜蜂蜜抗敏面膜

适用肤质 各种肌肤

制作方便度：★★★ 推荐指数：★★★★

[材料] 木瓜1块，蜂蜜1大匙，牛奶3大匙，芦荟叶肉少许

[做法]

1.木瓜去皮，切成片状，放入搅拌机中搅打成泥。

2.将蜂蜜、牛奶加入做法1中。

3.将芦荟叶肉捣成泥，与做法2中的混合物一起搅拌均匀即可。

[用法]

洗净脸后，将调好的面膜敷在脸上，避开眼部及唇部肌肤，再将面膜纸敷在脸上，约15分钟后取下，用清水洗净。每周可使用1～2次。

美人功效 这款面膜能滋润肌肤，消除肌肤红肿现象。

美丽叮咛

肌肤敏感的美眉，一定要先去除芦荟的外皮再制作面膜，以免引起皮肤过敏。

红薯苹果芳香镇静面膜

适用肤质 各种肌肤，尤其适合敏感性肌肤

[材料] 苹果、红薯各适量，蜂蜜3小匙，玫瑰精油1～2滴

[做法]

1.红薯洗净，去皮，切小块；苹果洗净，去皮，去子，切成小块，与红薯一同放入搅拌机中搅打成泥。

2.将蜂蜜加入红薯与苹果的混合物中，混合均匀。

3.将玫瑰精油加入做法2中，充分搅拌均匀即可。

[用法]

洗净脸后，将调好的面膜均匀地敷在脸上，避开眼、唇部肌肤，10～15分钟后用清水洗净。每周可使用1～2次。

这款面膜富含维生素C、维生素E及果酸等成分，能镇静、滋润、美白肌肤，芳香的气味还能让人精神放松，拥有幸福的感觉。

美丽叮咛

此款面膜不宜久存，最好一次用完，如有剩余，可用于颈部肌肤。

制作方便度：★★★★ 推荐指数：★★★★

苹果蜂蜜保湿面膜

适用肤质 各种肌肤

[材料] 苹果半个，蜂蜜2小匙，奶粉3小匙

[做法]

1.苹果去皮，去核，放入榨汁机中打成泥状，加入蜂蜜搅拌均匀。

2.慢慢加入奶粉混合均匀，如觉得太干，可加适量水调匀。

[用法]

脸部清洁后，取适量面膜均匀地涂抹在脸上，待面膜八成干即可洗净。

滋润，杀菌，令肌肤嫩白、细致。

美丽叮咛

当皮肤较疲劳时不妨试试本款面膜，但不可每天敷用。油性肌肤，建议3～5天使用一次；其他肌肤可5～7天敷用一次。

延伸阅读

苹果美容3法

◎因劳累或其他原因造成黑眼圈时，可将苹果切成薄片敷在眼圈下方，有助于消除黑色。吃苹果时，用削下来的内皮轻轻地擦洗面颊、手背，可以使皮肤细腻。

◎有的人用美容护肤品后，皮肤过敏，起疙瘩。可先用清水将皮肤洗净，揩干，然后用苹果轻轻擦洗。每日做2～3次，连做几天，疙瘩就会很快消失。

◎对于油脂分泌较多的人来说，将苹果切碎捣烂，敷在脸上，20分钟后抹去，然后用温水洗脸，再用冷水洗一遍，坚持多次，可软化皮肤角质层，平衡油脂分泌。

制作方便度：★★★★　推荐指数：★★★★★

✓ **保存期限：** 最好一次用完

✓ **美丽费用：** 2元

✓ **材料购买地：** 苹果→农贸市场　蜂蜜→超市　奶粉→超市

Skin

镇静晒后肌肤的面膜

做好肌肤的防晒工作

阳光的强烈程度随着时间段的不同而变化，在中午会达到最高峰，因此每天的上午11：00到下午3:00之间最好不要见阳光。如果你不得不在紫外线杀伤力最大的时刻冒险外出，那么不论你的肌肤是否容易被晒黑，做好防晒工作都是非常重要的。

◎提高皮肤天然SPF系数的有效方法

肌肤从里到外都做好防护措施是提高皮肤天然SPF系数的有效方法。除了β－胡萝卜素、维生素E、维生素C之类的抗氧化营养素，研究表明，植物中也存在着大量的抗氧化物质。这些抗氧化物质有一些与皮肤十分契合，比其他抗氧化剂要有效得多。这些物质能够帮助抵消皮肤因受紫外线照射而产生的自由基，因此为了保证皮肤能最大限度地受到保护，一定要在夏季饮食中增加此类植物营养素的摄取量。

类胡萝卜素

水果和蔬菜中含有的类胡萝卜素大约有20种，其中最广为人知的就是β胡萝卜素（能够合成维生素A）了。这些物质在植物体内起着防止紫外线伤害的作用，因此对于人体也一样。当类胡萝卜素进入皮肤表层，就可以吸收和散射阳光，防止它射入皮肤深层。另外，类胡萝卜素还可以吸收自由基。研究表明，5个星期内摄入总量为50毫克的类胡萝卜素能够为浅色皮肤的人提供2～4个天然防晒系数。

硫辛酸

硫辛酸最近发现的天然抗氧化剂之一，初步的研究成果表明，这种物质能够延缓由紫外线伤害导致的皮肤衰老，因此常被应用到新一代祛皱产品中。菠菜中含有这种物质。

花色素

类胡萝卜素的种类，按照防晒作用由大到小排列：

番茄红素，鲜红色，存在于西红柿中。

叶黄素和玉米黄质，黄色，存在于菠菜和羽衣甘蓝中。

α－胡萝卜素，橙色，存在于南瓜和胡萝卜中。

隐黄质，橙色，存在于木瓜、芒果和橘子中。

β－胡萝卜素，橙色，但是其颜色有可能会被植物中的叶绿素遮盖住。存在于西兰花、胡萝卜、红薯、黄色南瓜、菠菜、羽衣甘蓝、香瓜中。

花色素属于类黄酮，具有强力抗氧化成分，存在于蓝色或紫色的水果中。被认为具有比维生素C强20倍的杀灭自由基的效用。另外，这类物质还含有消炎成分，能够有效舒缓晒伤的皮肤。在对抗自由基方面，花色素比维生素E的作用要强。花色素存在于紫皮葡萄、蓝莓、黑醋栗、草莓、木莓、樱桃、越橘中。

◎利用防晒产品防护

物理防晒霜

这些防晒品主要依靠微反射粒子，一般是二氧化钛，来反射和折射阳光中的紫外线，避免它直接照射到皮肤上。这类护肤品一般都呈不透明状，能够在皮肤表面形成一层闭合的保护膜，不仅效果好，还不伤皮肤。

化学防晒霜

此类护肤品有可能是凝露、摩丝或霜剂，但都含有能够吸收紫外线的化学成分，就像黑色素本身一样。这样一来，它们的结构会随着吸收紫外线而逐渐变化，最终达到饱和点。也就是说，使用此类护肤品必须每1小时或小于1小时就重新涂抹一次。但要注意，光热、紫外线、再加上化学物质，这就意味着这些化学防晒品很容易会引起敏感皮肤的反应。

抗氧化剂

用β－胡萝卜素、维生素E、维生素C之类的抗氧化营养成分来净化细胞，能够达到将细胞产生的自由基清除，从而防止皮肤受其伤害的目的。这些营养成分还可以将皮肤的天然SPF系数最多提高2点。要想取得最佳的使用效果，必须在日晒前、日晒后和日晒过程中均使用。

◎阳光下的防护措施

- 浅色皮肤在阳光下一定要做好防护工作。
- 不要在阳光下暴晒超过肌肤能承受的时间，即不要令皮肤晒红。
- 即使皮肤晒黑了，在强烈日光下也要及时补充天然防晒因子。
- 在夏季不要选择中午出门，尤其是在热带地区。出门最安全的时段是早上11：00前和下午3：00后。
- 不要仅仅依赖于防晒霜做一整天的防护。
- 在日晒前后用天然抗氧化剂涂抹皮肤。
- 切记阳光能够穿透水分，因此去游泳的时候穿一件T恤衫或者使用防水的防晒霜。
- 海拔越高，阳光中的紫外线含量越高。因此滑雪的时候一定要使用高度防晒系数的护肤品。因为阳光经过冰雪的反射会对肌肤产生更强的破坏力。

SPF是什么

有些人的皮肤特别容易被晒伤。比如白皙、多雀斑的皮肤只要日晒5分钟就会形成红斑。形成红斑所需的最少日晒量被称为最小红斑量。大多数的白种皮肤最多能承受15分钟的日晒就已经开始变红了。SPF就是防晒因子能将我们在阳光下被灼伤的临界点拖后的倍数。

SPF2就表明你能在阳光下承受2×15分钟的日晒，而SPF10则能将这个临界点拖延到150分钟。

不过这只是理论。现实中防晒霜会被汗水冲走或者被蹭掉。因此每过1小时就必须重新涂一次防晒霜来防止皮肤晒伤。如果防晒霜只用于脸部，每次至少需要一小匙的剂量。

看看适合你的防晒系数

根据肌肤类型选防晒用品

皮肤类型	阳光下的皮肤状况	防晒用品的防晒系数
非常白皙，常出现雀斑，金发或红发	总是红色，从不会被晒黑，天然防晒系数SPF1	SPF25～30
白皙，金发，蓝色或绿色眼睛	很容易变红，也能被晒黑，但是很慢，天然防晒系数SPF1.5	SPF15～20
中等色调的肤色，浅棕色头发	先会出现红热，然后会变成棕色，天然防晒系数SPF2.5	SPF15
棕色皮肤，棕色眼睛，中海地区人种	很少被晒红，很容易被晒黑，天然防晒系数SPF4	SPF8～15
深棕色皮肤，远东或印度人种	几乎不被晒红，晒黑后不易恢复，天然防晒系数SPF6.5	SFP8
黑色皮肤，非洲或加勒比海地区人种	从不会出现红热，日晒后肤色会变得更深，天然防晒系SPF9	SPF6

西红柿蜂蜜修复面膜

适用肤质　各种肌肤

[材料] 西红柿1个，蜂蜜1小匙

[做法]

1.西红柿洗净，放入榨汁机中榨成汁，去渣取汁。

2.在西红柿汁中加入蜂蜜，调匀即可。

[用法]

洗净脸后，将面膜均匀地涂在脸上，避开口、眼、鼻部，20分钟后用温水洗净即可。每周可使用2次。

西红柿可以防止因紫外线照射而形成黑色素，有效淡化色斑，并消除脸部水肿，令肌肤更紧致。加上蜂蜜能防止斑点产生，修复肌肤细胞，使肌肤紧致、嫩白。

美丽叮咛

制作本款面膜不可选用未成熟的西红柿，因为未成熟的西红柿含有大量的有毒物质，会对肌肤造成伤害。

延伸阅读

认识让肌肤变丑的色斑

色斑可分先天色斑和后天色斑两大类。先天的色斑包括痣及胎记等。后天色斑常见的有雀斑、太阳斑、黄褐斑和因为皮肤发炎而引起的斑4种。

◎雀斑是黑色素细胞受紫外线影响而分泌出黑色素形成的，面积小颜色浅。

◎太阳斑又叫老人斑，常见于30岁以上的成年人脸上，呈不规则形状，面积较大，多数是因为年轻时过分晒太阳而形成的。

◎黄褐斑是最难消除的斑，直径0.5～7厘米不等，平均分布于两颊，而且边缘不清晰。

◎皮肤也会因曾经发炎而留下印记，再慢慢转成斑点。

制作方便度：★★★★★　推荐指数：★★★★★

✓ **保存期限：** 最好一次用完

✓ **美丽费用：** 0.5元

✓ **材料购买地：** 西红柿→农贸市场　蜂蜜→超市

红豆冰糖面膜

适用肤质　各种肌肤

制作方便度：★★★　推荐指数：★★★★★

[材料] 红豆、红糖各3大匙，冰糖半大匙

[做法]

1. 红豆浸泡在水中约1小时，放入搅拌机中搅打成糊状。
2. 将红糖加入做法1中混合均匀。
3. 将冰糖研碎成粉末后加入红豆与红糖的混合物中，搅拌均匀即可。

[用法]

洗净脸后，将调好的面膜均匀地敷在脸部及颈部，避开眼部和唇部肌肤，10～15分钟后用清水洗净即可。每周可使用1～2次。

这款面膜可改善暗沉的肤色，还能有效清洁肌肤，安抚晒伤的肌肤，消除肌肤的不适感，令肌肤重现水嫩、红润。

美丽叮咛

在制作过程中，要尽量将每种材料都弄得碎一些，以免颗粒太大损伤皮肤。

柠檬奶蜜修复面膜

适用肤质　各种肌肤

[材料] 柠檬汁2大匙，酸奶2大匙，蜂蜜2大匙，维生素E胶囊1粒

[做法]

1. 将柠檬汁、酸奶、蜂蜜放入榨汁机中搅拌成糊状。
2. 用剪刀将维生素E胶囊剪开，把油液倒入已搅拌好的混合物中，充分搅拌均匀即可。

[用法]

洁脸后，把本款面膜均匀涂在脸上，静置15～20分钟后，用清水洗净即可。

充分渗透、滋养肌肤，让皮肤喝足水，促进细胞的再生。

美丽叮咛

◎本款面膜如果一次没有用完，可置于玻璃器皿中密封冷藏，并尽快用完。

◎敏感性肤质的人最好做皮肤敏感测试后再用。

制作方便度：★★★★★　推荐指数：★★★★

樱桃补水美白面膜

适用肤质 各种肌肤

[材料] 新鲜樱桃30克

[做法]

樱桃洗净，去核，连皮压烂，挤掉一半果汁，以使剩下的果肉果皮混合物不至于太稀。

[用法]

洗净脸后，将本款面膜敷在脸上，15分钟后用清水洗净，再涂上紧肤水。每周敷脸1～2次。

樱桃中的维生素和铁等矿物质能够迅速渗透至肌肤深处，补充水分，同时改善晒黑、暗沉等肌肤问题。本款面膜的功效是美白和保湿，令肌肤柔嫩、光滑。

美丽叮咛

将剩余的面膜密封放入冰箱保存，一周内用完。

延伸阅读

自制抗氧化营养液帮你提高防晒因子系数

将1茶匙绿茶用沸腾的300毫升纯净水冲泡10～15分钟，将茶包或茶叶捞出，加入2茶匙鲜榨柠檬汁。将1汤匙芦荟凝露舀入一个小玻璃碗中，加入20滴胡萝卜油，拿一粒维生素E油胶囊从中挤出维生素E油，将混合物充分搅拌。待绿茶和柠檬汁混合液冷却后加入两汤匙混合液。最后加入6滴橙花精油，倒入一个有盖的小玻璃瓶中，最好是真空罐，然后摇匀。每次敷面使用半茶匙。一周内用完，这种营养液富含抗氧化营养素，能够提供温和的、系数为2的天然防晒因子，帮助杀灭自由基。在日晒前后涂抹，会迅速被肌肤吸收。

制作方便度：★★★★★ 推荐指数：★★★★

✓ **保存期限：** 最好一次用完

✓ **美丽费用：** 3元

✓ **材料购买地：** 樱桃→农贸市场

西瓜红豆滋润面膜

适用肤质 除敏感肌肤外均适用

制作方便度：★★★ 推荐指数：★★★★

[材料] 红豆半杯，西瓜适量，蛋黄 2 小匙

[做法]

1.将红豆浸泡在水中 1 小时左右；西瓜切成块状。

2.将西瓜与浸泡好的红豆一起放入搅拌机中搅打成糊状。

3.将蛋黄加入做法 2 中，搅拌均匀。

[用法]

洗净脸后，将调好的面膜均匀地敷在脸上，避开眼、唇部肌肤，10～15分钟后用清水洗净即可。每周可使用1～2次。

美人功效

西瓜、蛋黄与红豆搭配使用，能令肌肤细腻、润泽，尤其适合晒后的肌肤，可防止黑色素沉淀，形成色斑。

美丽叮咛

这款面膜不宜久存，如有剩余可为全身肌肤做个体膜。

黄瓜猕猴桃润白面膜

适用肤质 中性、干性及老化型肌肤

[材料] 猕猴桃半个，黄瓜 1 段，通心粉半大匙

[做法]

1.猕猴桃去皮，切块；黄瓜洗净，切块，与猕猴桃一起放入搅拌机中搅打成泥。

2.将通心粉捣成粉末。

3.将通心粉末与做法 1 中的混合物一起搅拌均匀。

[用法]

洗净脸后，将调好的面膜均匀地敷在脸上，避开眼、唇部肌肤，10～15 分钟后用清水洗净。每周可使用 2～3 次。

美人功效

猕猴桃、黄瓜与通心粉搭配使用，不仅能滋润、美白肌肤，淡化皱纹，还能增加肌肤活性，提亮肤色，令肌肤润白、莹透。

美丽叮咛

本款面膜如果一次无法用完，可装在密封的玻璃器皿中，放入冰箱冷藏。

制作方便度：★★★ 推荐指数：★★★★

适用肤质　各种肌肤

牛奶豆腐镇静面膜

[材料] 牛奶半杯，豆腐1块，化妆棉1片。

[做法]

1.把牛奶放入冰箱冷藏1小时，将豆腐放在冷藏后的牛奶中浸泡半小时，使用前取出后捏碎，备用。

2.使用前把化妆棉在冰牛奶中浸透即可。

[用法]

先用剩下的冰牛奶洗脸，然后把化妆棉敷在脸上红肿发烫的部位，敷脸10分钟后揭下。把碎豆腐装在薄纱布袋内，用来搓揉脸部。

冰牛奶能立即使晒伤的肌肤舒缓并止痛；豆腐会让发红的肌肤变得白皙、光滑。

美叮咛

如果肌肤仍然很痛，那么可能已经发炎，需要看皮肤科医生。

制作方便度：★★★★★　推荐指数：★★★★

✓ **保存期限：**最好一次用完

✓ **美丽费用：***1*元

✓ **材料购买地：**牛奶→超市　豆腐→农贸市场

延伸阅读

白果牛奶菊梨养颜美容汤

准备白果25克，白菊花3朵，雪梨3个，牛奶蜜糖适量。先将白果去膜，去衣；白菊花洗净，取其花瓣；雪梨洗净，取其果肉切成粒状。将白果、雪梨放入清水中煲，煲至白果软熟后加入牛奶煮沸。关火，待放凉后，加蜜糖调味即可食用。白果牛奶菊梨汤有滋润、清洁肌肤的作用，对祛除肌肤上的斑点有一定作用。能够改善因阴亏津枯导致的肌肤干燥、面色无华等问题。

Skin

消除脸部水肿的面膜

快速消除脸部水肿的穴道按压法

早上起床时，看到镜中的自己，眼皮沉重睁不开，脸部轮廓松垮，以此状态无论化哪一种妆都不会漂亮。在此时要如何消除浮肿呢？可依靠简单的穴道按压和伸展操来促进血液循环和水分代谢。虽然这是一种传统的保养法，但也具有很好的收敛效果。

1.按压颊骨下面的穴道来去除浮肿，使眼睛更有神。用两手拇指指腹用力按压位于眼睛中心正下方位置的颊骨下侧，静止5秒钟。建议还可以再选择感觉舒服的部位，由脸部的中心朝外侧按压。反复进行3次。

2.伸展下巴使脑部活化、眼睛明亮。把食指、中指、无名指的3只指尖并拢抵在下巴下侧朝上的方向按压5秒，接着以相同的方式抵在耳朵下方按压5秒。反复进行3次。

3.用冰凉的毛巾消除浮肿。要想消除浮肿，用冷敷的效果最好。以沾了冰水又拧干的冰凉毛巾敷在脸上直到毛巾因体温变温为止。在穴道按压和伸展之后再进行冰敷冷却，会提高消除浮肿的效果。

消除脸部浮肿3要点

◎化妆前做3分钟即可基本消除。
◎用冰凉的毛巾来提神。
◎伸展操也具有醒脑明目的效果。

大蒜绿豆瘦脸面膜

适用肤质 各种肌肤

[材料] 大蒜3瓣，绿豆粉2大匙，蜂蜜1大匙

[做法]

1.将大蒜去皮后放入微波炉中，用中火蒸2分钟，捣成泥状。

2.将绿豆粉、蜂蜜加入蒜泥中，充分搅拌均匀。

3.放置在阴凉处，约1小时后再用。

[用法]

洁面后，将本款面膜涂在脸上，避开眼、唇部四周，约15分钟后冲洗干净，再依照一般护肤方法保养即可。

美人功效

这款面膜能有效消除脸部浮肿，对于消除痘痘、去除角质有很好的疗效。

制作方便度：★★★★ 推荐指数：★★★★

美丽叮咛

◎本款面膜如果一次没有用完，可放在密封玻璃器皿中冷藏，并在一周内用完。

◎大蒜中含有一种叫做“大蒜素”的物质，能够杀菌，平常生吃大蒜对身体也很有好处哦。

西柚瘦脸面膜

适用肤质 各种肌肤

制作方便度：★★★★ 推荐指数：★★★★

[材料] 面粉3大匙，葡萄柚1/4个，纯净水半杯

[做法]

1.将葡萄柚去皮，放入榨汁机中搅成糊状。

2.将面粉、纯净水加入柚糊中，充分搅拌均匀待用。

[用法]

用温水清洗脸部后，将本款面膜均匀涂在脸上，避开眼、唇部皮肤，约15分钟后用温水洗净即可。

美人功效

这款面膜能收缩面部粗大毛孔，消除脸部多余脂肪，使脸庞更加清秀。

美丽叮咛

本款面膜如果一次无法用完，可装在密封的玻璃器皿中，放入冰箱冷藏，约可保存2周。

中药瘦脸面膜

适用肤质 各种肌肤

制作方便度：★★★★ 推荐指数：★★★★

[材料] 茯苓、泽泻各15克，白术20克，面粉少许，纯净水适量

[做法]

1.在中药店购买上述药材时，请中药店将药材研磨成粉末。

2.将买回的上述药材粉末与面粉过筛，筛取细致粉末，保存在密封罐中。

3.取2～3小匙药粉，加适量纯净水调成糊状。

[用法]

洁面后，用面膜刷蘸取本款面膜均匀地涂在脸上，避开眼、唇部肌肤，约15分钟后冲洗干净，再依照一般护肤步骤保养脸部肌肤即可。

这款面膜能深层滋养肌肤，消除多余脂肪，减掉脸部赘肉。

美丽叮咛

本款面膜如果一次没有用完，可将剩余部分放在密封玻璃器皿中冷藏，并在一周内用完。

双粉蛋清瘦脸面膜

适用肤质 中油性肌肤

[材料] 干橘皮粉1小匙，绿茶粉2小匙，鸡蛋1个

[做法]

1.将干橘皮研磨成细致粉末，过筛，筛取细粉。

2.将干的绿茶研磨成细致粉末，过筛，筛取细粉。

3.将鸡蛋打破，去壳，留取蛋清备用。

4.将橘皮粉、绿茶粉、蛋清一同放入碗中，调匀成糊状待用。

[用法]

洁面后，将本款面膜敷于脸上，避开眼、唇部周围皮肤，10～15分钟后，再用清水冲洗干净即可。每周可使用2～3次。

有效改善肌肤浮肿症状，使肌肤紧致、润泽。

美丽叮咛

如果你是干性肤质，可在原料中添加蛋黄以防止肌肤干燥。

制作方便度：★★★★ 推荐指数：★★★★

桑葚蜂蜜瘦脸面膜

适用肤质 各种肌肤

[材料] 桑葚30克(或桑葚汁2大匙),蜂蜜1大匙,醪糟1小匙

[做法]

1.如果是用的是新鲜桑葚,先将其洗净,捣成汁。

2.将所有材料与2小匙凉开水放入果汁机中,搅拌均匀即可。

[用法]

洗净脸后,取适量面膜均匀地敷于脸部,安静休息15~20分钟,再用手指将微干的面膜搓掉,用清水将脸洗净即可。每周可使用1~2次。

美人功效

滋养肌肤,使肌肤红润、有光泽。

美丽叮咛

本款面膜如果一次无法用完,可装在密封的玻璃器皿中,放入冰箱冷藏,并尽快用完。

延伸阅读

教你做3个瘦脸动作

简单易做的几个动作,坚持就能达到很好的瘦脸效果。

◎像吹泡泡一样努力鼓起嘴,坚持10秒钟;再努力瘪起嘴,坚持10秒钟。这个动作可以减少脸上的赘肉。

◎缓慢抬头,看天,张开嘴,舌头向上送,坚持10秒钟;收回舌头,闭上嘴,缓慢低下头,重复10次。这个动作可以减少下颚的赘肉。

◎嘴略张开,下颚左右移动,反复30次。每天坚持做2~3次即可。同样可以达到瘦脸的效果。

制作方便度:★★★★★ 推荐指数:★★★★

✓ **保存期限:** 最好一次用完

✓ **美丽费用:** 3元

✓ **材料购买地:** 桑葚→农贸市场 蜂蜜→超市 醪糟→超市

PART 4

用最家常的美丽材料做面膜

用随处可见的美丽材料制成面膜，也能为你的肌肤增添亮丽的颜色哟！

○盐醋亮颜面膜
○小苏打水紧肤面膜
○维E蛋黄蜂蜜滋润面膜
○红酒美颜面膜
○蛋黄橄榄油紧肤面膜
……

12种功效最佳的美容面膜材料

醋 *cu*

对于女性来说，醋有一些特别的功效——女性要想使肌肤润泽，青春长驻，关键就要减少体内的过氧化脂质，而醋可是新一代“可食用护肤品”中的佼佼者哟！

日常生活中，醋常常被单一性地用于烹饪食物，许多人不了解醋的美容作用，甚至有些人听说醋能美容时，被惊得瞠目结舌。不要吃惊，醋确实具有美容作用，而且是新一代“可食用护肤品”中的佼佼者，具有良好的嫩肤、杀菌、美白、软化角质的功效。醋对肌肤、头发能起到很好的保护作用。中医自古就有用醋入药的记载，认为它有美容、降压、减肥的作用。

人体排毒是在睡眠中进行的，如果缺乏好的睡眠，体内毒素就无法排净，导致脸部出现青春痘、红点。由此看来，要想拥有美丽的容颜，没有好的睡眠是不行的，而醋就具有消除疲劳、改善睡眠质量的神奇功效。

醋可是一款即便宜又好用的美容护肤品哟，下面就为你介绍两款实用的美颜面膜，赶快行动起来吧！

盐醋亮颜面膜

适用肤质　各种肌肤

制作方便度：★★★★　推荐指数：★★★

[材料] 鸡蛋1个，盐1大匙，米醋1大匙，蔬菜油适量

[做法]

1.敲破鸡蛋，去壳。

2.所有材料放入食物搅拌机中，混合搅拌均匀。

[用法]

洁面后，将本款面膜均匀地敷在脸部，避开眼睛、唇部肌肤，约20分钟后，用清水彻底洗净即可。

能增强肌肤弹性，使肌肤细致、柔软、有光泽。

美丽叮咛

本款面膜若一次没有用完，可将剩余部分放在密封玻璃器皿中冷藏，两周内用完即可。

黄瓜蛋清补水面膜

适用肤质　各种肌肤

[材料] 黄瓜半根，鸡蛋1个，白醋2滴

[做法]

1.黄瓜洗净，去皮，放入榨汁机中榨汁，去渣取汁，备用。

2.用过滤勺分离蛋清与蛋黄，将蛋清与黄瓜汁搅拌均匀。

3.最后滴入白醋，用搅拌筷将所有材料均匀混和即可。

[用法]

将本款面膜均匀地涂抹在脸上，避开眼部、唇部肌肤，10分钟后用清水洗净即可。

为肌肤补充水分和养分，使肌肤嫩白、水润。

美丽叮咛

◎此面膜的材料非常容易购买，但成品不易保存，所以一次不要做得太多，以免浪费。

◎做完面膜后的清洁工作很重要，一定要彻底清除，由于醋具有一定的酸性，清洗不净容易给肌肤造成伤害。

◎用醋做面膜时，用量不宜过多，而且必须经过稀释以后才能使用。

制作方便度：★★★★　推荐指数：★★★★

✓ **保存期限：** 最好一次用完

✓ **美丽费用：** 2元

✓ **材料购买地：** 黄瓜→农贸市场　鸡蛋→农贸市场　白醋→超市

延伸阅读

黄瓜的美容功效非常好，如果怕麻烦不愿意费事做面膜的话，可以直接将黄瓜洗净，切成薄片均匀地覆盖在脸上，闭目养神休息一会儿，大约15分钟左右，将黄瓜片去掉，用温水清洗干净，同样能收到滋润肌肤的效果。

香蕉

xiangjiao

许多美眉都喜欢吃香蕉，甜甜的味道令人难以拒绝，更重要的是，香蕉具有非常好的滋润作用，不管外敷还是食用，都具有绝佳的美容作用哟！

香蕉全身都是宝，香蕉果肉中具有天然的护肤成分，具有保湿润泽的美肤功效，且几乎含有所有的维生素和矿物质，可以为肌肤补充必需的营养素。香蕉中的油分与维生素成分能渗入皮肤，润泽肌肤，特别适合干性肌肤者使用，用完之后肌肤格外滋润。

香蕉的功效不仅止于此，它还具有润肠通便、清热解毒的作用，能有效缓解便秘，促进粪便排出体内，以免过多的毒素沉积在人体内，有效改善肌肤粗糙、面色暗淡、痘痘等肌肤问题！

香蕉皮中含有某些杀菌成分，如果你的皮肤因为真菌或细菌感染而发炎，不妨把香蕉皮敷在上面，肯定会有意想不到的收获。

肌肤较干、脸上痘痘及斑点横生的美眉不妨试试下面几款以香蕉为主要材料的面膜，说不定会给你带来意外的惊喜！

香蕉西红柿补水面膜

适用肤质　各种肌肤

制作方便度：★★★★　推荐指数：★★★★★

[材料] 香蕉、西红柿各1个，淀粉2小匙

[做法]

1.香蕉去皮，放入搅拌机中搅打成果泥。

2.西红柿洗净，去皮，放入研钵中捣烂成泥。

3.将淀粉、香蕉泥、西红柿泥调匀即可。

[用法]

洗净脸后，将调好的面膜均匀地敷在脸部，避开眼、唇部肌肤，10～15分钟后，用温水洗净。每周可使用1～2次。

美人功效

香蕉含有多种营养成分，能有效滋养肌肤；西红柿含有丰富的维生素C及大量的水分，既能美白肌肤，又能为肌肤补水，还可有效防止肌肤产生皱纹。

美丽叮咛

◎不可用发黑的香蕉制作面膜，以免发黑的香蕉滋生细菌而引起皮肤感染。

◎此款面膜不宜久存，最好一次用完。

香蕉橄榄油滋润面膜

适用肤质 除敏感性肌肤外均适用

[材料] 橄榄油1大匙，香蕉半根，荸荠3个

[做法]

1.香蕉捣碎，荸荠磨碎。

2.香蕉和荸荠混合，加入橄榄油拌匀即可。

[用法]

洗净脸后，将本款面膜轻轻敷在脸部，约15分钟后用温水洗净即可。每周可使用2次。

美人功效 香蕉具滋润补湿、软化表皮的功效。荸荠可促使硬化的角质细胞加速脱落剥离，使毛孔张开，减少细菌滋生的机会。

美丽叮咛

橄榄油要尽量购买优质产品，选购时注意看成分、生产日期及相关的标签说明。劣质橄榄油可能含有致癌物质，使用后对肌肤有害，甚至影响健康。

延伸阅读

香蕉皮的神奇妙用

面部较干的美眉，如果懒得动手制作面膜的话，还可将香蕉皮贴在脸上（皮的内侧朝向肌肤），过10分钟左右，再用清水洗净。手足肌肤干燥的美眉，每次用热水擦手、足后，用香蕉皮的内侧在手上进行摩擦，可防止手、足的皮肤皲裂，如果已经有裂口了，可将香蕉皮直接在裂口处摩擦，一般连用数次即可痊愈。

制作方便度：★★★★　推荐指数：★★★

✓ **保存期限：** 最好一次用完

✓ **美丽费用：** 2元

✓ **材料购买地：** 橄榄油→超市　香蕉→农贸市场　荸荠→农贸市场

西瓜

xigua

炎热的夏季，甜嫩多汁的西瓜，常常受到美眉们的宠爱，不仅是因为它的味道好，最重要的是它具有多种美容功效，被称作高效经济的美容院。

夏季由于日光直射、紫外线较强，肌肤容易被灼伤。西瓜含水量在水果中是首屈一指的，所以用于为肌肤补充水分是再适合不过的了。

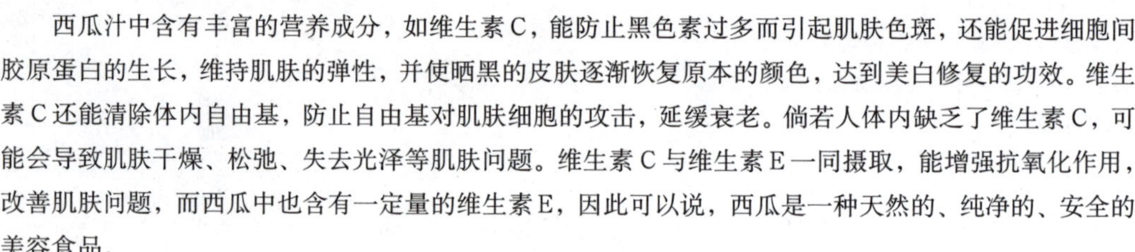

西瓜汁中含有丰富的营养成分，如维生素C，能防止黑色素过多而引起肌肤色斑，还能促进细胞间胶原蛋白的生长，维持肌肤的弹性，并使晒黑的皮肤逐渐恢复原本的颜色，达到美白修复的功效。维生素C还能清除体内自由基，防止自由基对肌肤细胞的攻击，延缓衰老。倘若人体内缺乏了维生素C，可能会导致肌肤干燥、松弛、失去光泽等肌肤问题。维生素C与维生素E一同摄取，能增强抗氧化作用，改善肌肤问题，而西瓜中也含有一定量的维生素E，因此可以说，西瓜是一种天然的、纯净的、安全的美容食品。

西瓜皮富含的果胶和果液也能够帮助皮肤吸收水分和维生素，以增加皮肤的弹性，减少皱纹，增加肌肤的光泽，同时，滋润修复和美白效果也不次于西瓜肉。

西瓜补水润泽面膜

适用肤质　各种肌肤

制作方便度：★★★★★　推荐指数：★★★★

[材料] 西瓜肉适量

[做法]

1. 将西瓜去皮，去子，取出适量果肉。
2. 用汤匙将西瓜果肉压成泥状。

[用法]

洗完脸后，将本款面膜均匀地敷在脸上，并盖上面膜纸，约10～15分钟后，用冷水冲洗干净即可。该面膜可以天天使用。

该面膜可以为肌肤补充所需的水分，镇静晒后及过敏的肌肤。

美丽叮咛

本款面膜保湿效果很好，但是由于其密度较稀，不易附着，因此，可以盖上一张面膜纸或面纸。

西瓜皮保湿面膜

适用肤质 各种肌肤

[材料] 西瓜皮 2 片

[做法]

1.西瓜皮 2 片，洗净，去除红瓤部分，备用。

2.将处理好的西瓜皮放入冰箱冷冻一段时间后取出。

[用法]

将贴近瓜肉的一面贴在肌肤上轻轻打圈按摩，按摩完毕，用清水冲洗面部即可。

美人功效

该面膜具有收敛毛孔、镇定、消肿的作用。

美丽叮咛

用水果美容已经成为一种时尚。但像西瓜，农民为了防止叶子上长虫，会喷洒一些农药，这些农药也不可避免地会留在西瓜表皮上。因此用果蔬敷脸前，一定让果蔬在水里浸泡得久一点，并且反复清洗以去除残留的农药等有害物质。否则，有害物质长期侵入肌肤，不仅达不到美容的效果，可能还会适得其反。

制作方便度：★★★★ 推荐指数：★★★★

✓ **保存期限：** 最好一次用完

✓ **美丽费用：** 2 元

✓ **材料购买地：** 西瓜→农贸市场

延伸阅读

高效方便的祛皱法

其实最快、最方便的方法，就是直接将吃剩的西瓜皮往脸上轻轻涂抹，约 15 分钟后用清水将脸洗净即可。西瓜皮的汁液具有清火排毒的功效，并能美白、修护皮肤，增加皮肤弹性，减少皱纹。

柠檬

ningmeng

在天然美容品中，柠檬名气最大、最讨美眉们欢心，无论是食用还是外敷，都能给你一个意外的惊喜。

柠檬中含有丰富的维生素，能防止和消除肌肤色素的沉淀，令肌肤变得白皙且富有弹性。其独特的果酸成分可软化角质层，令肌肤变得美白并富有光泽。柠檬还能消毒去污、清洁养护皮肤。以柠檬为主要材料制成的面膜，不仅能帮助肌肤恢复酸性保护膜，收缩毛孔，防治粉刺，还可以起到祛斑美白、抚平皱纹的作用。

有些美眉习惯在早晨起床后饮用一杯用热水冲泡的柠檬汁，这是一种非常好的习惯，由于柠檬汁具有很强的杀菌作用，经常饮用能保护体内环境的清洁，减少毒素对人体的损害，使肌肤从内部得到滋养。

再告诉爱漂亮的美眉一个小秘密，柠檬汁通过分解、消减脂肪能使消化系统获得重生，这就是时下盛行的“柠檬减肥法”哟!

渴望拥有美丽容颜的美眉们，不要再犹豫了，选择了柠檬就等于选择了与美丽同行。况且，柠檬容易购买、价格低廉，只要稍稍花费一点点时间，按照以下方法做成面膜，就能获得非常大的惊喜!

柠檬果蜜滋养面膜

适用肤质　各种肌肤

制作方便度：★★★★　推荐指数：★★★★

[材料] 柠檬、青苹果各半个，蜂蜜1小匙，面粉1大匙，纯净水半杯

[做法]

1.柠檬切块，放入果汁机中榨汁，取1大匙备用。

2.青苹果洗净，削皮，放入果汁机中榨成糊状。

3.将苹果泥、柠檬汁、蜂蜜、面粉与纯净水一起搅拌成糊状即可。

[用法]

洗净脸后，将调好的面膜均匀地敷在脸上，避开眼、唇部肌肤。约15分钟后，用温水洗净即可。每周可使用2～3次。

这款面膜能滋润肌肤，为肌肤补充水分，保持肌肤持久的润泽水嫩，令肌肤光滑、有弹性。

美丽叮咛

在敷脸过程中，如果配合适当的按摩，对受损的肌肤有不错的修复作用。

柠檬皮蛋黄洁肤面膜

适用肤质　中、干性肌肤

[材料] 柠檬皮半个，柠檬汁10滴，鸡蛋2个

[做法]

1.柠檬皮洗净，切成细碎的颗粒。

2.将柠檬汁加入切碎的柠檬皮中。

3.敲破鸡蛋，滤取蛋黄。

4.将蛋黄与碎柠檬皮、柠檬汁一同拌匀，密封放置一夜，使柠檬皮所含的植物精油被蛋黄充分地吸收进去。

[用法]

用脱脂棉蘸蛋汁在脸上均匀涂开，注意避开眼睛及嘴唇周围。10分钟后，用温水将面膜洗去。

柠檬皮含有丰富的植物精油，具有控油、净化肌肤及振奋精神的功效；鸡蛋具有吸附作用，可以深层清洁皮肤，使皮肤洁净、白皙。

美丽叮咛

用本款面膜敷脸后不宜在太强的光下照射，以免黑色素沉积，产生色斑。

延伸阅读

柠檬洗脸，越洗越白

先将柠檬洗净，去掉柠檬皮及里面的白膜，然后切开一半，用手挤出柠檬汁，备用。将脸充分清洗干净后，在少许化妆水中滴2～3滴柠檬汁，混合后轻轻拍打面部，能有效改善黄黄的肤色及化解化妆水中的化学物质。

制作方便度：★★★　推荐指数：★★★★

✓ **保存期限：** 最好一次用完

✓ **美丽费用：** 1.5元

✓ **材料购买地：** 柠檬→农贸市场　鸡蛋→农贸市场

酸奶

suannai

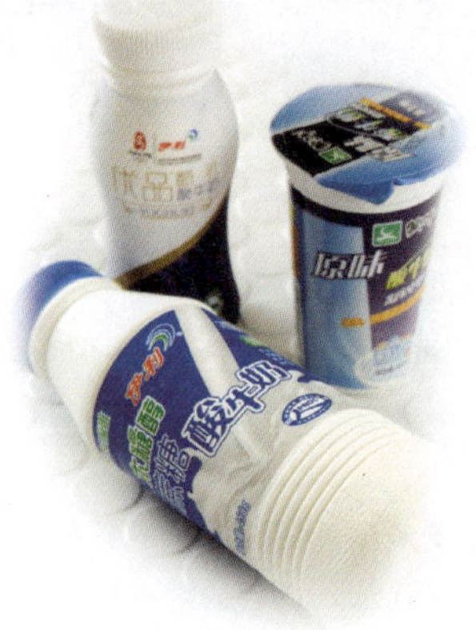

你想做个"水嫩美人"吗？选择酸奶不会错，因为它具有超强的滋润作用，其中的多种营养成分能令肌肤变得水嫩、光滑而富有弹性，如果能将内服与外敷结合起来，效果会更棒！

酸奶是经牛奶发酵而制成的，但它的营养价值远远超过鲜牛奶。酸奶含糖量低，保存了牛奶中的所有营养成分，且容易被肌肤吸收利用，不含有任何有害成分，属于纯天然的营养护肤品，具有高效的美容作用。

据研究表明，酸奶中除含有丰富的维生素外，还能强化各种维生素，特别是可强化维生素E、维生素A和维生素C，既能降低皮肤中黑色素的生成，预防肌肤暗淡无光，还能阻止人体细胞内不饱和脂肪酸的氧化和分解，防止肌肤角化和干燥，使肌肤保持滋润细腻。

酸奶中的乳酸不但能使肠道里的弱碱性物质转变成弱酸性，而且还能产生抗菌物质，能有效地抑制体内细菌的滋生，从身体内部调理身体状况，改善肌肤问题。

以下这两款面膜都具有神奇的功效，只要坚持使用，下一个"水嫩美人"就是你。

酸奶绿豆粉美白面膜

适用肤质　各种肌肤

制作方便度：★★★★★　推荐指数：★★★★

[材料] 绿豆粉1大匙，珍珠粉少许，酸奶3大匙

[做法]

1.将绿豆粉、珍珠粉放入面膜碗中，混合均匀。

2.将酸奶加入做法1中，充分搅拌成糊状即可。

[用法]

洗净脸后，将调好的面膜均匀地敷在脸上，避开眼、唇部肌肤，15～20分钟后，用清水洗净即可。每周可使用1～2次。

绿豆粉有清洁祛痘的作用；珍珠粉有美白的功效；二者合用可使皮肤洁净、清爽、嫩白。

美丽叮咛

◎制作这款面膜最好用原味酸奶。

◎此款面膜不宜久存，最好一次用完。

草莓酸奶净肤面膜

适用肤质　各种肌肤

[材料] 酸奶3大匙，草莓2个

[做法]

将草莓洗净、捣碎，与酸奶放入器皿中搅拌均匀即可。

[用法]

洗净脸后，将面膜用指腹均匀轻柔地涂抹在脸上，静敷15分钟后用温水轻轻洗净。

草莓中的果酸成分能温和去除肌肤中老化的角质，与酸奶一同使用，更能有效收缩毛孔、淡化细纹，使肌肤细腻、光滑。

美丽叮咛

任何价位、任何品牌的酸奶都可用来制作本面膜，建议使用含糖量低的原味酸奶。

制作方便度：★★★★★　推荐指数：★★★★

✓ **保存期限：** 最好一次用完

✓ **美丽费用：** 1.5元

✓ **材料购买地：** 酸奶→超市　草莓→农贸市场

延伸阅读

如何保存酸奶

由于酸奶不含防腐剂，如果保存条件不好，其中的活体乳酸菌会不断繁殖，产生的乳酸使其酸度不断提高，酸奶的口感变得过酸，严重时酸奶会变质。因此，夏季购买酸奶要格外注意酸奶的保存环境。最好不要长时间将酸奶摆放在温度较高的地方。倘若做面膜时，不能一次用完，可将其喝掉，或放在冰箱中保存，但保存时间也不宜超过24小时。

苹果

pingguo

苹果是一种“全方位的健康水果”，兼具美白保湿的双重功效，是不可多得的美容水果。因此，苹果具有“水果之王”的美称。

许多人只知道苹果的食用价值，其实，它的美容作用同样会让你叹为观止呢！苹果含丰富的果胶，有助于肠的蠕动，而它所含的膳食纤维可帮助清除体内垃圾，从而起到排毒养颜的作用。苹果内的胶质能吸收大量的水分，可以把消化后的残渣软化，防止便秘。现代人生活节奏比较快，长时间坐在电脑前，便秘成了普遍的问题，如果久病不治同样会造成肌肤问题，如肤色暗淡、长青春痘及形成皱纹等，而吃苹果可以降肝火、胃火、大肠火，对身体的排毒机能有很大帮助。苹果中含有大量的维生素C，而许多人对维生素C的美容功效早已十分了解，常吃苹果可帮助消除皮肤雀斑、黑斑，保持皮肤细嫩红润。

另外，苹果还可抑制面部油脂分泌，维持水油平衡，彻底清洁肌肤，使肌肤更光滑、滋润，同时还具有强大的抗老、抗氧化功效。

苹果玉米粉水嫩面膜

适用肤质　各种肌肤

制作方便度：★★★★　推荐指数：★★★★★

[材料] 苹果1小块，玉米粉3大匙，纯净水适量

[做法]

1. 将新鲜苹果和少量纯净水放入榨汁机中，榨取汁液。
2. 用无菌滤布将苹果残渣过滤掉，留下汁液。
3. 将玉米粉加入汁液中，调匀成糊状。

[用法]

洁面后，用专用的面膜软毛刷蘸取面膜均匀地涂在脸上，避开眼、唇部肌肤，待10～15分钟后洗净，按照一般护肤步骤保养即可。

补充皮肤所需的营养与水分，使肌肤柔嫩、细致。

美丽叮咛

◎本款面膜最好一次用完，以免剩余的面膜内滋生细菌，下次使用时引发各种肌肤问题。

◎每周可使用2～3次。

苹果柠檬润肤面膜

适用肤质　各种肌肤，敏感性肌肤慎用

[材料] 苹果1个，柠檬汁3小匙

[做法]

1.将苹果去皮、去核，切成块后放入榨汁机中打成泥状。

2.苹果糊中加入柠檬汁，搅拌均匀即可。

[用法]

洗净脸后，取适量面膜均匀地涂在脸上，避开眼、唇部肌肤，15分钟后用温水洗净即可。

美人功效

柠檬能有效清除肌肤上的油脂，具有良好的清洁效果；苹果含有苹果酸、维生素B、维生素C和天然果糖，对皮肤有收敛、润泽的良好效果，二者搭配做成面膜能滋润、美白肌肤，增强肌肤的储水功能。

美丽叮咛

柠檬的酸性较强，敷完面膜后要彻底清洁面部，以免面膜残渣滞留在脸上，对肌肤造成伤害。

制作方便度：★★★★　推荐指数：★★★★

✓ **保存期限：** 最好一次用完

✓ **美丽费用：** 3元

✓ **材料购买地：** 苹果→农贸市场　柠檬汁→超市

延伸阅读

美白的生活战略

◎多喝水。水是美容圣品，早晨醒来空腹喝杯水有益健康，在水中加片柠檬，更具美容效果。晚上睡觉前，也喝一小杯水，可让细胞吸收水分，有利于夜晚美容。喝水时，可先将水含在口中，再缓缓吞下，让体内器官能适应水的温度。

◎日晒前慎服药。日晒前最好避免服用某些含类固醇、激素成分的药物，因为在接触紫外线后，这些成分会加深皮肤中的黑色素。

猕猴桃

mihoutao

你想成为他心目中的“美肌公主”吗？如果有这个愿望，就要锁定这款美丽的水果，只要花费一点点时间，将其做成面膜，就能实现自己的梦想。

猕猴桃中含有维生素C、多种矿物质、氨基酸及碳水化合物等成分，其中的维生素C是一种强效抗氧化剂，能防止肌肤氧化，软化角质层，防止青春痘及肤色暗沉等肌肤问题产生，还能美白肌肤，使肌肤富有弹性和光泽。

猕猴桃中还含有大量的可溶性膳食纤维成分，能帮助人体排出毒素，预防便秘，缓解各种肌肤问题。如果觉得用猕猴桃做面膜比较麻烦，还可以直接食用，美容效果一样很好，

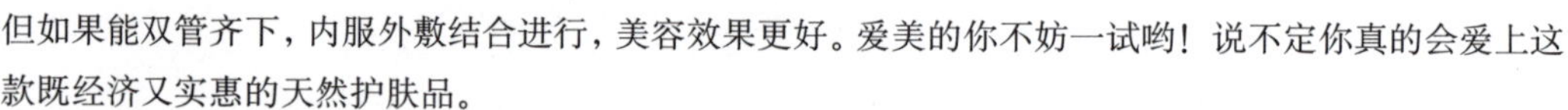

但如果能双管齐下，内服外敷结合进行，美容效果更好。爱美的你不妨一试哟！说不定你真的会爱上这款既经济又实惠的天然护肤品。

用猕猴桃制作面膜时，不要用腐烂、变质的猕猴桃，以免肌肤因感染细菌而发炎。

猕猴桃蛋清滋养面膜

适用肤质　油性及混合性肌肤

制作方便度：★★★★　推荐指数：★★★

[材料] 猕猴桃1个，鸡蛋1个

[做法]

1.猕猴桃去外皮，切块，放入搅拌机中搅打成泥。

2.敲破鸡蛋，滤取蛋清。

3.将猕猴桃泥与蛋清一起搅拌均匀。

[用法]

洗净脸后，将调好的面膜均匀地敷在脸部及颈部，避开眼部和唇部周围的肌肤。10～15分钟后，用温水洗净即可。每周可使用1～2次。

猕猴桃中含有丰富的维生素C、果酸等美白成分，能抑制黑色素形成，淡化色斑，还能为肌肤补充水分；蛋清具有收敛作用，能紧致毛孔。猕猴桃与蛋清搭配使用，可令肌肤白皙、细腻、柔嫩。

美丽叮咛

中、干性肌肤可用蛋黄代替蛋清制作这款面膜。

猕猴桃玫瑰抗老化面膜

适用肤质　除敏感性肌肤外均适用

[材料] 猕猴桃1个，小麦胚芽油3毫升，蛋黄1个，玫瑰精油1滴

[做法]

1.将猕猴桃去皮取肉，磨成泥状。

2.加入小麦胚芽油、蛋黄及玫瑰精油拌匀即可。

[用法]

洗净脸部后，取适量面膜均匀敷在脸部，避开眼睛及唇部肌肤，15~20分钟后，再用手指将微干的面膜搓掉，用清水将脸洗净。每周可做1~2次。

小麦胚芽油含维生素E，可修护老化肌肤及减缓细纹的增生，达到延缓肌肤老化的目的；玫瑰适合各种肌肤，可促进细胞再生。

美

叮咛

猕猴桃比较容易腐烂、变质，如果一次不能全部用完，可将猕猴桃放入小苏打水中浸泡几分钟，然后取出晾干，装入保鲜袋中密封起来，这样可保存较长的时间。

延伸阅读

享受芳香的精油浴

玫瑰精油暖暖的香味带给人无限的爱与浪漫遐想，让人有被拥抱的幸福感。取5滴左右玫瑰精油滴在浴缸中泡个澡吧，它可以促进血液循环、调整内分泌，对于月经不调、更年期激素分泌不足都有很好的疗效。

制作方便度：★★★★　推荐指数：★★★

✓ **保存期限：** 最好一次用完

✓ **美丽费用：** 3元

✓ **材料购买地：** 猕猴桃→农贸市场　鸡蛋→农贸市场　小麦胚芽油→超市　玫瑰精油→美容用品店

黑芝麻

heizhima

黑芝麻是美容保健方面的明星食物，由于它优异的滋补性与抗衰老性，长久以来一直被视为延缓衰老的首推最佳食材。

黑芝麻中含有多种营养成分，能有效防止肌肤老化，可使肌肤润泽、光滑、富有弹性和光泽，是美容养颜的佳品。其中的B族维生素，能维持肌肤新陈代谢，减少肌肤斑点的产生，避免肌肤过早老化；黑芝麻中的镁元素能抑制肌肤发炎，保持肌肤健康，维持肌肤的正常状态，还能抗氧化，延缓肌肤衰老，防止皱纹产生；其中的钙离子则能保护皮肤，充足的钙能维持肌肤正常的保水功能。如果钙离子分布不均，皮肤就会出现干燥、失去光泽或过敏脱屑的现象。

除此之外，黑芝麻的排毒作用也非常好，能润肠通便、排除体内废弃物，防止大量毒素被人体吸收，从而造成各种肌肤问题。

黑芝麻还含有丰富的维生素E，能有效滋润发丝，预防脱发、落发，令秀发更加乌黑亮丽。

牛奶芝麻营养美白面膜

适用肤质：各种肌肤

制作方便度：★★★★　推荐指数：★★★★

[材料] 牛奶半杯，芝麻2大匙

[做法]

1.将芝麻放进研钵里磨至粉状，放入容器中。

2.将牛奶倒入芝麻粉中，充分搅拌至糊状。

[用法]

洁面后，将调好的面膜糊敷于脸上，避开眼部周围。待10～15分钟，用温水冲洗干净即可。

美人功效

该面膜能有效滋润皮肤，为肌肤提供营养，使肌肤白皙、亮丽。

美**叮咛**

◎本款面膜若一次无法用完，可将剩余部分置于冰箱中冷藏，并尽快用完。

◎用水洗净本款面膜后，要用柔软的毛巾将脸部的水分吸干，为了防止水分蒸发，最后再涂上面霜。

适用肤质　各种肤质，尤其适合过敏性肌肤

芦荟黑芝麻安抚面膜

[材料] 芦荟1片，黑芝麻10克，蜂蜜10毫升

[做法]

1.将黑芝麻研磨成粉末，备用。

2.芦荟去刺，去皮，切成段，放入榨汁机榨成汁，备用。

3.将黑芝麻粉、芦荟汁、蜂蜜搅拌均匀即可。

[用法]

清洗干净面部肌肤后，用面膜刷蘸取少量面膜均匀地涂在脸上，避开眼睛、唇部肌肤，10～15分钟后，用温水清洗干净即可。

该面膜能滋润肌肤，为肌肤补充水分，安抚镇静肌肤，延缓衰老。

美丽叮咛

黑芝麻容易变质，制作面膜时如果一次不能全部用完，最好放在避光、低温、密闭的深色玻璃瓶中保存。

制作方便度：★★★★　推荐指数：★★★★

✓ **保存期限：** 最好一次用完

✓ **美丽费用：** 2元

✓ **材料购买地：** 芦荟→花店　黑芝麻→超市　蜂蜜→超市

延伸阅读

自制芦荟美容水

在鲜芦荟汁中加水稀释，每天用来擦脸，可以紧致面部松弛的皮肤，令毛孔收缩，保持面部皮肤滋润、嫩白；如果将芦荟汁涂抹在头发上，并加以按摩，能补充肌肤所需的营养成分，使毛根处阻止血液循环通畅，不仅能止痒去屑，而且能预防脱发白发，使头发晶莹黑亮。

黄瓜

huanggua

黄瓜是一种可以美容的瓜菜，被誉为“厨房里的美容佳品”，既可以生吃又可以用来制作面膜，美容效果非常好。

黄瓜不仅脆嫩清香，而且营养成分非常丰富，其中水分含量高达96%～98%，能为肌肤补充水分，预防肌肤干燥、开裂，使肌肤水嫩、光滑。鲜黄瓜中的黄瓜酶是很强的活性生物酶，能促进身体的新陈代谢，促进血液循环，使面色红润光滑、有光泽；鲜黄瓜中还含有丰富的维生素，为皮肤、肌肉提供充足的养分，可有效地对抗肌肤老化，减少皱纹的产生，并可防止唇炎、口角炎；黄瓜含有的膳食纤维可降低血液中的胆固醇、甘油三酯的含量，促进肠道中腐败食物的排泄，改善人体的新陈代谢，对肌肤、毛发美容有养护作用。

黄瓜的美容功效早已被国内外的美容专家所认可，以黄瓜为材料的美容用品，在国外早已盛行了。目前，国内的许多女性也认识到了黄瓜的美容作用，却苦于不知从何做起，下面就为你推荐几款时尚、好用的黄瓜面膜，试过以后就知道它的神奇功效了。

小黄瓜糯米抗皱面膜

适用肤质　各种肌肤

制作方便度：★★★　推荐指数：★★★★

[材料] 糯米50克，小黄瓜50克，水适量

[做法]

1.将糯米和水放入锅中熬煮成浓粥。

2.冷却至温凉后，用干净滤布将米粒滤掉，留取浓汁。

3.小黄瓜洗净后去头尾，与适量糯米汁放入榨汁机中，榨取汁液。

[用法]

洁面后，用面膜刷蘸取本款面膜涂在脸上，避开眼、唇部四周的皮肤。约15分钟后洗净，再依照一般护肤步骤保养脸部肌肤即可。

糯米中含有维生素B_1、维生素B_2、蛋白质、脂肪、锌等多种营养物质，能够营养皮肤，减少皱纹，使皮肤光滑。配合黄瓜使用，保湿效果更加明显。

美丽叮咛

◎本款面膜不宜久存，最好一次用完。

◎制作时适当加大分量，可用来沐浴，效果也不错。

适用肤质　混合性及油性肌肤

天然黄瓜去油面膜

[材料] 黄瓜皮

[做法]

黄瓜洗净，取适量瓜皮，备用。

[用法]

将黄瓜皮贴在T字区等容易出油的部位即可。

黄瓜中含有分解油腻的黄瓜酶成分，而且黄瓜皮的纤维结构也能使油脂不易渗透。因此，用新鲜的黄瓜皮敷面不仅可以帮助隔绝外界油烟对于皮肤的伤害，而且还能帮助清除毛孔中积存的废物，防止皮肤雀斑生成，平衡皮肤油脂分泌。

美  叮咛

黄瓜要尽量选择新鲜的，因为鲜黄瓜的水分较多，营养成分没有被破坏。

延伸阅读

黄瓜汁祛皱法

黄瓜可以收敛和消除皮肤皱纹，皮肤较黑的人使用效果尤佳。将黄瓜(皮、肉及子)一同榨成汁，用棉球蘸汁涂在脸上，可对皱纹处反复多次涂抹。

制作方便度：★★★★★　推荐指数：★★★

✓ **保存期限：** 最好一次用完

✓ **美丽费用：** 1元

✓ **材料购买地：** 黄瓜→农贸市场

小苏打

xiaosuda

小苏打的学名叫做碳酸氢钠，以前很多人家厨房里都有，现在大概少多了，其实这个东西有很神奇的美容效果。

皮肤出现毛孔粗大、痘痘、粉刺等问题，有多方面的原因，其主要原因就是没有充分清洁肌肤，使空气中的污物、化妆品及保养品的残留物滞留在毛孔中，久而久之肌肤的代谢功能就会大大降低，形成各种问题肌肤。人的皮肤都是中性的，而小苏打则是碱性物质，它能彻底清洁皮肤、去除油脂，这就是小苏打的美容原理。

不过，小苏打虽然有美容功效，但是，也具有一定的刺激性，因为其中的碱性成分，会使肌肤受到一定的损伤，特别是肌肤比较敏感的美眉，更不要擅自使用，否则可能会出现比较严重的问题。在使用小苏打制成的面膜前，首先要了解个人的肌肤类型，然后严格控制好小苏打的使用量，用面膜敷完脸后，采取正确的清洁方法，确保肌肤上没有小苏打的残留物，这样才能起到护肤养肤的目的。

小苏打水紧肤面膜

适用肤质　粉刺及毛孔粗大的肌肤

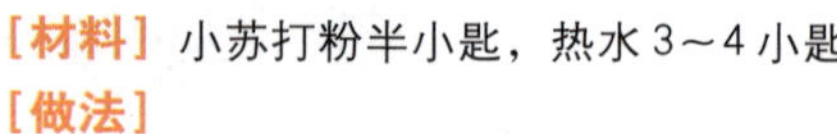

［材料］ 小苏打粉半小匙，热水3～4小匙

［做法］

1.将小苏打粉加入热水中。

2.充分搅拌直至小苏打粉全部溶解。

［用法］

洁面后，将面膜纸在小苏打水中浸湿，敷于脸上，避开眼部及唇部周围，静置约10分钟后取下，这时黑头、粉刺，可以轻轻挤掉。清除完黑头后，用冷水清洗脸部并拍上收敛化妆水收缩毛孔。建议每周使用一次。

制作方便度：★★★★　推荐指数：★★

美人功效

能软化粉刺，收缩毛孔，使肌肤更加紧致、柔软、有弹性。

美丽叮咛

◎本款面膜最好一次用完，若有剩余，可置于密封的玻璃器皿中放于冰箱内冷藏，约可保存一周。

◎若小苏打粉无法完全溶解，可用小火将溶液稍微加热。

适用肤质 中性肌肤

蜂蜜小苏打紧肤面膜

[材料] 蜂蜜2大匙，小苏打粉半小匙

[做法]

将蜂蜜、小苏打粉一同放入面膜碗中搅拌均匀即可。

[用法]

彻底洁面后，将本款面膜敷在脸上，轻拍整个面部，直至感觉面膜有点黏为止。约15分钟后，用清水冲洗干净。

能有效滋润肌肤、淡化皱纹，并增加肌肤弹性与活力。

美丽叮咛

选购时要买那种极细的小苏打粉，而且做完面膜后要彻底清洁面部。因为小苏打属于碱性物品，如果皮肤上残留下残渣或汁水都会对皮肤造成伤害。所以洗完脸擦干以后，最好在化妆棉上蘸一些纯净蒸馏水，把皮肤好好擦一遍，这样再拍化妆水的时候，皮肤就会把化妆水完全吸收。

制作方便度：★★★★★　推荐指数：★★

✓ **保存期限：** 最好一次用完

✓ **美丽费用：** 1元

✓ **材料购买地：** 蜂蜜→超市　小苏打→超市

延伸阅读

小苏打的生活妙用

小苏打粉不仅能分解油脂，而且还有收缩粗大毛孔的功效。人们通常只知道可以用它来美容、做面包、制汽水和做灭火剂，其实，对洗涤剂过敏的人，还可以在洗碗水里加少许苏打粉，既不烧手，又能把碗、盘子洗得很干净。另外，用苏打粉擦洗不锈钢器具也很好用。

燕麦

yanmai

燕麦是自然界中营养最丰富的谷物，是一款天然的经济实用的多功能的保健美容材料，无论是食用还是外敷都具有较强的美容作用。

由于燕麦中膳食纤维含量比较丰富，经常食用能促进胃肠蠕动，减少大便在体内停留的时间，减少人体对毒素的吸收量，使肌肤由内而外地散发光彩；另外，燕麦对于缓解和治疗神经疲劳有不错的功效，还可改善睡眠质量，加快人体对毒素的代谢，令肌肤更加白皙、嫩滑。燕麦中含有的钙、磷、铁、锌等矿物质，都是美容养颜必不可少的营养食材。经常食用燕麦，可改善血液循环，缓解生活压力，由内部调理气血，改善肌肤问题，从内部调理改善肌肤，呈现出红润、光滑、有弹性的美丽容颜。

将燕麦制成面膜外敷于肌肤上，其中的滋润和舒缓成分可以被肌肤充分吸收，使肌肤看起来水水嫩嫩、白皙而富有弹性。

水嫩光滑的脸蛋谁不想拥有，关键看你是否选对了美容材料，以上所述的燕麦就是不错的选择，如果能将内服与外敷搭配进行，美容效果更是没的说！

燕麦紧致面膜

适用肤质　干性肌肤

制作方便度：★★★★　推荐指数：★★★★★

[材料] 燕麦粉2大匙，纯净水半杯

[做法]

1.将燕麦粉加入纯净水中，放入锅中煮5分钟。

2.将煮好的燕麦糊稍微放置几分钟，待温度适宜时再用即可。

[用法]

洁面后，将本款面膜均匀地涂抹在脸上，避开眼、唇部皮肤。约15分钟后，用温水洗净即可。

该面膜可有效滋润、美白肌肤，使肌肤更加细致、紧实、有弹性。

美丽叮咛

干性肌肤的人平常要多喝水，将体内的废物排出，还要多摄取新鲜的蔬菜水果。

香蕉燕麦美白面膜

适用肤质　各种肌肤

[材料] 熟香蕉50克，燕麦粉3大匙

[做法]

1. 用温水将燕麦粉调成浓稠状，备用。
2. 香蕉去皮，捣烂，加入燕麦糊中调匀即可。

[用法]

洗净脸后，用软毛面膜刷蘸取此面膜均匀地涂在脸、颈部。15～20分钟后冲洗干净，再依一般保养步骤保养即可。

香蕉含有多种营养素，如：蛋白质、糖类、维生素C等，能营养肌肤、增加肌肤的保水度，并使肌肤白皙，是非常好的敷面材料。此外，香蕉还可预防多种皮肤病。燕麦中含有丰富的B族维生素和多种矿物质钙、镁、铁、锰等，这些营养物质相互配合，为肌肤提供了充分的营养源。

美丽叮咛

香蕉浑身都是宝，香蕉皮也不要丢掉哟！它具有较好的杀菌消炎作用。

制作方便度：★★★★　推荐指数：★★★★★

✓ **保存期限：** 最好一次用完

✓ **美丽费用：** 3元

✓ **材料购买地：** 香蕉→农贸市场　燕麦粉→超市

伸阅读

燕麦泡澡，泡出亮白肌肤

燕麦含有丰富的维生素与蛋白质，能够滋润皲裂与干燥的肌肤；冬日气候干燥的时候，将燕麦与柠檬按一定的比例搭配，用来泡澡，可以让你的全身上下倍感滋润。

维生素E

weishengsu E

自由基是损害容颜的头号“杀手”，不少美眉吃够了它的苦。而维生素E则能帮助人体赶走讨人厌的自由基，被誉为“抗老维生素”。

维生素E能增加肌肤表皮层含水量，促进肌肤新陈代谢，使肌肤光滑而富有弹性，还能抑制黑色素的生成，加速黑色素从表皮或通过血液循环排出体外，祛除色斑、老人斑，有抗衰老、润肤、缓解皱纹产生的功效。

维生素E还是超级解毒专家，它能使细胞膜不受外界伤害。同时它还能延长细胞寿命，加速伤口愈合，并减少皮肤留下疤痕的可能性。

此外，维生素E还能维持肌肤水油平衡，有效改善肌肤问题，如：粉刺、湿疹、牛皮癣等，还是治疗晒伤的良药。

维生素E也与其他食物一样，既可内服又可将其中的精华油直接用于肌肤上，都可达到美容效果。如果你没尝试过该种美容方法，不妨跟随我们一起走进维生素E的护肤世界，其中的精彩功效，一定会让你大吃一惊哟！

维E蛋黄蜂蜜滋润面膜

适用肤质　中性及油性肌肤

制作方便度：★★★★　推荐指数：★★★★★

[材料] 维生素E胶囊1粒，生鸡蛋黄1个，蜂蜜1大匙，甘油1大匙

[做法]

1.将生鸡蛋黄、蜂蜜、甘油放入同一容器中。

2.用剪刀将维生素E胶囊剪破，将油液倒入已混合的材料中。

3.将所有混合材料充分搅拌均匀即可。

[用法]

充分洁面后，将本款面膜均匀地敷在脸部，避开眼睛及唇部肌肤，约15分钟后，用清水彻底洗净即可。

蜂蜜能帮助肌肤细胞重生，蛋黄与维生素E具有抗氧化作用，能够有效地保持肌肤的平整，改善肤质并减少皱纹。

美丽叮咛

◎本款面膜如果一次未用完，可置于玻璃器皿中，密封冷藏。

◎蛋黄是一种非常廉价而优秀的天然抗衰老化妆品，配合滋润度一流的蜂蜜使用，具有非常强的抗皱功效。

维E面粉甜橙祛皱面膜

适用肤质　各种肌肤

[材料] 面粉3小匙，维生素E胶囊1粒，橙子1个

[做法]

1.橙子洗净，切块，放入榨汁机中榨出汁。

2.将维生素E胶囊用针戳破挤出油液，与橙汁拌匀后，再加入面粉拌匀即可。

[用法]

洗净脸后，取适量面膜均匀地敷于脸部，15～20分钟后，再用手指将微干的面膜搓掉，用清水将脸洗净即可。每周可使用1～2次。

橙子富含维生素C，具有美白、抗氧化功效，和维生素E一起使用，可延缓衰老、美白肌肤，还能淡化细纹，令肌肤嫩白、光洁。

美丽叮咛

通常情况下，维生素E与维生素C搭配使用，可相辅相成，增强美容作用。

延伸阅读

维生素E与性机能有关

维生素E又称抗不育维生素，是一类由生育酚组成的脂溶性维生素，天然存在的有8种，一般所指的为其中的α－生育酚。早在1938年相关科学家就已经将α－生育酚人工合成。在自然界，维生素E的主要食物来源为动植物油脂、蛋黄、牛奶、水果、莴苣叶等食品中，在玉米油、花生油、棉子油中含量更丰富。

制作方便度：★★★★　推荐指数：★★★★★

✓ **保存期限：** 最好一次用完

✓ **美丽费用：** 3元

✓ **材料购买地：** 面粉→粮油店　维生素E胶囊→保健品店　橙子→农贸市场

最受宫廷贵妇推崇的4种面膜材料

牛奶

niunai

——埃及艳后的嫩肤体验

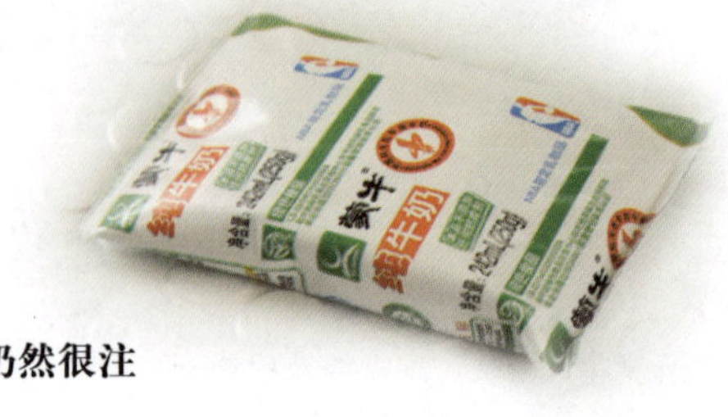

埃及艳后克里奥佩特拉，本来就天生丽质，但她仍然很注意保养。最早发现牛奶可以护肤的人就是她。

牛奶中含有丰富的乳脂肪、维生素及矿物质，外擦极易被人体吸收，其中的酵素有消炎、消肿与舒缓肌肤的作用，被太阳晒伤之后，将冰牛奶倒在毛巾上敷脸，具有很好的护理效果。牛奶中丰富的钙质还可以起到保护指甲的作用，使指甲不易断裂。

牛奶的滋润、美白效果也不错，能使粗糙的肌肤变得细腻、嫩滑，为肌肤补充水分，并能锁住水分，令肌肤持久保湿，还能祛除暗沉，提亮肤色，令肌肤润白、莹透。

牛奶虽然天然、安全、方便，但效果比较短暂，且只能渗透到肌肤表面，所以，不能完全代替护肤品使用。每次使用后，一定要记得清洗干净，以免毛孔被牛奶中的油脂阻塞，影响肌肤的正常生理功能，对肌肤造成伤害。

牛奶绿豆清洁面膜

适用肤质　油性及混合性肌肤

制作方便度：★★★★★　推荐指数：★★★★★

[材料] 绿豆粉2大匙，牛奶适量

[做法]

1.绿豆粉放入面膜碗中。

2.将牛奶与绿豆粉充分搅拌均匀成泥状即可。

[用法]

洗净脸后，将调好的面膜均匀地敷在脸上，避开眼、唇部肌肤。约10分钟后洗净即可。每周可使用1～2次。

绿豆粉具有清热解毒的功效，能排出肌肤的毒素，防止痘痘产生，令肌肤清新；牛奶具有极好的滋润、美白功效；绿豆粉与牛奶配合使用，能有效清除毛孔中的油污，预防肌肤长青春痘，还能改善暗沉的肤色。

美丽叮咛

此款面膜不宜久存，最好一次用完，如有剩余，可用于颈部护肤。

适用肤质　各种肌肤

牛奶玉米粉祛痘面膜

[材料] 玉米粉2大匙，牛奶450毫升

[做法]

将玉米粉、牛奶放入面膜碗中，用搅拌筷搅拌成泥状即可。

[用法]

洗净脸后，将面膜均匀地涂抹在脸上，避开眼、唇部肌肤。约15分钟后用温水清洗干净。

能有效清除皮肤上的污垢与杂质，使肌肤得到进一步的净化；平衡肌肤油脂，并能有效收缩毛孔，防止痘痘产生，使肌肤得到充足的水分。

美丽叮咛

此面膜不仅能有效清除油脂，还有消炎作用，可以帮助缓解痘痘症状。

延伸阅读

瑜伽祛痘——倒三角式

倒三角式能使血液倒流至头部，并以血液滋养头面部的肌肤，防止脱发，改善肤质，预防肤色暗沉及青春痘等肌肤问题，让面部肌肤变得红润。具体做法：

1.双脚分开站立，距离大于两个肩宽，吸气，双臂伸直、平行上举过头顶，手掌朝前。

2.呼气，放低上半身，使头部触地，曲肘，将前臂、手掌贴在地面上。3.将双臂从双腿之间向后伸直，手掌朝上。在这个体位上，头不能仰起。如果做不到腿部伸直，可以弯曲膝关节。

制作方便度：★★★★★　推荐指数：★★★★

✓ **保存期限：** 最好一次用完

✓ **美丽费用：** 2元

✓ **材料购买地：** 玉米粉→粮油店　牛奶→超市

鸡蛋

jidan

——宫廷贵妇常用的养颜材料

相传埃及艳后特别喜欢用鸡蛋护肤，所以她拥有令男人赞叹、令女人艳羡的容颜。据相关专家调查研究发现，蛋清是古代宫廷贵妇美容的常用材料，她们常常使用含有蛋清的护肤品敷脸，以保持肌肤的紧致与细腻。

鸡蛋中含有丰富的蛋白质，能促进肌肤细胞生长和新陈代谢，让肌肤更加嫩滑。同时，该物质还有助于生长的新组织和修复受损细胞，能增强人体对病菌的抵抗能力，促进人体内的新陈代谢，从内部改善肌肤状况。据研究发现，人体如果缺乏蛋白质，皮肤就会失去弹性，产生皱纹，伤口也很难愈合。

而蛋清与蛋黄的护肤功效又不尽相同，因此许多人都会将蛋清与蛋黄分开使用。蛋清有收紧肌肤的作用，常与其他食材搭配使用，既能滋养肌肤，又能增强肌肤弹性；蛋黄中含有丰富的营养成分，且非常容易被肌肤吸收利用，与其他食材搭配做成面膜后，能令肌肤更加紧实。

蛋清米醋抗痘面膜

适用肤质　各种肌肤

制作方便度：★★★★　推荐指数：★★★★★

[材料] 鸡蛋 1 个，米醋适量

[做法]

1.打破鸡蛋，去壳，取出蛋清。

2.将蛋清放入米醋中浸泡。

3.三天后，取出蛋清醋搅拌均匀。

[用法]

洗完脸后，将本款面膜敷在面部，避开眼、唇部皮肤，约 15 分钟后，用温水洗净即可。

能温和地祛除痘痘和面疱，使肌肤光滑、紧致。

美叮咛

◎由于本款面膜的原材料容易变质，最好一次用完。如有剩余，可用玻璃器皿密封放入冰箱内冷藏。

◎将鸡蛋在醋中浸泡三天，效果更好。

土豆蛋奶保湿面膜

适用肤质 中、干性肌肤

[材料] 牛奶半杯，土豆1个，鸡蛋1个

[做法]

1.土豆洗净，去皮，磨碎后放入面膜碗中。

2.用过滤勺分离蛋清与蛋黄，取蛋黄和磨碎的土豆混和。

3.加入牛奶，用搅拌筷将土豆、蛋黄、牛奶搅拌成糊状。

4.稍微加热后继续搅拌均匀即可。

[用法]

洗净脸后，将面膜轻轻涂抹在脸上，避开眼部及唇部肌肤，约15分钟后用温水洗净。

为干燥的肌肤补充水分，有效改善干性肤质，使肌肤变光滑、水嫩、紧致、细腻。

美丽叮咛

发芽生黑斑的土豆有毒，制作面膜时千万不能使用，以免损伤肌肤。

延伸阅读

肌肤干燥的常见因素

◎年龄因素。随着年龄的增长，肌肤细胞会老化，保存水分的能力降低，肌肤会出现干燥现象。

◎睡眠不足。会使血液循环变差，使肌肤失去弹性与活力，造成肌肤干燥。

◎清洁不当。使用碱性较强的洗面乳会造成肌肤干燥、粗糙；用过热的水洗脸，或多次洗脸，易让肌肤水油失调，使肌肤干燥。

◎内分泌改变。女性在停经后雌激素分泌减少，会使肌肤出现干燥症状。

制作方便度：★★ 推荐指数：★★★★

✓ **保存期限：** 最好一次用完

✓ **美丽费用：** 3 元

✓ **材料购买地：** 牛奶→超市 鸡蛋→农贸市场 土豆→农贸市场

珍珠粉

zhenzhufen

——慈禧太后的养颜秘诀

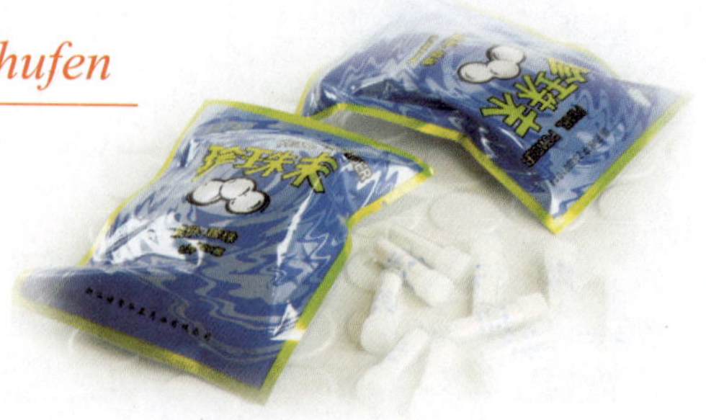

慈禧太后喜用珍珠粉美容护肤，她设立了专门研究珍珠药效的机构，配备御医研制珍珠粉，并且常常定时定量服用，以维持旺盛的精力和美貌。

慈禧太后的女侍官德龄公主在《御香缥缈录》中记述："五、六十岁时，肌肤仍宛若处子"，她在为慈禧侍浴时，发现太后裸体肌肤居然可同侍浴的年轻宫女相媲美，仍宛如少女般嫩白光滑。由此看来，珍珠粉确实具有美颜养肤的神奇功效。

珍珠粉具有一流的清洁作用，它有着超强的吸附能力，可以把毛孔中的污垢彻底"吸"下来，使肌肤干净、清爽。

珍珠粉还具有神奇的祛斑美白作用，这也是珍珠粉作用中最受美眉们推崇的功效，而且珍珠粉的美白作用有口皆碑，常常与多种材料搭配制成面膜。

珍珠粉从古至今一直是美容的圣品，口服珍珠粉可以以内养外，有着养颜护肤的美容功效。睡前口服珍珠粉可改善睡眠，保持肌肤健康润泽。

川贝莲子珍珠滋润面膜

适用肤质　各种肌肤

制作方便度：★★★　推荐指数：★★★★★

[材料] 珍珠粉、川贝粉各1大匙，莲子10颗，牛奶半杯

[做法]

1.将莲子磨成细粉。

2.将莲子粉与牛奶混合均匀，滤掉杂质。

3.将珍珠粉、川贝粉一同加入做法2中，搅拌成糊状即可。

[用法]

洗净脸后，将调好的面膜均匀地涂在脸上，避开眼、唇部肌肤，并用指腹由内向外、自下而上打圈按摩2分钟。约15分钟后，用清水洗净即可。每周可使用1～2次。

这款面膜可使粗糙的肌肤变得细致、光滑，还能有效清洁毛孔，令肌肤白里透红。

美  叮咛

珍珠粉无论内服还是外敷都具有较好的美容功效。

珍珠粉美颜面膜

适用肤质 各种肌肤，中年人尤为适用

[材料] 珍珠粉1克，面霜100克

[做法]

将面霜和珍珠粉以100:1的比例混合，调成糊状。

[用法]

洗净脸后涂于面部，避开唇部及眼部肌肤，轻轻按摩2小时后洗净。

美人功效 该面膜可在面部形成一层保护性滋润层，为肌肤补充营养，隔离外界刺激。

美  **叮咛**

经常使用自己调制的护肤品，需要特别注意材料用量的把握。若营养物质过多，超过肌肤吸收的极限，不但会造成浪费，甚至可能产生脂肪粒。另外，如果选择的面霜不适合自己的肌肤，还可能伤害肌肤。

延伸阅读

珍珠粉定妆术

取适量的珍珠粉，均匀地抹在已经化好妆的脸上，10分钟后，用化妆刷将脸上的珍珠粉刷去即可。经常以珍珠粉定妆，不仅能使面部妆容保持持久，而且能使肌肤嫩白而富有弹性。

制作方便度：★★★★★　推荐指数：★★★★

✓ **保存期限：** 最好一次用完

✓ **美丽费用：** 4元

✓ **材料购买地：** 珍珠粉→中药店　面霜→美容用品店

面粉

mianfen

——引发不满的贵族美容方

用面粉美容的历史比较悠久，18世纪的法国贵族女性就钟爱此道。据说在1715年，法国贵族曾为了美发用地窖储存面粉，从而造成食物短缺，进而引发了民众不满。

面粉也能用来制作面膜？不必吃惊。其实，面粉的美容功效早已被证实，面粉调水做成的面膜具有良好的收敛性、紧实性，能有效地收缩毛孔，打造光滑细腻的肌肤。面粉还能够深层清洁脸部，有效地清除毛孔内的脏东西，并有抗氧化和消炎的作用。

经常食用面粉也具有一定的护肤作用，因为面粉中含有一定量的膳食纤维，可促进胃肠蠕动，预防便秘，要知道，便秘可是美眉们的一大梦魇哟，它会制造出多种肌肤问题，让水灵灵的脸蛋瞬间失去光彩。

想美白的美眉，以后不要浪费了这个法宝啦！选用便宜的普通面粉就可以收到很好的效果，也可用面粉与其他水果材料混合搭配使用。下面两款实用、经济的面膜，就能给你意想不到的收获。

果泥面粉收敛面膜

适用肤质　混合性肌肤

制作方便度：★★★★　推荐指数：★★★★

[材料] 蜂蜜1大匙，柠檬汁1大匙，麦片粉1小匙，维生素E胶囊1粒

[做法]

1.将麦片粉、蜂蜜、柠檬汁一同放入容器中。

2.用剪刀将维生素E胶囊剪破，将油液加入容器中，并将所有材料搅拌均匀。

[用法]

彻底洁面后，将本款面膜均匀涂于脸上，避开眼部及唇部，约20分钟后，用清水洗净。每周敷一次。

收缩毛孔，有效去除皮肤油脂，调节肌肤水油平衡。

美丽叮咛

有的人在使用含有维生素E的美容制品时，会出现红肿、丘疹等接触性皮炎症状，一旦出现此类症状，要立即停止使用。

苹果醋面粉美白面膜

适用肤质　各种肌肤

[材料] 面粉1大匙，苹果醋1大匙

[做法]

1.在苹果醋中加些温水，调匀。

2.在苹果醋中加入面粉，拌匀。

[用法]

洗净脸后，将面膜均匀地涂在脸部，避开眼、唇部肌肤，约20分钟后洗净即可。

醋液里的大量维生素抗氧化剂能促进新陈代谢，美白杀菌、淡化黑色素、迅速消除老化角质、补充肌肤养分及水分，缩小粗糙毛孔，抗氧化，防止色斑、美白嫩肤，可令肌肤更加光滑细腻。

美丽叮咛

苹果醋是一种酸性食物，敷面后要及时、彻底清洁，避免酸性物质腐蚀肌肤。

延伸阅读

美白肌肤穴位按摩——大肠腧

经常按摩大肠腧，能代谢体内毒素，令肌肤光滑、白皙。

大肠腧在第四腰椎左右两侧，离脊柱的距离约为拇指横宽。按摩时，以拇指指腹向下按压，或打圈的方式进行。

制作方便度：★★★★　推荐指数：★★★★

✓ **保存期限：** 最好一次用完

✓ **美丽费用：** 2元

✓ **材料购买地：** 面粉→粮油店　苹果醋→超市

最受名人明星喜爱的8种面膜材料

红酒

hongjiu

——大S的私家美容材料

被称为“美容大王”的大S徐熙媛推崇的红酒面膜，具有美白、改善毛孔问题的效果，能让肌肤更红润、更亮丽。在大S的大力推广下，红酒面膜成了美眉们的新宠。

据大S介绍，红酒面膜是一种可以天天敷的护肤品，无论你出于什么目的选择红酒面膜，都可以满足你的心愿，如：有美白需求的，可以敷红酒面膜；有毛孔问题的，也可以敷红酒面膜；如果工作很忙没有时间好好打理肌肤，也可以敷红酒面膜……

红酒面膜之所以有如此惊人的美容功效，主要是因为它的抗氧化作用，它能预防肌肤老化，促进新陈代谢及使肤色白皙。与维生素C搭配使用，还有抗氧化的作用，同时使肌肤紧实。

目前，市场上有专门出售的红酒面膜成品，不过，如果时间允许，最好亲自动手制作，可以根据个人的需求，调制出符合自己肤质的面膜，倘若不知从何下手，下面的几款面膜，可以为你提供一些参考，不妨动手一试哟！

红酒美颜面膜

适用肤质　各种肌肤

制作方便度：★★★★★　推荐指数：★★★★★

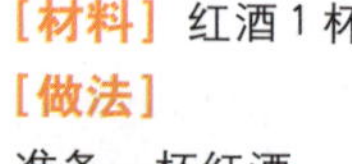

[材料] 红酒1杯

[做法]

准备一杯红酒。

[用法]

用红酒浸透面膜纸，将浸透的面膜纸敷在脸上，避开眼、唇部肌肤，约10分钟后，洗净即可。每周可使用1～2次。

美人功效

红酒能抗氧化、促进血液循环，软化角质，令肤色红润、柔嫩、光滑。

美丽叮咛

红酒中也含有一定的酒精成分，会带走肌肤中的水分，所以，不能经常使用，建议每周使用1次。

红酒蜂蜜美白保湿面膜

适用肤质　各种肌肤

[材料] 红酒1小杯，蜂蜜2～3匙

[做法]

将红酒与蜂蜜同时倒入面膜碗中，调制均匀即可。

[用法]

彻底洁面后，用面膜刷将面膜均匀地涂在脸上，避开眼睛、唇部肌肤，约20分钟后，用温水清洗干净。

红酒中的葡萄酒酸是果酸，能促进角质新陈代谢，淡化色素，让肌肤白皙光滑，蜂蜜具有保湿和滋养的功能。

美丽叮咛

对酒精过敏的人，不要使用本款面膜。

伸阅读

巧选美肌圣品——红酒

在利用红酒做面膜时，选购是一个很重要的步骤，品质优良的红酒美容效果当然会更好一些，那么在选购时，应该注意哪些问题呢？

◎细读标签上的资料，看清楚其所属酒类、产地年份、酒精度等。

◎撕开瓶口的锡箔包装察看水松塞是否有干裂、松滑现象，如有则酒质不保。

◎察看水松塞与酒的水平面之间的间隙距离，有一点间隙是正常的，如较大的话，那可能有过量空气进入瓶内，导致酒液氧化，使红酒变质。

◎察看酒液，瓶底有少许沉淀是允许的，这是由于红酒陈年发酵产生，但酒液应该是清透的。

制作方便度：★★★★★　推荐指数：★★★★★

✓ **保存期限：** 最好一次用完

✓ **美丽费用：** 3元

✓ **材料购买地：** 红酒→超市　蜂蜜→超市

芦荟 luhui

——伊能静的护肤秘诀

“美丽教主”伊能静与芦荟结下了不解之缘，她推荐的许多护肤产品中，大多含有芦荟成分，那么芦荟为什么深得“美容教主”喜爱呢？

清洁功效非常强。芦荟中含有某些能清洁肌肤的物质，具有抗炎作用，既可清洁肌肤，又可防止细菌生长，促进细胞新陈代谢和肌肤再生，减轻疼痛和瘙痒，对一些皮肤病有明显疗效。

为肌肤补充水分。芦荟中的氨基酸和复合多糖物质构成了天然保湿因素，它可以为肌肤补充水分，恢复胶元蛋白的功能，防止面部皱纹产生，保持肌肤柔润、光滑、富有弹性。

预防及缓解晒伤。芦荟中的某些成分能在肌肤上形成一层无形的膜，可缓解因日晒引起的红肿、灼热感，保护肌肤免遭灼伤。

由内改善肌肤问题。如果肌肤的问题来自体内，可以服用芦荟来调养身体。除此之外，因紧张或精神方面的问题而导致肌肤变粗糙时，服用芦荟也可改善此状况。不过，由于芦荟多吃会中毒，所以在服用芦荟时必须要掌握好用量，或听从医生的指导。

芦荟保湿美白面膜

适用肤质　各种肌肤

制作方便度：★★★　推荐指数：★★★★★

[材料] 芦荟1根，蛋清半个，白芨粉1大匙

[做法]

1.芦荟洗净，去皮，榨汁。

2.将芦荟汁、蛋清、白芨粉一同搅拌均匀即可。

[用法]

彻底洁面后，将本面膜敷在脸上，避开眼睛、唇部肌肤，约15分钟后洗净。每周可使用1～2次。

这款面膜具有良好的美白、保湿功效，还能增加肌肤弹性。

美叮咛

该面膜不宜长时间保存，最好现用现做。

黄瓜芦荟蜜蛋面膜

适用肤质 各种肌肤，敏感性肌肤慎用

[材料] 芦荟50克，黄瓜1根，鸡蛋1个，面粉4大匙，蜂蜜2大匙

[做法]

1.芦荟洗净，去皮，去刺；黄瓜洗净，去皮。二者一同放入榨汁机中榨汁，滤渣取汁，备用。

2.鸡蛋打成蛋液，与芦荟黄瓜汁放入器皿中搅拌均匀，加入蜂蜜继续搅拌，最后加入面粉调成糊状即可。

[用法]

洗净脸后，将面膜均匀地涂抹在脸上，放松肌肉，15～20分钟后用温水轻轻洗净即可。

能有效清洁肌肤，使肌肤吸收水分、充满弹性。

美**叮咛**

选购芦荟时，如果你不知道哪种芦荟最适合你，可以询问导购小姐。

延伸阅读

芦荟浴液，呵护肌肤

将2～3片芦荟叶，以擦菜板磨成浆状，装进沙布袋内，放在浴缸内洗浴。在热水中，芦荟的有效成分能全部溶于水中，被皮肤吸收。使粗糙皮肤白嫩无瑕，达到全身美容的目的。同时也对内脏疾病、挫伤、撞伤、关节痛都有疗效。除对女性有显著的美容效果外，对老人的神经痛、风湿痛更为有效。

制作方便度：★★★★　推荐指数：★★★★

✓ **保存期限：** 最好一次用完

✓ **美丽费用：** 3元

✓ **材料购买地：** 芦荟→花店　黄瓜→农贸市场　面粉→粮油店　鸡蛋→农贸市场　蜂蜜→超市

西红柿

xihongshi

——美容教主的新宠

伊能静是大家心目中的小公主，素有“美容教主”之称。三十好几的人，却有着像二十几岁小姑娘的肌肤。在她的保养之道中，以西红柿为材料做面膜，是她的独创，且深受“美容教主”喜爱。

在很长一段时间内，人们都没有发现西红柿的抗皱功效，经研究发现，西红柿中含有大量的番茄红素，番茄红素是高效的抗氧化碳水化合物，可以防止自由基对肌肤造成的伤害，对晒伤也有一定的修复作用。

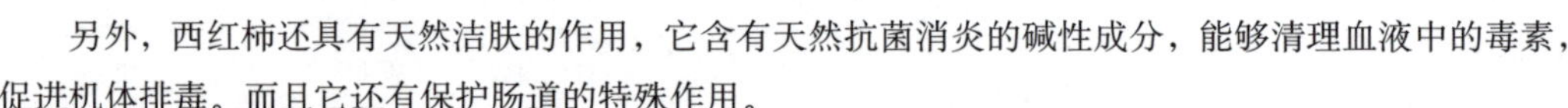

另外，西红柿还具有天然洁肤的作用，它含有天然抗菌消炎的碱性成分，能够清理血液中的毒素，促进机体排毒。而且它还有保护肠道的特殊作用。

西红柿能防止自由基伤害肌肤，延缓肌肤提前衰老，防止皱纹产生，还能淡化已产生的细纹。西红柿还具有美白肌肤的功效，可令肌肤嫩白润泽。

西红柿白芨护肤面膜

适用肤质　除敏感性肌肤外均适用

制作方便度：★★★★　推荐指数：★★★★★

[材料] 西红柿泥适量，白芨粉 1 大匙，温牛奶 1 杯

[做法]

将西红柿泥、白芨粉一同搅拌均匀即可。

[用法]

将面膜敷在脸部，八成干后用温牛奶洗净，再以洗面奶清洗干净。每周可使用 1～2 次。

用面膜敷脸后再用温牛奶洗脸，既可美白，又能清洁肌肤。

美叮咛

◎未熟透的西红柿含有龙葵碱，被机体吸收后会刺激中枢神经，引起呕吐、头晕、流涎等症状，严重时会危及生命。

◎该面膜不宜久存，最好一次用完。

西红柿蜜乳保湿面膜

适用肤质　各种肌肤

[材料] 西红柿1个，蜂蜜1大匙，酸奶1大匙

[做法]

1. 西红柿洗净，放入榨汁机中榨汁，汁液倒入玻璃器皿或面膜碗中，备用。
2. 将蜂蜜、酸奶倒入西红柿汁中，用搅拌筷搅拌均匀即可。

[用法]

清洁脸部后，将面膜均匀地涂在脸上，避开口、眼、鼻部，约20分钟后用温水洗净。每周可使用1次。

滋润肌肤，改善肌肤缺水的状况，使肌肤晶莹而富有弹性，并能有效消除皱纹。

美叮咛

◎皮肤比较敏感的人不宜适用该面膜，因为西红柿具有一定的酸性成分，对皮肤有一定的刺激性。

◎用本面膜敷面后，要彻底洗净肌肤，以免西红柿中的酸性成分对肌肤造成伤害。

延伸阅读

保湿产品的选购原则

适用范围广就是好的保湿产品，现在市面上的保湿霜分类很多，有按是使用时间分的日霜、晚霜，有按身体部位分的如颈霜，有按成分分的水合配方、平衡配方、赋活配方等，其实，一种好的保湿产品应该不论早上或是晚上，都能适用于各个部位。好产品一种就行，不必购买3～4种，或是更多。

制作方便度：★★★★　推荐指数：★★★★★

✓ **保存期限：** 最好一次用完

✓ **美丽费用：** 2元

✓ **材料购买地：** 西红柿→农贸市场　蜂蜜→超市　酸奶→超市

蜂蜜

fengmi

——吴佩慈的养颜法

被大S誉为“真正美容大王”的吴佩慈，公开了她旅日多年所累积的丰富美容经验，其中经验中的真谛就是，以蜂蜜做面膜，能获得完美肌肤哟！

现代研究表明，用蜂蜜涂抹于肌肤外表，蜂蜜中的葡萄糖、果糖、蛋白质、氨基酸、维生素、矿物质等营养成分能直接作用于表皮和真皮，为细胞提供养分，促使它们生长。常用蜂蜜涂抹的肌肤，其表皮细胞排列紧密整齐且富有弹性，还可以有效地减少或除祛皱纹。

美容大王吴佩慈，为美眉们揭开了蜂蜜的美容作用。实际上，蜂蜜内服，同样具有美容功效，如果配合外敷一同使用，美容效果更佳。

现代研究表明，蜂蜜的营养成分很高，食用蜂蜜可使体质强壮起来，容颜也会发生质的变化，符合“秀外必先养内”的美容理论。特别是蜂蜜有很强的抗氧化作用，能清除体内的“垃圾”——氧自由基，因而有抗衰老、消除和减少肌肤皱纹及老年斑的作用。

想拥有与吴佩慈一样的美丽肌肤吗？别再犹豫，让美丽目标从这里起航吧！

蜂蜜牛奶紧致面膜

适用肤质　中性肌肤

制作方便度：★★★★★　推荐指数：★★★★★

[材料] 蛋清1个，蜂蜜1大匙，奶粉3大匙，维生素E胶囊1粒

[做法]

将维生素E油液、蛋清、蜂蜜、奶粉一起混合均匀即可。

[用法]

彻底洁面后，用面膜刷将该面膜均匀地涂在脸上，避开眼睛、唇部肌肤。约15分钟后洗净。每周使用1～2次。

此款面膜能改善肌肤松弛的现象，可使肌肤柔软、光滑。

美丽叮咛

◎该款面膜不宜久藏。蜂蜜、牛奶、维生素E都是比较容易获得的材料，一次不要做得太多，现用现做即可。

◎要注意维生素E的用量，一次不要用得太多，以免出现不适症状。

蜂蜜酒精润肤面膜

适用肤质 各种肌肤，敏感性肌肤慎用

[材料] 蜂蜜1大匙，酒精1小匙（浓度为30%）

[做法]

将蜂蜜放入锅中慢慢加热，加入酒精搅拌均匀。

[用法]

洗净脸后，用脱脂棉蘸取蜂蜜汁涂抹在脸部，25分钟后洗净即可。

蜂蜜制成的面膜具有良好的润泽效果，能够让干燥的肌肤充分得到滋润，使肌肤润滑、细致。

美丽叮咛

本款面膜中使用的酒精浓度不宜太高，注意要稀释过再使用。使用此面膜后，要马上用乳液滋润肌肤，以免肌肤的水分被酒精带走。

制作方便度：★★★★★ 推荐指数：★★★★

✓ **保存期限：** 最好一次用完

✓ **美丽费用：** 2元

✓ **材料购买地：** 蜂蜜→超市 酒精→药店

延伸阅读

直接涂抹也能美容

如果觉得麻烦的话，也可以将蜂蜜直接涂抹于皮肤外表，蜂蜜中的营养物质能直接作用于表皮和真皮，为细胞提供养分，促使它们分裂、生长。通常涂抹的方法是：将蜂蜜加2～3倍水稀释后，每日涂敷面部，并适当地进行按摩。也可用纱布浸渍蜂蜜后，轻轻擦脸，擦到脸部有微热感为止，然后用清水洗净。

海藻

haizao

——牛尔的独家护肤材料

牛尔是台湾三大美容教父之一，小时候因受母亲销售化妆品的影响，对护肤品充满好奇心，12岁时便开始使用护肤品，并开始自行将家里厨房中的材料调制成面膜使用，而海藻就是他利用的材料之一。

保湿效果非常好。人体肌肤角质层的含水量受外界环境影响很大，当外界气候环境的相对湿度降低时，角质层的水分也会相应降低，甚至降至正常标准以下，肌肤便出现干燥缺水现象。海藻中所含的多种保湿成分可与肌肤及毛发的外层蛋白结合，形成膜状的保湿性复合物，防止水分从肌肤中流失，有效锁住肌肤中的水分，防止肌肤干燥。

美白功效不可忽视。海藻类食物中含有丰富的氨基酸、维生素、矿物质等，其中的氨基酸是肌肤中胶原蛋白、纤维蛋白的主要成分；维生素可防止肌肤老化粗糙，增强肌肤免疫力；矿物质和微量元素能调节人体新陈代谢，保持肌肤与黏膜的弹性、韧性和细嫩柔滑。

海藻乌龙茶瘦脸面膜

适用肤质　除敏感肌肤外均适用

制作方便度：★★★　推荐指数：★★★★

[材料] 乌龙茶叶2小匙，海藻粉半小匙，水半杯

[做法]

1.锅中加半杯水，放入乌龙茶叶和海藻粉，用小火煮沸。

2.等到海藻粉溶解、茶水量剩下一半时关火，用细滤网滤取汁液即可。

[用法]

用面膜纸或化妆棉蘸取面膜汁液敷在脸上，避开眼、唇部肌肤，10～15分钟后取下，洗净后再涂上化妆水即可。每周可使用2～3次。

海藻粉富含矿物质及精油成分，可促进肌肤再生，协助肌肤排出多余水分及废物。乌龙茶叶含有多酚等物质，能帮助肌肤抗氧化，消炎消肿。这款面膜可改善肌肤浮肿，让脸部更紧致。

美丽叮咛

◎这款面膜可能一次无法用完，多余部分放在冰箱中冷藏约可保存两周。

◎使用时，肌肤若有刺痛等不适感，要马上用清水洗净。

柠檬海藻祛斑面膜

适用肤质　各种肌肤

[材料] 柠檬汁2大匙，海藻1小匙，杏仁粉2大匙

[做法]

1.海藻浸泡于水中，煮沸3分钟。
2.将海藻磨碎成泥状。
3.海藻泥加杏仁粉、柠檬汁混合均匀即可。

[用法]

晚上睡前，洗净脸后，取适量本款面膜均匀地涂在脸上，约15分钟后用温水洗净即可。每周使用1次。

该款面膜可促进肌肤细胞代谢，消除浮肿，淡化色斑，为肌肤补充营养。

美丽叮咛

需经皮肤过敏测试后再使用。

制作方便度：★★★　推荐指数：★★★★

✓ **保存期限：** 最好一次用完

✓ **美丽费用：** 3元

✓ **材料购买地：** 柠檬→农贸市场　海藻→中药店　杏仁粉→中药店或超市

延伸阅读

祛斑美白花草茶

材料：丝瓜络10克，白菊花10克，玫瑰花5克，红枣5个

做法：

1.将所有材料放入茶杯中。
2.将适量沸水加入做法1中，盖上杯子盖，稍等片刻即可饮用。

美容功效：这道美容茶具有极好的祛斑功效，能淡化面部的蝴蝶斑、黄褐斑，令肌肤重现嫩白光彩。

葡萄

putao

——刘若英推荐的美容法

刘若英的美容秘诀很奇特，她不花大钱，钟情DIY，材料则是唾手可得的葡萄。用葡萄的皮、肉与子DIY成保养面膜与磨砂膏，不用花大钱，就可以让自己一年四季都美美的。

了解到“奶茶”——刘若英的美容秘诀后，美眉们也许会产生疑问，葡萄也能美容吗？事实上，葡萄除了美味之外，每一部分都极具美容价值。葡萄籽中就富含必需脂肪酸，具有柔软及保湿肌肤的功效；葡萄果肉中更是包含了新陈代谢不可缺少的水溶性维生素，如B族维生素、糖分和钾、钙、磷、镁等矿物质，能使肌肤水嫩、白皙、富有弹性。葡萄多酚是葡萄梗、子、皮中多种成分组合起来的复合分子，具有强化和促进血液循环、保护肌肤的胶原蛋白与弹性蛋白、防止紫外线对肌肤的伤害、保护并增强皮肤组织抵抗力的多项功能，能改善因自由基过剩导致的干燥、斑点、皱纹、松弛、粗糙、敏感等肌肤问题，保湿、美白、抗皱、抗老化同步完成，恢复活力肌肤的健康光泽。

下面就为你介绍两种以葡萄为主要材料的天然面膜，爱美的你只要花费一点点时间和少量的金钱，按照以下的方法做面膜，就能拥有像刘若英那样的水嫩肌肤啦！

葡萄木瓜紧肤面膜

除敏感性肌肤外均适用

制作方便度：★★★★　推荐指数：★★★★

[材料] 无籽葡萄适量，木瓜1小块，红酒1小匙

[做法]

1.无籽葡萄洗净；木瓜去皮、切块，二者一同放入搅拌机中搅打成泥。

2.将红酒加入做法1中，充分搅拌均匀即可。

[用法]

洗净脸后，将面膜纸浸入调好的面膜中，待面膜纸完全浸透后，取出面膜纸敷在脸上，并用手将面膜纸与肌肤之间的气泡挤出。10～15分钟后取下，用清水洗净即可。每周可使用1～2次。

葡萄中含有可抵抗老化的花青素，能延缓肌肤衰老，防止皱纹产生；木瓜具有美白、润泽肌肤的作用；红酒具有消炎功效，能使松弛的肌肤重新变得紧致，还能促进血液循环，改善新陈代谢，令肤色红润。

美丽叮咛

红酒放置时间过长就会变酸，所以这款面膜不宜久存，最好一次用完，如有剩余，可用于颈部的护肤。

葡萄皮土豆牛奶美白面膜

适用肤质　中、干性肌肤

[材料] 葡萄皮适量，土豆2个，牛奶适量

[做法]

1.土豆去皮，蒸熟，研磨成土豆泥。

2.将鲜牛奶加入土豆泥中搅拌均匀，直到土豆泥成膏状。

3.葡萄皮用温水洗净后切碎，捣烂，放入土豆泥中，充分混合即可。

[用法]

彻底清洁面部后，把调制好的面膜均匀地涂在脸上，避开眼睛、唇部肌肤，约20分钟后，用温水清洗干净即可。

牛奶和土豆泥都具有滋润肌肤的作用，葡萄皮具有美白作用，使用后可以使皮肤细滑、白皙。将三者混合做成面膜，能滋润肌肤，令肌肤白皙、嫩滑。

美丽叮咛

此面膜不易保存，最好一次用完，如果敷脸后仍有剩余，可做个舒服的体膜。

制作方便度：★★★　推荐指数：★★★★

✓ **保存期限：** 最好一次用完

✓ **美丽费用：** 2元

✓ **材料购买地：** 葡萄→农贸市场　土豆→农贸市场　牛奶→超市

延伸阅读

用土豆去除黑眼圈

美国美容专家认为：土豆不仅是营养食品，还有较好的美容功效，其中最值得一提的是消除黑眼圈的效果，而且制作起来非常方便。

具体做法：将土豆洗净，切成片状，敷于眼睛处，5分钟后用清水洗脸即可。

粗盐

cuyan

——日本女星山口百惠的最爱

粗盐是山口百惠小姐倍加赞赏的减肥瘦身产品，据了解，她曾经利用粗盐轻松减掉了5公斤体重。其实，粗盐不仅仅可以用来减肥瘦身，美容功效也非常值得一提。

可以用来护肤美容的盐大多属于天然盐，即粗盐，是由海水经日晒结晶而成的，粒状较粗糙，内含多种矿物质。这种盐的成分与维持生命的血液、淋巴腺的结构成分相似，涂在肌肤上，营养物质会直接进入血液及淋巴腺处，促进血液及淋巴腺细胞内的老化物质排出体外，从而达到美容护肤的作用。需要注意的是，日常生活中用来调味的盐不能用来护肤，因为调味盐添了某些化学成分，用来护肤不但起不到明显的效果，反而会伤及肌肤。

粗盐还能有效地消除肌肤上毛孔中所积累的油脂、粉刺、黑头、死皮等。不过，第一次用粗盐护肤可能会觉得脸上油乎乎的，甚至比平时更加油腻，这是因为盐中的某些成分，使积存在毛孔中的油污渗出到皮肤表面，所以有油腻的感觉，只要坚持使用，大约一周，面部便会呈现一种红润透明的光泽。

白醋粗盐祛黑头面膜

适用肤质　油性肌肤

制作方便度：★★★★★　推荐指数：★★★★

[材料] 粗盐1小匙，白醋1小匙，热水半杯

[做法]

1.将粗盐、白醋放入热开水中。

2.充分搅拌至粗盐全部溶解即可。

[用法]

充分洁面后，用棉签蘸盐醋水擦黑头部位，洗至水变凉。每日一次，直至黑头消失。

能有效祛除鼻子上的黑头和死皮，使皮肤润泽、光滑。

美丽叮咛

◎本款鼻膜制作容易，每次最好少做一点，现用现做。

◎喝醋也能美容，不过在内服醋时，要注意一天饮用醋的总量不宜过多，通常一天20～60毫升即可，服用初期可以将醋稀释后饮用。

蛋清黄瓜粗盐控油面膜

适用肤质 除敏感性肌肤外均适用

[材料] 蛋清1个，小黄瓜半根，柠檬（榨汁）1/3个，粗盐5克，玉米胚芽油1小匙

[做法]

1. 小黄瓜压成泥状。
2. 蛋清和柠檬汁、粗盐混合拌匀。
3. 把玉米胚芽油缓缓倒入做法2的混合物中混合均匀，再加入黄瓜泥搅匀即可。

[用法]

洗净脸后，将面膜均匀地涂在脸上，避开眼睛、唇部肌肤，约15分钟后用温水洗净即可。每周使用1～2次。

玉米胚芽油含有丰富的维生素E，是天然的抗氧化剂，具有延缓肌肤老化的功效；少量粗盐溶解后可适当地解腻消脂；小黄瓜则能舒缓皮肤，是保养肌肤的天然材料。

美丽叮咛

◎此面膜储存于冰箱内，可以保存7天。

◎肌肤易过敏者需减少粗盐用量。

延伸阅读

控油小秘方

◎食疗法。吃一段时间芦荟，满面油光和痘痘的问题都会有所缓解，不过要注意芦荟的摄入量，必须在专业医师指导下服用。

◎急救法。用凉水或冰箱里的冰饮料冰一下脸部让毛孔立即缩小，再使用控油品，效果加倍。

◎按摩法。洁面后，将一点粗盐放在手心里，用水融化，轻轻按摩面部，可改善面部出油，适合油性肌肤。

制作方便度：★★★★ 推荐指数：★★★★

✓ **保存期限：** 最好一次用完

✓ **美丽费用：** 4元

✓ **材料购买地：** 鸡蛋→农贸市场 小黄瓜→农贸市场 柠檬→农贸市场 粗盐→美容用品店 玉米胚芽油→超市

橄榄油

ganlanyou

——韩国美女金喜善推荐的美容方

金喜善是一个对天然护肤法非常迷恋的人，因为对橄榄油的狂热喜爱，她已经连续7年使用橄榄油进行保养，更因此被冠以“橄榄油狂”的绰号。

金喜善向人们透露，做好清洁的小绝招就是以油攻油，她说：“以橄榄精华油驱除化妆品类的油性污垢是最佳的卸妆办法，因为化妆品的油性污垢必须以油溶性成分的化妆品来清除，而橄榄精华油成分结构与皮脂相近，很容易溶解毛孔内的皮脂污垢及油性彩妆。最重要的是橄榄油是纯天然的植物精华，有着‘液体黄金’的美誉，性质温和不刺激，任何部位都可以使用，因此可以省去区分眼部、唇部卸妆专用的烦琐，偷偷懒。”由于对橄榄油的特殊喜爱，金喜善还特别研究了橄榄油的品质，她的心得体会是：“靠近地中海附近出的橄榄油最好，不含香料，没有人工色素，很纯净，无污染。”

橄榄油的美丽功效还不仅止于此，紧肤、美白、补水等都是特别值得推荐之处。如果你希望像金喜善那样拥有令人骄傲的肌肤，就赶快行动起来，动手调制适合自己的面膜吧！

蛋黄橄榄油紧肤面膜

适用肤质　干性肌肤

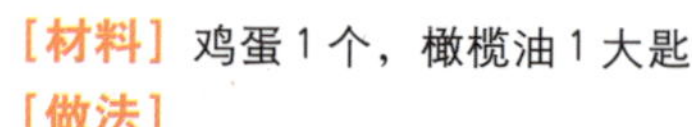

[材料] 鸡蛋1个，橄榄油1大匙

[做法]

1.鸡蛋打破，去壳，取出蛋黄，并将蛋黄打成汁液状。

2.将橄榄油、蛋黄汁液放入容器中搅拌均匀。

[用法]

洁面后，将面膜汁液涂抹在脸部及颈部，避开眼部、唇部肌肤，约15分钟后，用清水彻底冲洗干净即可。

制作方便度：★★★★★　推荐指数：★★★★

美丽叮咛

本款面膜最好一次用完，若无法用完，需放入冰箱冷藏，可保存一周。

本款面摸中所含的橄榄油具有很好的滋润效果，能够有效除皱紧肤，搭配具有抗老化功能的蛋黄，紧肤功效更加显著。

鸡蛋橄榄油补水面膜

适用肤质　各种肌肤

[材料] 橄榄油1大匙，蜂蜜3小匙，鸡蛋1个

[做法]

1. 鸡蛋敲破，与蜂蜜一同放入面膜碗中，搅拌均匀。
2. 将橄榄油加入面膜碗中搅拌均匀即可。
3. 将搅拌好的面膜放入冰箱内冷藏约15分钟后即可使用。

[用法]

洗净脸后，用指腹将面膜轻轻涂抹于脸部，并轻柔按摩，10分钟后用温水将面膜洗净。

橄榄油具有神奇的美容功效，可防止秋冬季节皮肤干燥、去除眼角皱纹、光亮秀发、光洁皮肤；蜂蜜不仅能改善肤质、美白肌肤，而且还有促进肌肤吸收水分的功效。

美

叮咛

肌肤比较敏感的人最好慎用。

制作方便度：★★★★　推荐指数：★★★★

✓ **保存期限：** 最好一次用完

✓ **美丽费用：** 3元

✓ **材料购买地：** 橄榄油→超市　蜂蜜→超市　鸡蛋→农贸市场

延伸阅读

冬季护唇的首选产品

冬天天气突然转冷、空气比较干燥、嘴唇易脱皮干裂，这时，只要涂上少量橄榄油，两三天后就可以改善唇部的干裂现象。

具体用法：上床前，先用热毛巾敷一下嘴唇，再用化妆棉沾橄榄油覆盖嘴唇，隔天早晨起来就会发现，干裂的唇纹不见了。尤其对每天都要涂口红的人来说更需要这样来保养唇部。

PART 5

汉方草本

面膜

用汉方草本来美容为越来越多的人所推崇，它独特的效果将让你的肌肤摘去面纱，恢复最自然的风采。

○薏仁三白草祛痘面膜
○白芷黄瓜柠檬抗菌面膜
○白术米醋祛斑面膜
○当归绿豆甘草面膜
○荷薏消肿紧肤面膜
……

常见汉方草本的特性与美容功效

类型	美容功效	颜色	气味	适用肤质	汉方来源	使用禁忌	保存期限
杏仁	可使肌肤嫩滑细腻、光泽有弹性	外皮黄棕色至深棕色，肉为乳白色	淡淡的清香	干性肌肤	蔷薇科植物杏的种子	无	一年
决明子	活血化瘀，促进代谢，降低血压、血脂	绿棕色或深棕色	清淡的草香	各种肌肤	豆科植物决明的干燥成熟种子	有催产作用，孕妇禁用	一年
玫瑰花	可滋润、美白肌肤，防止皱纹产生，还能有效地清除自由基，消除色素沉着	有多种颜色：红、黄、白、紫……	浓郁的花香	各种肌肤	蔷薇科落叶灌木植物的花朵	无	一年
菊花	清热解毒，滋润肌肤，去除色斑，降脂减肥	多种颜色	清香	各种肌肤	菊科植物菊的头状花序	气虚胃寒者慎用	半年
川芎	行气开郁，活血止痛，悦色除斑，除脂减肥	外皮深黄棕色	浓香	各种肌肤	伞形科川芎的干燥根茎	孕妇慎用	一年
薏仁	具有抑菌、抗病毒的功能，健脾除湿，能够利尿、减轻水肿	乳白色	清淡的甜香	各种肌肤	禾本科植物薏仁的种仁	孕妇慎用	一年
甘草	抑制色素沉淀，消炎解毒，修护晒后肌肤	红棕色	淡淡的清甜香气	暗沉肌肤	豆科植物甘草的根及根状茎	皮肤上有伤口者禁用	两年
桂枝	温通经脉，具有发汗功效，及时排出肌肤内多余水分	皮部红棕色，木部黄白色或浅黄棕色	柔和清新的香气	各种肌肤	樟科植物肉桂的干燥嫩枝	体热及阴虚阳盛者、孕妇禁用	两年
白芷	白芷除了具有解热、镇痛、抗炎等作用，还能改善局部血液循环，消除色素，促进细胞新陈代谢	灰黄色	淡淡的清香	各种肌肤	伞形科植物白芷的根	阴虚血热者禁用	一年
白术	可美白，淡化雀斑和黑斑，还有抗衰老的作用	灰黄色或灰棕色	淡淡的甜香	各种肌肤	菊科植物的干燥根茎	无	一年
枸杞	能加快皮肤新陈代谢，祛斑增白，延缓衰老	鲜红色	轻微的甜香	各种肌肤	茄科植物枸杞的果实	火气很大者，有红肿热痛者禁用	一年

茯苓	茯苓能祛斑增白、润泽皮肤，还可以净面、养颜，能去除黑色素	外皮黑褐色，里面呈白色或粉红色	轻微的清香	各种肌肤	为多孔菌科真菌茯苓的干燥菌核	无	一年
陈皮	清暑祛湿、提神醒脑，帮助深层净化肌肤	外表橙红色，内表黄白色	橘香	油性肌肤	芸香科植物橘的果皮	孕妇禁用	一年
淮山	可以滋养肌肤，增加肌肤弹性	表面黄白色或淡黄色	微香	各种肌肤	薯蓣科植物的干燥根茎	无	一年
当归	抑制黑色素的形成，防治粉刺、黄褐斑、雀斑，减缓肌肤衰老	外皮黄褐色，肉为黄白色	浓厚的药香	面疱肌肤以及各种肌肤	伞形科植物当归的干燥根	火气旺者慎用	两年
桑叶	淡化色素，消褪斑块，消除水肿，改善肌肤粗糙，使白发转黑，降低胆固醇，抗衰老	黄绿色	清淡的草香	斑点肌肤	桑科植物桑的叶	无	两年
银杏叶	银杏叶所含的类黄酮具有非常显著的抗氧化、抗自由基的作用，可以有效预防肌肤老化、延缓皱纹产生	黄绿色	清香	敏感、干燥及老化肌肤	银杏科植物银杏的叶	孕妇禁用	一年
荷叶	清热除烦，能促进新陈代谢，有效去除体内毒素，具有良好的吸脂作用，降脂减肥	上表面深绿色或黄绿色，下表面淡灰棕色	淡淡的清香气	干燥及敏感肌肤	睡莲科植物莲的干燥叶	体虚者禁用	一年
薄荷	清热杀菌，清洁皮肤，提神醒脑，收敛、平衡油脂分泌，防治青春痘	黄绿色	强烈的清凉气味	油性肤质及面疱肌肤	唇形科植物薄荷的植株	体质虚弱者禁用	两年
干姜	温中散寒，舒筋通脉，促进新陈代谢，消肥去脂	外皮灰黄色或淡灰棕色，肉为黄白色或灰白色	辛辣的气味	各种肌肤	姜科植物姜的根茎	药性温燥，孕妇禁用	两年
海藻	延缓衰老、预防皱纹产生，利水消肿，消脂瘦身	黑褐色	淡淡的海水腥气	各种肌肤	马尾藻科植物海蒿子或羊栖菜的干燥藻体	不宜与甘草同用	两年
绿豆	深层清洁肌肤，有很好的排毒消炎作用，预防青春痘，镇静肌肤	绿色	淡淡的清香	油性及面疱肌肤	豆科植物绿豆的种子	忌用铁锅煮绿豆	一年

杏仁

xingren

古代养生学家认为杏仁是内服外用的美容佳品，同时也是美容面膜的极好原料。据说杨贵妃常坚持用杏仁制成的膏涂面，还经常食用鲜杏，使得肌肤细嫩饱满，晶莹润泽。

杏仁中含有丰富的维生素A及维生素B_1、维生素B_2、维生素C，还含有脂肪酸、挥发油以及铁、钙、磷等多种微量元素。杏仁无论内服还是外用均具有极佳的美容功效。

现代医学研究证实，杏仁中含有的脂肪油可滋润肌肤，挥发油可刺激肌肤血管扩张，改善肌肤的血液循环和营养状态，从而改善暗沉的肤色，起到润泽面容、减少面部皱纹形成和延缓肌肤衰老的作用；杏仁还对肌肤局部的神经末梢有麻醉止痒作用。由于杏仁含有丰富的维生素A，所以杏仁也是现代女性制作面膜的好材料，将用杏仁制成的粉霜乳膏涂于面部，可在皮肤表面形成一层皮脂膜，既能滋润肌肤，保持肌肤弹性，又能解决色素、痣等各种肌肤问题。

杏仁鸡蛋美白面膜

各种肌肤

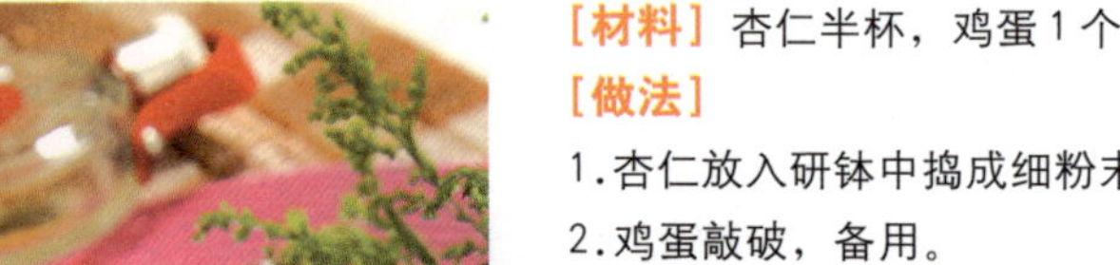

制作方便度：★★★ 推荐指数：★★★★

[材料] 杏仁半杯，鸡蛋1个

[做法]

1.杏仁放入研钵中捣成细粉末。

2.鸡蛋敲破，备用。

3.将鸡蛋加入杏仁粉中，搅拌均匀即可。

[用法]

洗净脸后，将调好的面膜均匀地敷在脸部，避开眼、唇部肌肤，10～15分钟后，用温水洗净即可。每周可使用1～2次。

杏仁是美白佳品，能使肌肤润白、柔滑。杏仁与鸡蛋合用，不仅能大大增强滋润、美白的功效，还能改善肌肤粗糙的现象，令肌肤幼滑、润泽。

美丽叮咛

此款面膜每次制作的量不宜过多，以免造成浪费。

杏仁牛奶美白面膜

适用肤质　各种肌肤

[材料] 牛奶1大匙，杏仁粉3小匙

[做法]

将所有材料放入面膜碗中，搅拌均匀即可。

[用法]

洗净脸部后，取适量面膜均匀地敷在脸上，安静休息10分钟后，再用手指将微干的面膜搓掉，最后用清水洗干净即可。每周可使用1～2次。

这款面膜能有效清除毛孔中的污垢，滋润肌肤，淡化疤痕，令肌肤净白、嫩滑。

美丽叮咛

本款面膜如果一次无法用完，可装在密封的玻璃器皿中，放入冰箱冷藏。

延伸阅读

牛奶嫩肤美容法4步DIY

1.彻底清洁你的面部，用温水，加上洗面奶轻轻洗干净脸部，油性肌肤要注意控油。

2.将当归粉末、蜂蜜、牛奶、珍珠粉、蛋清等调匀呈膏状，仔细均匀敷于面部和脖子等部位。

3.15～20分钟后用温水轻轻洗去面膜，面膜干结处，千万不要用手去抠，要用水缓缓淋于面部，待面膜软化后，方可用水洗干净。

4.用棉花球蘸上温热牛奶，仔细擦洗面部和脖子。晚上睡觉前，可以不再使用化妆品。到第二天起床时，再洗去脸上和脖子上残余牛奶。

制作方便度：★★★★★　推荐指数：★★★★

✓ **保存期限：** 最好一次用完

✓ **美丽费用：** 2元

✓ **材料购买地：** 牛奶→超市　杏仁粉→中药店或超市

玫瑰花

meiguihua

一直以来，玫瑰花作为所有情人心目中的爱情之花，具有美好的意义。但是千万不要忘了，它还是一种天然美容花卉，玫瑰花瓣既可以沐浴也可以护肤养颜，是新世纪的美容护肤佳品。

玫瑰花含有B族维生素、维生素C、维生素E以及脂肪油、有机酸等多种有益美容的物质。其中，维生素C、维生素E等成分，能滋润、美白肌肤，防止皱纹产生，还能通过改善女性经期不适来改善肤质、活化肌肤。用作美容的玫瑰花是玫瑰初放的花朵。由于玫瑰具有特异浓郁的芳香和确实可信的美容作用，大多数女性常以玫瑰鲜花制成各类美容水及面膜等，有较好的增香、增色、滋润、保湿、嫩肤的效果。杨贵妃一直能保持肌肤柔嫩有光泽，据说就与在她沐浴的华清池内长年浸泡着鲜嫩的玫瑰花有关。玫瑰花还有一定的药用价值，将玫瑰花做成各种味美浓香的玫瑰花内服，可以促进血液循环、助长消化、镇静安神。长期服用，美容效果甚佳，能有效地清除自由基，消除色素沉着，令人焕发青春活力。

玫瑰水滋润保湿面膜

适用肤质　各种肌肤

制作方便度：★★★★　推荐指数：★★★★

[材料] 干玫瑰花3大匙，纯净水半杯，面膜纸1张，保鲜膜1块

[做法]

纯净水煮沸后，冲泡玫瑰花，约5～10分钟后，用无菌滤布将玫瑰花残渣滤掉，留取液体，冷却后备用。

[用法]

洁面后，用面膜纸浸玫瑰花水湿敷在脸上，再敷上一层保鲜膜加强效果。约15～20分钟后，取下保鲜膜和面膜纸，用清水冲洗脸部。

美丽叮咛

本款面膜如果一次没有用完，可放在玻璃器皿中，密封冷藏，在一周内用完。

具有良好的保湿美白功效，使肌肤水嫩、白皙、有弹性。

玫瑰清粉淡斑面膜

适用肤质　各种肌肤

[材料] 面粉1大匙，玫瑰花5克，蛋清1个

[做法]

1. 玫瑰花撕碎。
2. 敲破鸡蛋，用过滤勺分离蛋清和蛋黄。
3. 蛋清中加入面粉和玫瑰花搅拌均匀即可。

[用法]

洗净脸后，将此面膜均匀地涂在脸上，10分钟后用温水洗净即可。

美人功效　这款面膜能清洁肌肤，淡化色斑，令肌肤嫩白、柔滑。

美丽叮咛

家里可常备干玫瑰花。平时直接用玫瑰花冲茶饮用，也能滋养肌肤。

延伸阅读

玫瑰木耳大枣美容汤

玫瑰花3朵，黑木耳30克，大枣20枚。将玫瑰花瓣、黑木耳、大枣均洗净，沥干水分；将大枣、木耳加水约10碗，大火烧沸，转小火约20分钟时，下入花瓣，再煮约10分钟即可饮服。每日早晚餐后各饮一次。中医认为玫瑰花性温，味甘微苦，在药用方面具有理气解郁、散淤活血以及调经止痛的良好功效；而经常服用玫瑰花泡的茶、做的汤，美容养颜的功效也极佳。玫瑰木耳大枣汤有活血助颜、润肤祛斑、健美肌肤的功效。

制作方便度：★★★★　推荐指数：★★★★

✓ **保存期限：**最好一次用完

✓ **美丽费用：**2元

✓ **材料购买地：**面粉→粮油店　玫瑰花→花店　鸡蛋→农贸市场

薏仁 *yiren*

薏仁最大的特点就是：美白祛斑、收细毛孔、排水瘦身。薏仁粉在台湾被称为“艺人粉”，因为它是很多女艺人都十分推崇的美容材料。

薏仁是一种美容食品，是常用的中药，又是谷类的一种，它富含丰富的蛋白质、维生素B_1、维生素B_2、钙、磷、铁、水溶性纤维、蛋白质以及油脂等。

薏仁本身所具有的润泽肌肤、美白保湿等功效十分显著，应用于肌肤上又具有自然美白效果，能提高肌肤新陈代谢与保湿的功能，还可以有效防止肌肤变得干燥。薏仁对面部粉刺及皮肤粗糙有明显的疗效，另外，它还对紫外线有吸收能力，其提炼物加入化妆品中还可达到防晒和防紫外线的效果。常食薏仁可以保持肌肤光泽细腻，能消除粉刺、雀斑、老年斑、妊娠斑、蝴蝶斑，对脱屑、痤疮、皲裂、肌肤粗糙等都有良好疗效。自制薏仁面膜更是便宜又有效，因为性质温和，每天都可以使用，能使肌肤快速达到美白、光滑、柔嫩的效果。

黄豆薏仁祛痘面膜

适用肤质 油性及混合性肌肤，尤其适合痘痘和暗疮肌肤

制作方便度：★★★★★ 推荐指数：★★★★

[材料] 薏仁粉3小匙，黄豆粉1大匙，清水适量

[做法]

1.薏仁粉、黄豆粉放入面膜碗中。

2.加入适量清水，调成糊状即可。

[用法]

洗净脸后，将调好的面膜均匀地涂在脸上，约15分钟后用清水洗净即可。每周可使用1～2次。

薏仁含有多种氨基酸成分，能有效滋养肌肤，还具有清热解毒的功效，与黄豆粉搭配使用，不仅能润泽肌肤，还能防止青春痘及暗疮滋生。

美丽叮咛

此款面膜制作起来较简单，因此每次不要做得太多，最好一次用完。

薏仁三白草祛痘面膜

适用肤质　各种肌肤

[材料] 三白草粉2小匙，薏仁粉1小匙，清水5小匙，面粉、橄榄油各少许

[做法]

1.将三白草粉末与薏仁粉混合。

2.在三白草和薏仁混合的粉末里放入橄榄油、清水以及面粉进行搅拌。

[用法]

将制好的面膜薄而均匀地涂抹在除嘴唇、眼圈之外的整个面部，10分钟后用清水洗净。

美人功效

三白草富含钾，具有很强的净化血液、促进毛细血管循环的作用。它还可以有效祛除粉刺和角质层，达到嫩肤的效果。这款面膜能祛粉刺、解毒、镇定肌肤。

美丽叮咛

如果皮肤容易受到刺激，可以额外添加一小勺的甘草粉或绿豆粉，这样可以中和面膜的刺激性。

延伸阅读

剥离面膜后，应洗净皮肤

剥离面膜后，最好用温水擦洗两三遍，以免面膜残留到脸上。如果皮肤上残留的颗粒腐败或者着色，就有可能导致色斑、雀斑等皮肤问题。因此在用完泥状面膜剂后，必须用洁面泡沫洗脸；用完含牛奶的面膜剂后，也应格外注意不要残留牛奶成分，尤其是油性肌肤的人。

制作方便度：★★★★　推荐指数：★★★

✓ **保存期限：** 最好一次用完

✓ **美丽费用：** 3元

✓ **材料购买地：** 三百草→中药店　薏仁粉→超市　面粉→粮油店　橄榄油→超市

甘草

gancao

甘草自古以来就是护肤品的原料，其卓越的滋润美白成分经过现代高科技提炼，一直在护肤品行业内百战百胜，而且还是很多著名护肤品牌的主要原料之一。

甘草味甘，性平，属于豆科甘草属植物。甘草根茎含有黄酮类物质、多糖、生物碱类等有效成分。其中，甘草甜素、甘草次酸、甘草多糖具有免疫调解作用；甘草类黄酮有强效的抗氧化作用，能延缓肌肤衰老。

甘草具有抗老化、抗氧化、抗炎与抗菌功效，能调节肌肤免疫系统的功能，提高肌肤的防御机能，防止皱纹及青春痘的产生。从甘草中提取的化合物——甘草黄酮在美容化妆品中有多种功效，还能消炎并抑制毛细血管通透性，能有效淡化色斑，防止黑色素生成。甘草对肌肤、毛发都有营养保湿的作用，并对损伤的皮肤、毛发有修复作用，其抗氧化能力与维生素E比较接近。甘草有免疫调节作用，外用可以防晒、增白消斑、防止肌肤粗糙等，不少美白护肤品中都含有甘草提取液。

甘草米汤抗过敏面膜

适用肤质　各种肌肤

制作方便度：★★★★★　推荐指数：★★★★

[材料] 甘草粉2小匙，淘米水1杯

[做法]

1.将适量白米浸在水中，然后将第一次的淘米水取出约1杯，置于锅中加热煮沸，直至淘米水浓缩剩下一半甚至更少量。

2.将甘草粉、米汤一同放入碗中，充分搅拌均匀即可。

[用法]

洁面后，将调好的本款面膜敷于脸上，避开眼、唇部周围，静置10～15分钟，用温水冲洗干净。每周可使用2～3次。

具有良好的镇静功能，能安抚、滋润肌肤，消除脸部痛痒症状。

美丽叮咛

如果本款面膜一次无法用完，可将剩余部分置于冰箱内冷藏，可保存约1周。

甘草苦艾面膜

适用肤质　各种肌肤

[材料] 土豆适量，苦艾粉1小匙，绿豆粉半小匙，甘草粉半小匙

[做法]

1.将适量苦艾粉、绿豆粉、甘草粉均匀混合。

2.洗净土豆后削皮，并将发芽部分完全清理。

3.将削好的土豆研磨成汁。

4.将3种材料混合成的粉和土豆泥混合，搅拌至黏稠状态即可。

[用法]

将制好的面膜薄而均匀地涂抹在除嘴唇、眼圈之外的整个面部，15分钟后用清水洗净。

苦艾是适用所有肌肤的天然美容材料，它有消炎、镇定、消毒、促进毛细血管循环的作用，再加上我们的主打明星——甘草，此面膜更有缓解炎症、解毒、保湿、促进血液循环的作用。

美叮咛

本款面膜若一次没有用完，可放入玻璃器皿中，密封后放冰箱中冷藏。

制作方便度：★★★　推荐指数：★★★

✓ **保存期限：** 最好一次用完

✓ **美丽费用：** 3元

✓ **材料购买地：** 土豆→农贸市场　苦艾粉→中药店或超市　绿豆粉→超市　甘草粉→超市

延伸阅读

告诉你正确的涂抹面膜的方法

涂抹面膜时，应避开眼睛和嘴唇周围，从里向外进行涂抹。天然面膜一般都比较凉，而且干燥的时间也比较长，因此应尽量减少温度变化对肌肤的刺激，最好是从肌肤温度低的部位开始涂抹。正确的涂抹顺序为脸颊→下巴→鼻尖→额头。

白芷

baizhi

白芷为古老的美容中药之一，市场上以其为原料的化妆品和美容品层出不穷，而纯正的白芷，其美容效果更为显著，各位美眉可要注意了。

白芷含有白芷素、白芷醚、香豆素及其类似物等。白芷能有效滋润肌肤，美白肌肤，淡化斑点。

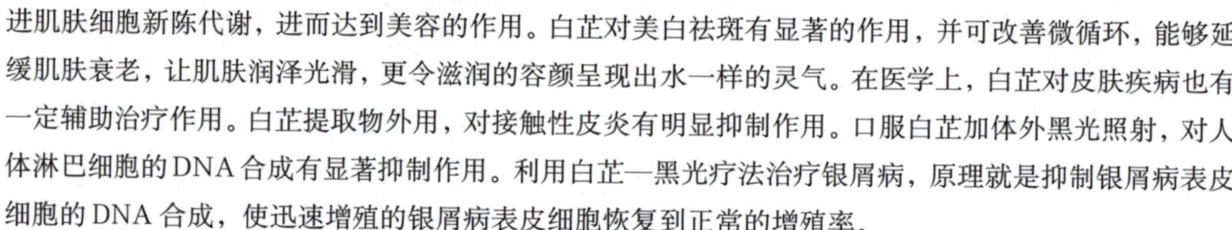

现代药理研究证明，白芷除了具有解热、镇痛、消炎等作用，还能改善局部血液循环，消除色素在组织中的过度堆积，促进肌肤细胞新陈代谢，进而达到美容的作用。白芷对美白祛斑有显著的作用，并可改善微循环，能够延缓肌肤衰老，让肌肤润泽光滑，更令滋润的容颜呈现出水一样的灵气。在医学上，白芷对皮肤疾病也有一定辅助治疗作用。白芷提取物外用，对接触性皮炎有明显抑制作用。口服白芷加体外黑光照射，对人体淋巴细胞的DNA合成有显著抑制作用。利用白芷—黑光疗法治疗银屑病，原理就是抑制银屑病表皮细胞的DNA合成，使迅速增殖的银屑病表皮细胞恢复到正常的增殖率。

由此看来，白芷不仅能防治皮肤病，还能有效滋润、美白肌肤。肌肤有问题的美眉可适当使用白芷面膜。

白芷维E美白面膜

适用肤质　各种肌肤

制作方便度：★★★★★　推荐指数：★★★★★

[材料] 维生素E胶囊1粒，白芷粉2小匙

[做法]

1.将维生素E胶囊剪破，挤出油液备用。

2.将白芷粉与维生素E油液一起搅拌均匀即可。

[用法]

洗净脸后，将调好的面膜捏压成丸子状，再用面膜丸按揉脸部，避开眼、唇部肌肤，10～15分钟后用温水洗净即可。每周可使用1～2次。

白芷能改善脸部的血液循环，防止黑色素堆积，并能促进细胞新陈代谢，从而起到美白、淡斑、滋润的功效。白芷与维生素E合用，能滋润肌肤，淡化细纹和色斑，使肌肤润泽、莹透。

美叮咛

此款面膜不宜久存，最好一次用完。

白芷黄瓜柠檬抗菌面膜

适用肤质　中、油性肌肤

[材料] 柠檬半个，小黄瓜半根，白芷粉10克，柠檬精油3毫升

[做法]

1.柠檬洗净，榨汁，过滤，取5毫升汁液，备用。

2.小黄瓜洗净，打成泥状。

3.将所有材料拌匀，再滴入柠檬精油调匀即可。

[用法]

洗净脸后，用面膜刷将面膜均匀地涂抹在脸上，避开眼睛和唇部，待八分干时即可清洗干净。

美人功效

柠檬含有丰富的维生素C，是很好的天然美白材料。柠檬与其他三者合用，不仅能使肌肤嫩白，还能有效杀灭细菌。

美叮咛

敏感性肌肤使用时，要减少柠檬汁的使用量。

延伸阅读

保鲜膜的妙用

使用面膜刷可以把面膜均匀涂抹到脸上。涂抹面膜后再把保鲜膜敷到脸上，则可以防止面膜接触到空气而氧化，也可以提高肌肤温度而有助于面膜剂的成分渗透到深层肌肤。取下干燥的面膜时应避免肌肤受到刺激，最后好是沿着毛发生长的方向，从上到下剥离。

制作方便度：★★★　推荐指数：★★★★

✓ **保存期限：** 最好一次用完

✓ **美丽费用：** 3元

✓ **材料购买地：** 柠檬→农贸市场　小黄瓜→农贸市场　白芷粉→中药店　柠檬精油→美容用品店

白术

baizhu

常说的七子白是指白芷、白蔹、白术、白茯苓、白芨、白芍、珍珠粉。这几样加起来，长期使用可以收到美白的效果。作为七子白之一的白术不仅是制作面膜的主料，还可以美白、美体、抗衰老。

白术中含有多种营养物质及药用成分。白术有美白、除痘、消斑、清热燥湿、杀螨、治疗皮肤癣症等功效。

白术不仅对于美白肌肤有特效，而且对肌肤致病真菌有抑制作用。用白术蘸酒或醋研成末状后，均匀涂抹在脸上，可美白，并能有效淡化雀斑和黑斑。圣医李时珍曾说此方治雀斑“极致”。白术制成的面膜对于天生或者后天暴晒或者过度使用护肤品而造成的出现皮肤黑、黄、多斑、痘痘、粉刺、暗疮等皮肤特征，都能够有效解决。白术还有抗氧化作用，能有效抑制脂质过氧化作用，降低组织脂质过氧化物的含量，避免有害物质对组织细胞结构和功能的破坏，从而延缓衰老。

白术米醋祛斑面膜

适用肤质　各种肌肤

制作方便度：★★★★　推荐指数：★★★★

[材料] 白术适量，米醋适量

[做法]

1.将白术、米醋放入锅中用小火熬煮至沸腾。

2.冷却后，用无菌滤布滤掉药渣，留取汁液。

[用法]

洁面后，用面膜纸蘸取本款面膜敷在脸部，约20分钟后，取下并用清水洗净即可。

白术是一种中药材，与米醋混在一起使用，能够有效美白，减少黑色素沉着，祛除脸部斑点，使肌肤白皙、透明。

美丽叮咛

本款面膜若一次没有用完，可放入玻璃器皿中，密封后放冰箱中冷藏。

三白嫩肤面膜

适用肤质 各种肌肤，尤其适用于肌肤暗沉者

[材料] 白芍1小匙、白术1小匙、白茯苓1小匙

[做法]

1.将白芍、白术、白茯苓放入容器中。

2.在3种中药的混合物中加入适量蒸馏水，并搅拌成糊状。

[用法]

洗净脸后，将面膜涂在脸上，注意避开眼睛和嘴唇周围，等10～15分钟后洗去。每周进行2次为宜。

白芍、白术和白茯苓是传统的润泽肌肤、美白的药物，白芍有养血的作用，可以治疗面色萎黄、面部色斑、无光泽；白术有延缓衰老的功效；白茯苓能祛斑增白。

美叮咛

还可以将白术、白芍、白茯苓各50克混合均匀，每天取5克用沸水冲泡，当茶喝。

延伸阅读

制作面膜的工具要保持清洁

不仅制作面膜的材料要清洁，工具也应该保持清洁，使用时更是如此。洗净双手后再摆弄材料是最基本的原则。制作面膜时使用的刀、切菜板等也应洗净、擦净后再使用。擦洗刀、切菜板等物品时加少量醋，则可以达到消毒的效果。而碗碟则可以泡在热水中，使用时再拿出。

制作方便度：★★★★★　推荐指数：★★★

✓ **保存期限：** 最好一次用完

✓ **美丽费用：** 3元

✓ **材料购买地：** 白芍→中药店　白术→中药店　白茯苓→中药店

茯苓

fuling

茯苓作为保健用药已有3000多年的历史，一向被认为是美容圣品，可以净面、养颜，能除去黑色素，如与牛奶搭配使用，美容效果更佳。

茯苓能祛斑增白、润泽肌肤，还可以增强肌肤免疫功能，扩张血管。作为一种具有美白功效的中药成分，茯苓药性温和，不会刺激肌肤，因此十分适合肌肤敏感的女性使用。它与牛奶搭配食用，能促进牛奶中蛋白质等营养素的吸收，能滋补强身，令肌肤润泽。同时，茯苓可清洁肌肤、美容养颜，能祛除黑色素，美容效果很不错。

以茯苓为主要原料制成的龟苓膏是历史悠久的传统药膳，其性温和，不凉不燥，老少皆宜，具有清热去湿、润肠通便、滋阴补肾、养颜提神等功效，也是很多美眉的美容的食品之一哟。另外，用茯苓制作的美容面膜，具有较好的淡斑功效，脸上长色斑的美眉不妨一试。

蜂蜜茯苓润肤面膜

适用肤质　各种肌肤

制作方便度：★★★　推荐指数：★★★★

[材料] 鸡蛋1个，蜂蜜半大匙，白茯苓10克，绿豆粉1大匙，开水半杯

[做法]

1.敲破鸡蛋，分离蛋清（适合中、油性肌肤）和蛋黄（适合干性、过敏性肌肤）。

2.将白茯苓研磨成粉末。

3.将蜂蜜、白茯苓粉与蛋清或蛋黄搅拌均匀。

4.将绿豆粉、水加入做法3中，搅拌均匀成泥状即可。

[用法]

洗净脸后，将调好的面膜均匀地涂在脸上，避开眼、唇部肌肤，约15分钟后，用清水洗净即可。每周可使用1～2次。

这款面膜能使肌肤洁净、透明，帮助中、干性肌肤去除沉淀角质，还能为油性及混合性肌肤补充水分。

美丽叮咛

本款面膜若一次没有用完，可放入玻璃器皿中，密封后放冰箱中可冷藏一周。

茯苓双白面膜

适用肤质　干性肌肤

[材料] 茯苓、白芷、当归、白芨、杏仁各5克，蜂蜜适量

[做法]

1.将茯苓、白芷、当归、白芨及杏仁磨成粉，搅匀。

2.把这些药粉加适量的水，调成糊状，再加入蜂蜜混合均匀。

[用法]

洗净脸后将茯苓面膜涂在脸上，20分钟后用温水洗净。

美人功效　这款面膜有美白、除皱之功效。

美丽叮咛

油性皮肤可以用水代替蜂蜜。

延伸阅读

如何消除脸部皱纹

◎额头的皱纹。在中医里，额头容易产生皱纹的人，子宫及卵巢机能衰退的可能性极高。可以用指按压易生皱纹的部位，能促进血液循环，还可以提高子宫与卵巢机能。

◎法令纹。以拇指沿着法令纹往上推，最后按压颊车穴。

◎颈部皱纹。中医显示，颈部容易产生皱纹的人，内脏功能多半比较虚弱。尤其是肾脏不好的人，更要特别留意！若沿颈部淋巴线按压穴道则会有一定效果。

制作方便度：★★★★　推荐指数：★★★

✓ **保存期限：** 最好一次用完

✓ **美丽费用：** 5元

✓ **材料购买地：** 茯苓→中药店　白芷→中药店　当归→中药店　白芨→中药店　杏仁→中药店　蜂蜜→超市

淮山

huaishan

淮山虽然貌不惊人，但却是人所共知的滋补佳品，含有多种对人体有益的营养成分。

作为高营养食品，淮山含有丰富的淀粉、蛋白质、无机盐和如维生素 B_1、维生素 B_2、维生素 C、抗坏血酸、胡萝卜素等营养物质，还含有多量纤维素以及胆碱、黏液质、氨基酸等成分。

淮山中所含的氨基酸，有助于肌肉的生长，能维持并增加肌肤弹性；所含的维生素 C，能延缓肌肤老化，令肌肤变得嫩白。此外，淮山还具有滋阴补阳、增强新陈代谢的功效。更值得一提的是，用于制作淮山的新鲜山药对于爱美的美眉们来说，更是一种天然的纤体美食。它含有足够的膳食纤维，食用后就会产生饱胀感，从而控制进食欲望。

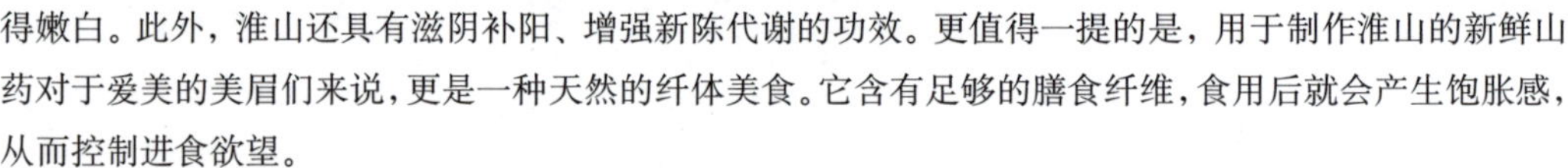

淮山还能生津润燥，有滋养肌肤、毛发的功能。冬季人的肌肤极易干燥，毛发易枯槁，因此适当进补淮山，能润泽肌肤和毛发。另外，将以淮山制作的面膜用于敷脸，能延缓肌肤衰老，令肌肤润白莹透。

茄子酸奶淡斑亮白面膜

适用肤质：各种肌肤，尤其适合老化、暗沉的肌肤

制作方便度：★★★★ 推荐指数：★★★

[材料] 茄子1段，原味酸奶3大匙，党参、淮山各10克

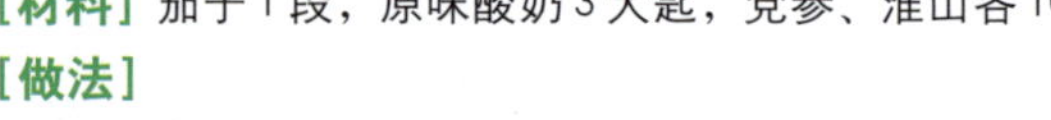

[做法]

1.茄子洗净，切块，放入搅拌机中。

2.将党参、淮山切成小块，也放入搅拌机中。

3.将原味酸奶加入搅拌机中，与茄子、党参、淮山一起搅拌均匀。

[用法]

洗净脸后，将调好的面膜均匀地敷在脸上，避开眼部及唇部肌肤，10～15分钟后用清水洗净即可。每周可使用2～3次。

美人功效

这款面膜能促进肌肤血液循环，增强肌肤活力，还能抑制黑色素生成，长期坚持使用可活化肌肤，淡化色斑。

美丽叮咛

此面膜同样适用于颈部的肌肤，如有剩余，可敷在颈部的肌肤上。

淮山丹参面膜

适用肤质　各种肌肤

[材料] 丹参2～3片，白芷、白芨、桃仁、淮山各5克

[做法]

1.将白芷、白芨、桃仁、淮山磨成粉，混合均匀。

2.把丹参用50毫升热水浸泡20分钟，沥出汁液。

3.将中药粉与丹参汁混合成糊状。

[用法]

洗净脸后，将面膜涂在脸上，20分钟后用温水洗净。

丹参能促进血液循环，配合白芷更能有效去皱、除斑，修护晒后肌肤。

美丽叮咛

本款面膜最好一次用完，若无法用完须用玻璃器皿密封放入冰箱内冷藏。

延伸阅读

面膜的使用频率一般以一周2次为宜

天然面膜虽好，但如果过于频繁使用它，恐怕就会适得其反。其弊病有：会对皮肤造成负担；会过量去除皮脂和角质层，从而使皮肤变得粗糙等。因此，最好在敷完面膜后进行2天的皮肤护理，让皮肤得到充分的休息。

制作方便度：★★★　推荐指数：★★★

✓ **保存期限：** 最好一次用完

✓ **美丽费用：** 5元

✓ **材料购买地：** 丹参→中药店　白芷→中药店　白芨→中药店　桃仁→中药店　淮山→中药店

当归 danggui

除了痘痘，恐怕最让人郁闷的就是被人称作“斑”美人了。雀斑、黑斑、老人斑，真是斑斑让人恼。不要担心，当归为众位美眉把所有问题都搞定！

当归含有多种营养成分，如维生素C、维生素A、维生素B12等营养成分，有极好的美白与抗氧化功效。

当归能调节女性内分泌，改善经期不适症状，提亮肤色；还能滋养肌肤，抵抗肌肤脂质氧化，防止自由基对肌肤与身体的伤害，预防痘痘与粉刺的产生。长期服用当归，可使面部肌肤重现红润色泽。在汉方美容热潮中，美容养颜效果极佳的当归自然也不能缺席。但当归不宜单独服用，与鸡汤或鸭汤同煮服用，能自内而外改善肤质。

肌肤长色斑是人体内的酪氨酸酶搞得鬼。酪氨酸酶具有多种作用，其中之一便是能产生造成雀斑、黑斑、老年斑的黑色素，其活性越高，则老年斑等越早出现，而且数量也越多。如果能抑制这种酶的活性，则能延迟肌肤衰老。当归的水溶液有极强的抑制酪氨酸酶活性的作用，因此用当归水溶液敷脸或用当归制作美颜面膜，能有效对抗色斑，延缓肌肤衰老。

当归芦笋美白面膜

适用肤质 各种肌肤

制作方便度：★★★ 推荐指数：★★★

[材料] 白萝卜半个，芦笋6根，当归5片，燕麦粉1大匙，温开水半杯

[做法]

1.将当归放入温开水中浸泡约1小时，滤取当归水。

2.白萝卜、芦笋洗净，去皮，切丁，加入当归水中。

3.将做法2中的材料与燕麦粉一同放入榨汁机中打成泥状，去除杂质即可。

[用法]

洗净脸后，将调好的面膜均匀地涂在脸上，避开眼、唇部肌肤，约10分钟后用清水洗净即可。每周可使用1～2次。

这款面膜能帮助肌肤吸收多种营养成分，令肌肤光滑、润白、有活力。

美 

 叮咛

本款面膜可能一次无法用完，剩余部分密封后置于冰箱内冷藏。

当归绿豆甘草面膜

适用肤质　各种肌肤

[材料] 当归3块，绿豆粉、甘草粉各1小匙，面粉、甘油各少许

[做法]

1.将3块当归包裹在纱布内，在温水中浸泡5分钟左右。

2.取5小勺1里的当归液并混入适量绿豆粉与甘草粉均匀搅拌。

3.往做法2的混合物中加入少许面粉、甘油搅拌至黏稠状态即可。

[用法]

将制好的面膜薄而均匀地涂抹在除嘴唇、眼圈之外的整个面部，10分钟后用清水洗净。

美人功效　这款面膜能有效防止肌肤老化，镇定、解毒、改善肤质。

美丽叮咛

在面膜中滴入1～2滴薰衣草精油或茶树油效果更佳。

延伸阅读

使用面膜前须进行皮肤过敏测试

有很多人认为，天然面膜取材天然，自然不会有什么刺激性或副作用。其实这种观点是错的，事实上有些女士的肌肤在使用天然面膜的时候会出现过敏反应。因此，在使用前进行皮肤过敏测试是完全有必要的。首先，挑选一处和面部肌肤相似的部位，如耳后或手肘内侧，然后再涂抹少量制好的面膜剂，静待30分钟后再观察，若肌肤变红或出现不适等过敏反应，应立即洗净该部位，该面膜也立即停用。

制作方便度：★★★　推荐指数：★★★

✓ **保存期限：** 最好一次用完

✓ **美丽费用：** 4元

✓ **材料购买地：** 当归→中药店　绿豆粉→超市　甘草粉→超市　面粉→粮油店　甘油→美容用品店

荷叶

heye

“江南可采莲，莲叶何田田。”相信这句诗你早就耳熟能详了吧。荷叶简单的美不仅给人以视觉上的轻盈，它良好的吸脂作用同样能带给你身体的轻便与肌肤的清新。

荷叶为多年水生草本植物莲的叶片，含有多种营养成分，能使人清热除烦，并促进新陈代谢，有效去除体内毒素，具有良好的吸脂作用，能够降脂减肥，是众多美眉的最爱之一。

每天可以单用干荷叶9克或鲜荷叶30克左右，煎汤代茶饮，如果再放点山楂、决明子同饮，则有更好的减肥、降脂、降压功效。炎炎夏日，痱子总是不时地找上门来，取适量荷叶，洗净，加水煮半小时，冷却后用来洗澡，不仅可以防治痱子，而且还具有润肤美容的作用。另外，荷叶也具有良好的清洁作用，能令人感觉身心舒爽。同时，荷叶也是清除体内热毒的好选择，具有利尿、润肠的作用。

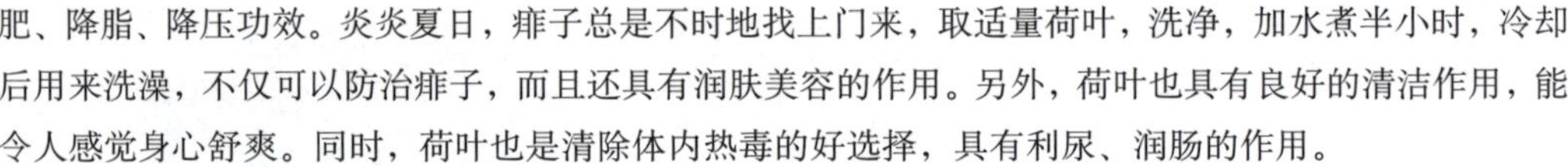

荷薏消肿紧肤面膜

适用肤质　各种肌肤

制作方便度：★★★★　推荐指数：★★★

[材料] 干荷叶适量，薏仁粉2大匙，水半杯

[做法]

1.将荷叶浸泡在水中，放在锅内用小火煮约2分钟至剩下少量水，关火，冷却。

2.用无菌滤布将荷叶滤掉，留取汁液。

3.将适量荷叶水、薏仁粉一同放入碗中，充分搅拌均匀即可。

[用法]

洁面后，将本款面膜均匀涂在脸上，避开眼、唇部皮肤，约20分钟后，用温水洗净即可。

美人功效

这款面膜能有效改善脸部浮肿症状，收紧肌肤，使肌肤紧致、柔嫩。

美丽叮咛

容易上火或浮肿的人，记得时常泡一些荷叶水喝，可以起到利尿、降火的作用。

荷叶面粉紧肤面膜

适用肤质　各种肌肤

[材料] 面粉3大匙，荷叶5克

[做法]

1.荷叶研碎，与面粉混合均匀。

2.把做法1中的混合物加入适量水搅拌均匀。

[用法]

先用温水清洗脸部，随后将面膜均匀地涂在脸上，避开眼睛四周、嘴唇及眉毛，20分钟后用温水洗净即可。每周可使用1次。

荷叶具有清热、解毒、养颜的功效，用来敷脸能消除脸部多余脂肪。面粉能够深层清洁、滋养肌肤，使肌肤变得美白、光洁。两者合在一起能有效消除脸部多余脂肪，收敛肌肤毛孔，令脸部变得紧致、光滑。

美叮咛

本款面膜可能一次无法用完，剩余部分密封后置于冰箱内冷藏，最好一周内用完。

延伸阅读

做面膜时使用专用面膜纸的利与弊

做面膜之前，把适合自己脸型的面膜纸敷到脸上后再涂抹面膜的话，既可以防止面膜滑落，取下面膜时也会简便许多。但这种方法并不能提高吸收效果，因此在没有纱布或者面膜纸时直接把面膜涂在脸上更好一些。

制作方便度：★★★★　推荐指数：★★★★

✓ **保存期限：** 最好一次用完

✓ **美丽费用：** 1元

✓ **材料购买地：** 面粉→粮油店　荷叶→中药店

PART 6

不同肤质的面膜方案

每个人都有自己的肌肤特质，根据自己的情况选择合适的面膜，才能达到事半功倍的效果！

○燕麦果奶去角质面膜
○苹果薄荷紧肤面膜
○黄瓜酸奶滋润面膜
○土豆糯米排毒面膜
○西瓜皮镇静面膜
……

Skin
7个简单测试让你迅速了解自己的肤质

请在下列测试中选择符合你的选项，再将其分值相加，就可以知道自己属于哪种肤质了！

Q1：晚上没有使用保养品，早上起床时感觉皮肤的状况如何？

- 有紧绷感→1分
- 无紧绷感→2分
- T字部位有点油腻感→3分
- 全脸都有点油腻感→4分

Q2：晚上没有使用保养品，早上起床时触摸脸部，感觉皮肤的状况如何？

- 有细碎的脱屑→1分
- 光滑无脱屑→2分
- T字部位油油的→3分
- 全脸都有点油油的→4分

Q3：脸部肌肤常出现的问题是什么？

- 干燥脱皮的现象→1分
- 大致上没有问题→2分
- T字部位毛孔粗大→3分
- 易长痘痘、粉刺→4分

Q4：通常哪个部位容易长痘痘？

- 不太常长→1分
- 两颊→2分
- T字部位→3分
- 全脸→4分

Q5：你觉得自己脸部的毛孔哪个部位比较粗大？

- 没有→1分
- T字部位→2分
- T字部位及两颊→3分

Q6：你感觉脸部哪个部位的肌肤容易干燥？

- 全脸→1分
- 脸颊→2分
- 无特别干燥部位→3分

Q7：肌肤受气候变化的影响程度如何？

- 冬天会特别容易干燥→1分
- 无明显变化→2分
- 夏天会特别容易出油→3分

查看积分

10分以内	偏干性肤质
11～14分之间	中性肤质
15～20分之间	混合性肤质
21～25分之间	油性肤质

此外，敏感性肤质可以参考以下3个问题：

Q1.你两颊的肌肤是否容易泛红且微血管清晰可见？

Q2.肌肤是否容易因外在环境变化而出现红、热、刺、痒的反应？

Q3.肌肤是否容易因使用化妆品出现红、热、刺、痒的反应？

这三个问题的答案如果都是肯定的话，你就属于敏感性肤质。

不同时段的美肤行动

皮肤是我们身体的重要组成部分，在一天中不同的时段，我们的身体会处于不同的状态，皮肤也和身体一样会随着时间的推移而有所变化。在每个时段中，都有一种最适合皮肤的保养方式。

时间	皮肤状态	适宜保养方式
23：00～次日5：00	皮肤的吸收与修复功能达到最佳状态，细胞的新陈代谢十分旺盛。应该尽量避免熬夜	擦滋润护肤品
6：00～7：00	皮肤的抵抗能力降低，细胞的活动能力降到最低点，容易出现脸部浮肿、油脂增加的状况	使用洁面乳、保湿乳霜、防晒霜
8：00～12：00	皮肤的抵抗力达到顶峰，组织抵抗能力最强。此时是处理问题肌肤的最佳时刻	使用除角质、祛痘等功效的产品
13：00～15：00	身体开始倦怠，皮肤的吸收能力变弱，脸部容易出现小细纹	用保湿面膜敷脸或涂保湿乳霜
16：00～20：00	肌肤的吸收与修复能力又恢复到最佳状态，能充分吸收营养。此时是一天中保养的好时机	各种保养方式均可
20：00～23：00	血压下降，肌肤容易敏感。睡前不宜喝太多水，以免次日早晨脸部浮肿	清洁脸部，适当按摩

Tips

脸部保养6步骤

1.清洁。包括卸妆和洗脸。很多美眉都有化妆的习惯，晚上睡觉前，一定要先卸妆再洗脸，否则极易堵塞毛孔，产生各种肌肤问题。

2.去角质。肌肤细胞的新陈代谢会使脸上出现老废角质，如果不定期清理，会使脸部出现脱皮现象。所以应该每周做一次去角质保养。

3.用面膜敷脸。每周要用面膜敷脸1～2次，为肌肤补充营养和水分。

4.涂化妆水。化妆水能为肌肤补水，还能调节水油平衡。

5.涂乳液或面霜：偏油性的肌肤可以选择乳液，偏干燥的肌肤更适合使用面霜。

6.防晒。紫外线会对肌肤造成伤害，所以一定要先涂上防晒产品再出门。

油性肌肤

油性肌肤的特质及护肤守则

◎油性肌肤的特质

对爱美的你而言，满脸的油光真是一件既尴尬又烦恼的事，尤其到了夏天，早上美美的出门，结果不到中午就花容失色。额头、鼻子、下巴一层厚厚的油脂，再加上汗水不易挥发，容易因脸上的油腻而附着灰尘、细菌，阻塞毛细孔，造成粉刺和青春痘。如果你不细心处理，还可能经感染变成严重面疱。这些问题都是油性肌肤所应该特别注意的。

◎形成油性肌肤的因素

满脸油光的原因你知道吗?外在环境的改变及个人的生理因素，都会影响人体皮肤油脂的分泌。

外在因素

1.气候的因素。温度高时皮脂的分泌量就会增多。应避免高温及忽冷忽热的温度变化。

2.最佳温湿度。尽可能将室内的温度及湿度调整为对肌肤最舒适的度数。

生理因素

1.心理因素。现代人所承受的过大压力及生活节奏的紧张，也是促使肌肤出油的原因。

2.激素分泌。雌激素及雄激素分泌的多少，也会影响油脂的分泌。

3.性别。通常来说，男性比女性较容易出油，因此肌肤也较油腻。

4.年龄。青春期比任何年龄段都更容易出油。

上述这些状况都是会使皮脂分泌旺盛的原因，不可不注意哟!

享

◎油性肌肤保养守则

肌肤油腻腻固然和皮脂分泌有关，但与个人的生活饮食习惯及日常保养方式也脱不了关系。

正确的洗脸及保养

人体本身会分泌适度的皮脂覆盖在肌肤表面形成皮脂膜，这是天然的保护膜，但如果分泌量超过肌肤正常的需要量，就会出现满脸油光的困扰。想保持脸部清爽、维持油水平衡，那就需要正确的洗脸及保养了。

1.洗脸。选择正确的洗脸用品，养成每天洗脸的习惯，减少毛孔阻塞的机会。油性肌肤可选用无皂碱或稍微偏酸性的洗面奶。勿用油性配方及含有磨砂颗粒的洗面乳，因为其中的微粒会刺激脸部，使皮脂分泌更旺盛。

2.化妆水。选择不含酒精成分的化妆水，过多的酒精成分会刺激皮肤分泌油脂。

3.保养品。选择无油配方，且含水量较丰富的保湿产品。

饮食调理

1.日常生活中多喝水，尤其是早晨起床后喝三大杯温开水能促进新陈代谢，尽量避免饮用含糖量过高的饮料。

2.少吃油炸及含盐量过高的食物，此类食物会引发内分泌的失调，促使皮脂分泌过盛。

咖啡虽然能提神，对身体健康却不好哟！

3.避免摄取过多的甜食及刺激性食品。例如：咖啡、麻辣火锅等。

4.多吃蔬菜、水果及谷类物质。B族维生素，尤其是维生素B_2可帮助脂肪的分解及转换。B族维生素多蕴藏在谷物中。维生素C可促进胶原蛋白的合成，并帮助伤口愈合。富含维生素C的食物有柑橘类水果、山楂、猕猴桃等。

樱桃的内在营养像它的“外衣”一样美丽丰富！

生活习惯

1.香烟、酒、刺激性食品及饮料都会对身体产生不良的影响。

如果脸上有粉刺或青春痘千万不要用手去挤或抠，因为指甲缝中会有一些细菌，一不小心就会使 粉刺或青春痘更加恶化。爱美的你如果是油性肌肤，只要小心仔细地呵护再加上充足的睡眠，要改善肤质并不是难事，请持之以恒，一定能将油光满面变成容光焕发的水嫩脸庞。

2.养成良好的排便习惯，便秘会让大肠吸收身体的废物，进而产生毒素，而这些毒素会通过皮肤排出，对皮肤产生不良的影响。

燕麦果奶去角质面膜

适用肤质 油性肌肤

制作方便度：★★★ 推荐指数：★★★★

[材料] 奶酪1小片，蜂蜜2大匙，燕麦片3大匙，苹果半个，蛋清1个，水适量

[做法]

1.将燕麦片放入沸水中拌匀，用大火煮至糊状。

2.苹果洗净，去皮、去核，切成小块倒入榨汁机中，榨汁。

3.将苹果汁、蛋清、奶酪、蜂蜜加入燕麦糊中调匀。

[用法]

洁面后，将面膜均匀地涂在脸上，避开眼部及唇部。10～15分钟后，用清水洗净即可。

美人功效

有效去除角质，消除黑色素，清除肌肤深层污垢与毒素。

美丽叮咛

◎本款面膜不宜久存，最好一次用完。

◎制作过程中如果想让本款面膜变得更黏稠，可适当增加些燕麦片。

糯米蛋清抗衰老面膜

适用肤质 油性肌肤

[材料] 糯米粉2大匙，蛋清1个，纯净水适量

[做法]

1.将糯米粉、水、蛋清放入容器中。

2.混合后，用搅拌棒搅拌，调制成糊状即可。

[用法]

洁面后，在脸部涂上本款面膜，避开眼、唇部四周的肌肤，约15分钟后洗净，用温水清洗干净。

美人功效

这款面膜能深层清洁毛孔，延缓肌肤老化，消除皱纹，紧致肌肤。

美丽叮咛

可以在杂粮店或超市的食品销售部买到磨好的糯米粉。

制作方便度：★★★★ 推荐指数：★★★★★

蜂蜜蛋麦亮颜面膜

适用肤质 油性及混合性肌肤

[材料] 燕麦片1大匙，鸡蛋2个，蜂蜜1大匙

[做法]

1.敲破鸡蛋，用过滤勺分离蛋清与蛋黄。

2.将燕麦片、蜂蜜与蛋清放入玻璃器皿中，搅拌均匀即可。

[用法]

洗净脸后，将面膜均匀地涂抹在脸上，避开眼、唇部肌肤，20分钟后用温水洗净。

美人功效 有效去除肌肤角质，防止皮肤色素沉淀，改善肤色暗沉现象。

美丽叮咛

使用此面膜时，可用手指腹轻轻打圈按摩，以去除角质。

延伸阅读

柠檬燕麦美容洁面露

材料：柠檬1个、燕麦粉20克、甘油1小匙、矿泉水2大匙。

做法：柠檬去皮去子，放入榨汁机中榨汁，然后将柠檬汁倒入纯净水中，混合甘油、燕麦粉充分搅拌即可。每天早上，可以先用清水将脸打湿，取适量柠檬燕麦美容洁面露，涂于脸上，轻轻按摩后用清水洗净。洁肤效果非常好哟！

制作方便度：★★★★　推荐指数：★★★★★

✓ **保存期限：** 最好一次用完

✓ **美丽费用：** 1.5元

✓ **材料购买地：** 燕麦片→超市　鸡蛋→农贸市场　蜂蜜→超市

果醋绿豆紧缩毛孔面膜

适用肤质　中、油性肌肤

制作方便度：★★★★★　推荐指数：★★★★

[材料] 绿豆粉2小匙，苹果醋1小匙，小西红柿2个

[做法]

1.小西红柿洗净，切小块，捣成泥状。

2.将绿豆粉、苹果醋加入西红柿泥中，充分搅拌均匀即可。

[用法]

洁面后，将调制好的面膜敷于脸上，避开眼部及唇部周围，约15分钟后，用冷水冲洗干净即可。每周可使用1～3次。

美人功效　促进肌肤新陈代谢，收敛粗大毛孔，使肌肤细腻、有弹性。

美丽叮咛

要消灭毛孔粗大的顽症，在日常护理中，应该注意保持正常的作息规律及健康的饮食方式。

薏米百合控油面膜

适用肤质　油性肌肤

[材料] 薏米2大匙，干百合1大匙，蜂王浆1大匙，纯净水3大匙

[做法]

1.薏米、干百合洗净后，沥干。

2.将薏米、干百合放入锅中，加入纯净水，用小火煮至稀稠，关火。

3.加入蜂王浆，搅拌均匀，冷却即可。

[用法]

洁面后，用面膜刷将本款面膜涂在脸上，约15分钟后，用清水洗净即可。

美人功效　具有很好的清热解毒功能，能滋润肌肤、消除雀斑。

美丽叮咛

从中医角度看，雀斑、暗疮皆与热邪有关，因此将百合、薏米两种具有清热解毒作用的材料合用，效果更佳。

制作方便度：★★★★　推荐指数：★★★★

苹果薄荷紧肤面膜

适用肤质　各种肌肤，尤其适用于油性肌肤

[材料] 薄荷3克，苹果1个

[做法]

1.苹果洗净，去核，切块，放入榨汁机内打成泥状。

2.将薄荷磨成粉状，与苹果泥混合均匀即可。

[用法]

清洁脸部后，涂抹面膜，10分钟后用温水洗净即可。

薄荷能够紧致肌肤，并具有消炎、镇定的作用；苹果中含多种矿物质和维生素，外敷可保持人体油脂分泌平衡，使肌肤润泽、细嫩、富有弹性。

美丽叮咛

本款面膜如果一次没有用完，需置于玻璃器皿中，密封后放于冰箱内保存并尽快用完。

延伸阅读

夏季清凉美容饮

准备3个猕猴桃，洗净、削皮、切成四块；苹果1个，不必削皮，去核切块；薄荷叶2～3片，洗净后放入果汁机中打碎，再加入猕猴桃、苹果一起打成汁。将其搅拌均匀后，常温下饮用或依个人喜好冷藏后饮用。猕猴桃不但入口风味极佳，所含的营养价值更是果中之冠，不仅富含有美白功效的维生素C，还有大量可减少皱纹产生的维生素A，想要美白、除皱兼顾的女性们可以多喝这道果汁，加上清凉的薄荷，略微冰冻后再饮用的滋味，更是令人难忘。

制作方便度：★★★★　推荐指数：★★★★

✓ **保存期限：** 最好一次用完

✓ **美丽费用：** 2元

✓ **材料购买地：** 薄荷→中药店　苹果→农贸市场

金盏花祛痘面膜

适用肤质　中、油性肌肤

制作方便度：★★★★　推荐指数：★★★

［材料］干金盏花 2 小匙，原味奶酪 1 小片，柠檬汁 5 滴

［做法］

1. 将干金盏花、柠檬汁、原味奶酪放到搅拌器中。
2. 充分搅拌均匀，待用。

［用法］

洗完脸后，用面膜刷将本款面膜涂在面部，避开眼、唇部肌肤，用手轻轻按摩，约 15 分钟后，用温水洗净即可。

美人功效　有效去除老废角质，温和祛痘，使肌肤润泽、光滑。

美丽叮咛

◎本款面膜如果一次没有用完，需用玻璃器皿密封，放入冰箱内冷藏，并尽快用完。

◎长期坚持使用能有效控制痘痘复发。

红豆泥抗痘面膜

适用肤质　油性肌肤

［材料］红豆 100 克，纯净水适量

［做法］

1. 将红豆洗净，放入沸水中煮至软烂。
2. 将煮好的红豆放入搅拌机中充分搅拌成泥状，冷却待用。

［用法］

洁面后，将本款面膜均匀涂抹于面部，避开眼、唇部皮肤，约 15 分钟后，用温水洗净即可。

美人功效　能促使皮肤排出多余油脂，有效控制痘痘再生。

美丽叮咛

请务必将红豆煮烂后使用，以防粗糙的红豆颗粒磨擦肌肤。

制作方便度：★★★★　推荐指数：★★★★

苦瓜清热淡斑面膜

适用肤质　各种肌肤，尤其适用于油性肌肤

[材料] 苦瓜30克，苏木9克，浮萍10克

[做法]

1.将苏木、浮萍研磨为细末，再混合均匀。

2.苦瓜洗净，切成条状，放入榨汁机中榨取汁液，盛在碗里。

3.将苏木、浮萍的混合药粉慢慢加入苦瓜汁中，边加入边搅拌，搅拌均匀即可。

[用法]

洗净脸后，将面膜均匀地敷在脸上，并用手轻轻按摩脸部5～10分钟，20分钟后洗净即可。

美人功效

苦瓜具有清热解毒、明目的功效，与浮萍、苏木合用，能有效祛除痘痘、色斑，调节肌肤水油平衡，美白肌肤。

美丽叮咛

本款面膜不宜久存，最好一次用完。

延伸阅读

有效淡斑三法

◎将鲜胡萝卜压碎挤汁，取1～2小匙，每日早晚洗完脸后涂抹，待干后，洗净。此外，每日喝一杯胡萝卜汁，可美白肌肤。

◎将柠檬榨汁，加蜂蜜适量饮用。柠檬中含有大量维生素C、钙、磷、铁等。常饮柠檬汁可以美白肌肤。

◎每天喝一杯西红柿汁或常吃西红柿，对淡化雀斑有较好的作用。因为西红柿中含有丰富的谷胱甘肽，谷胱甘肽可抑制黑色素，从而使沉着的色素减退或消失。

制作方便度：★★★★　推荐指数：★★★

✓ **保存期限：** 最好一次用完

✓ **美丽费用：** 3元

✓ **材料购买地：** 苦瓜→农贸市场　苏木→中药店　浮萍→中药店

热饭团清洁鼻膜

适用肤质 油性肌肤

制作方便度：★★★★★ 推荐指数：★★★★★

[材料] 热米饭1大匙

[做法]

1.从饭锅中取出1大匙热米饭。

2.趁热将米饭粒揉成一团即可使用。

[用法]

将热饭团敷在鼻子皮肤有黑头的部位，以慢慢打圈的手法将饭团推开，等把所有黏着的饭团推开后，再用清水洗净鼻子，最后拍上化妆水即可。

美人功效

能有效去除鼻子上的黑头，清除毛孔中的污垢与杂质。

美丽叮咛

◎每顿煮好饭后都可取一匙米饭来做个鼻膜，再简单不过了。

◎米饭温热时使用效果最佳。

菊花西红柿清洁面膜

适用肤质 油性、混合性肌肤

[材料] 西红柿1个，菊花半大匙，无籽葡萄50克

[做法]

1.西红柿洗净，切块，放入搅拌机中。

2.无籽葡萄洗净，也放入搅拌机中，与西红柿一起搅拌成泥状。

3.菊花捣碎，加入做法2中，充分搅拌均匀。

[用法]

洗净脸后，将调好的面膜均匀地敷在脸上，避开眼、唇部肌肤，10～15分钟后，用清水洗净。每周可使用1～2次。

美人功效

葡萄含有多种维生素，具有延缓衰老、淡化皱纹的功效；西红柿富含维生素C，具有提亮肤色的作用；二者与具有清热功效的菊花合用，不仅能延缓肌肤衰老，还能令肌肤红润、细腻、有光泽。

美丽叮咛

本款面膜最好一次用完。若无法用完，可放入冰箱内冷藏，并尽快用完。

制作方便度：★★★★ 推荐指数：★★★★

葡萄皮酸奶面膜

适用肤质　各种肌肤

[材料] 葡萄皮2个，酸奶100克，面粉适量

[做法]

1.将酸奶倒入干净容器中，慢慢加入面粉，一边加入一边匀速搅拌，直到调至浓稠。

2.把葡萄皮捣烂，加入做法1的混合物中，充分混合均匀。

[用法]

在脸上敷一块干净的面膜纸，将本款面膜细细地涂抹在上面。15分钟后，用温水洗净，再用凉水冲洗以收缩毛孔。

葡萄皮中的单宁酸、多酚等物质可以有效淡化色斑、消除皱纹，对抑制油脂分泌也有很好的效果。这款面膜能有效淡化色斑和皱纹，控油补水。

美叮咛

油性皮肤或色斑皮肤的人一周使用1～2次为宜，效果比较显著。

延伸阅读

葡萄美容法

◎葡萄汁—洗面法。将鲜葡萄洗净，脱皮，去核，用消毒白纱布包住挤汁液，收集于玻璃杯中。取此鲜葡萄汁每日早晚洗脸之后，涂擦面部，有治疗痤疮、爽肤、淡化雀斑的功效。因葡萄汁液中糖含量较高，涂擦15～20分钟后应再用清水洗掉。

◎籽—按摩法。用葡萄籽油和蜂蜜调匀，涂在身上和脸上，然后进行按摩，兼有治病、美容、健身的作用，能疏通经络、扩张血管及滋润皮肤，可淡化雀斑、黄褐斑等，并能增强皮肤的抗病能力。

制作方便度：★★★★★　推荐指数：★★★★

✓ **保存期限：** 最好一次用完

✓ **美丽费用：** 1.5元

✓ **材料购买地：** 葡萄→农贸市场　酸奶→超市　面粉→粮油店

Skin

中性肌肤

中性肌肤的特质及护肤守则

你是中性肌肤的美眉吗？你对自己的肌肤了解多少呢？不想让肌肤泄露自己的年龄秘密吗？首先要对自己的肌肤做一下调查，然后再有针对性地进行保养护理。

◎中性肌肤的特质

拥有中性肌肤的美眉，可以说是天生丽质、完美肤质的代表。毛细孔不但细小，水分及皮脂分泌均衡，肌肤看起来粉嫩有光泽又富弹性，即使是上妆也只需淡淡的一层，就可展现白里透红的肌肤。就算偶尔会长一颗小粉刺、换季时会有轻微的脱皮现象，但是肌肤的状态保持非常稳定。不过，虽然有了一个令人羡慕的肤质，如果不注意保养，肌肤同样会抗议哟！

◎中性肌肤的保养禁忌

皮肤是反映身体状况的最佳指标，由于现在环境污染严重，空气、水都比以往更加污浊，而现代人的压力也愈来愈大，相对的也会影响人体正常的新陈代谢功能。因此想保持完美肌肤就必须注意一些生活禁忌。

不抽烟

抽烟有害健康这是众所周知的常识，香烟中的尼古丁会使血管收缩，造成血液循环不良，使皮肤松弛及产生皱纹，是造成皮肤老化的超级杀手，想拥有健康肌肤的美眉，尽量少抽烟或不抽烟。

少喝刺激性饮料

常喝刺激性饮料会导致人体内分泌发生变化，进而影响皮肤的代谢。特别是很多人喜爱的重口味的饮料，将会带给身体严重的伤害，不可不留意。

拒绝熬夜

因为工作的关系，现代人的工作时间慢慢加长，许多人不得不熬夜赶工作，于是饮食习惯也跟着不正常，这都是阻碍皮肤新陈代谢的帮凶。如果

有机会观察到熬夜后肌肤状况，你就会发现肌肤变得干燥脱水、没有光泽。爱美的你可千万要注意了。

避免长时间接触紫外线

因为人为的破坏，臭氧层出现了破洞，使得紫外线增强，即使外出时使用太阳伞也无法完全抵挡住强烈的阳光。紫外线中的UVA则会穿透皮肤的真皮层，破坏胶原蛋白和弹力纤维，使皮肤老化，产生皱纹。所以，最好选择紫外线照射较弱的时间出行，且外出时注意戴太阳镜和遮阳伞。

不要购买劣质护肤品

如今，市场上常充斥着许多假冒伪劣的护肤品，媒体也经常报导一些美白产品因为含汞成分过多，不仅没有变白，反而愈抹愈黑。还有含酒精成分过多、质量不良的产品也会造成皮肤的负荷过重，而引发青春痘、黑斑等不良的后果。所以，在购买护肤品时，千万不要贪图便宜，买回一些假冒伪劣产品，购买时一定要注意辨认。

◎中性肌肤的保养守则

保持中性肌肤的完美，可不是嘴巴说说就算数，科学合理的保养及饮食的调理都是缺一不可的，爱美的你可得下一番功夫哟！

补充必需营养素

- 维生素A：该物质对肌肤的保养来说至关重要，其主要作用是保持皮脂及汗水正常分泌，促进机体排毒，改善肌肤问题。
- 维生素E：它是维持细胞膜完整、预防老化、减少黑斑形成的主要物质，肌肤的美白、防皱、淡斑都少不了它。
- 维生素C：这是一种能促进胶原蛋白合成，帮助伤口愈合的营养物质，同样是肌肤保养的必备营养素。
- 维生素B_2：它具有帮助细胞氧化还原的作用，可有效防止皮肤干燥。

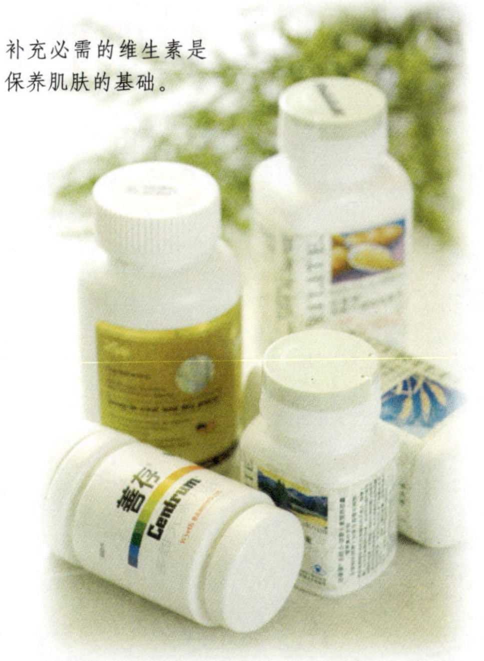

补充必需的维生素是保养肌肤的基础。

养成良好的生活习惯

- 睡眠充足：睡眠对保养肌肤来说十分重要，由于人体排毒是在睡眠中进行的，所以说充分、高质量的睡眠，也是调理肌肤的一种方式。
- 进行适当的运动：适量的运动能加快身体的新陈代谢，有助于美容养颜。
- 为自己减压：适当地缓解压力，使身体的分泌系统正常。
- 每天起床后喝两杯温开水，促进新陈代谢，帮助清除体内废物。

果蜜小苏打粉紧肤面膜

适用肤质 中性肌肤

制作方便度：★★★★ 推荐指数：★★★

[材料] 苹果1小块，蜂蜜2大匙，小苏打粉半小匙

[做法]

1.将苹果洗净，去皮。

2.将苹果放入果汁机中打成泥状，再将蜂蜜、小苏打粉加入苹果泥中，调匀。

[用法]

充分洁面后，将本款面膜敷在脸上轻拍整个面部，直至面部感觉有点黏为止，保持约15分钟后，用清水冲洗干净。

此面膜能有效滋润肌肤、淡化皱纹，并增加皮肤弹性与活力。

美丽叮咛

◎本款面膜不宜久存，最好一次用完。

◎蜂蜜营养丰富，功效很多，每天早起喝一杯蜂蜜水有助于美容。

黑豆抗皱面膜

适用肤质 中、干性肌肤

[材料] 黑豆粉5小匙，蛋黄1个，蜂蜜适量

[做法]

1.将黑豆粉放入面膜碗中。

2.将蛋黄、蜂蜜加入黑豆粉中充分混合均匀即可。

[用法]

洗净脸后，将调好的面膜均匀地涂在脸上，避开眼、唇部肌肤，15～20分钟后，用清水洗净即可。每周使用1～2次。

蛋黄、蜂蜜都具有极佳的滋润功效，用于敷脸，可令肌肤润泽、水嫩。这款面膜可为肌肤补充水分，提升肌肤的储水能力，防止肌肤因干燥而产生细纹。

美丽叮咛

◎此款面膜不宜久存，最好一次用完。

◎黑豆兼具养颜与美发的功效，常吃黑豆不仅可使头发乌黑、亮泽，还可滋养肌肤。

制作方便度：★★★★★ 推荐指数：★★★★★

西洋菜苹果美白面膜

适用肤质 中性肌肤

[材料] 苹果半个，西洋菜30克，柠檬汁、青柠檬汁各1大匙，红薯1/4个，黄瓜半根，鸡蛋2个

[做法]

1.苹果洗净，去核，留皮，切成碎末状；西洋菜洗净，切碎；红薯洗净，带皮切碎；黄瓜洗干净，切碎；鸡蛋滤取蛋清。

2.把所有材料倒入搅拌器中，搅拌均匀即可。

[用法]

洗净脸后，用面膜刷将面膜涂于脸部，避开眼、唇部肌肤，敷15分钟后用温水冲洗干净，接着再用冷水洗净即可。

美人功效

西洋菜能提供肌肤角质细胞所需的各种养分，促进角质细胞新陈代谢，使肌肤细腻、富有光泽。柠檬能促进肌肤的新陈代谢，使肌肤白皙、富有活力和弹性。

美丽叮咛

由于柠檬的刺激性很强，最好不要常敷，建议每周敷1~2次。

延伸阅读

改善生活习惯，调理中性肌肤

中性肌肤虽然保养起来比较容易，但也不能掉以轻心，因为肌肤也会随着生活环境以及身体状况的改变而改变。所以，拥有中性肌肤的人要养成良好的生活习惯，不熬夜，多运动，做好清洁、保养工作，维持肌肤的完美状态。

制作方便度：★★★★ 推荐指数：★★★★

✓ **保存期限：** 最好一次用完

✓ **美丽费用：** 3元

✓ **材料购买地：** 苹果→农贸市场 青柠檬→农贸市场 西洋菜→超市 红薯→农贸市场 黄瓜→农贸市场 柠檬汁→超市 鸡蛋→农贸市场

维E粉蜜祛皱面膜

适用肤质 中性及老化型肌肤

制作方便度：★★★★ 推荐指数：★★★★★

[材料] 面粉2大匙，蜂蜜3小匙，维生素E胶囊1粒

[做法]

1.将维生素E胶囊剪破，挤出油液备用。

2.将蜂蜜与维生素E油液混合均匀。

3.将面粉加入做法2中，搅拌均匀即可。

[用法]

洗净脸后，将调好的面膜均匀地敷在脸上，避开眼、唇部肌肤，10～15分钟后用清水洗净即可。每周可使用1～2次。

这款面膜具有极好的抗衰老功效，能有效淡化皱纹，令肌肤滋润、柔嫩、有光泽。

美丽叮咛

此款面膜同样适用于颈部肌肤。

黄瓜酸奶滋润面膜

适用肤质 中性、干性及老化型肌肤

[材料] 黄瓜1段，酸奶、玉米粉各半大匙

[做法]

1.黄瓜洗净，切块，放入果汁机中榨取黄瓜汁。

2.将玉米粉加入黄瓜汁中，搅拌均匀。

3.将酸奶加入做法2中，搅拌均匀即可。

[用法]

洗净脸后，将调好的面膜均匀地敷在脸上，避开眼、唇部肌肤，10～15分钟后用清水洗净。每周可使用1～2次。

玉米粉含有维生素E等抗氧化成分，能延缓肌肤衰老，防止皱纹产生。这款面膜能在滋养肌肤的同时，延缓肌肤老化，令肌肤水嫩、幼滑、有弹性。

美丽叮咛

此款面膜不宜久存，最好一次用完。

制作方便度：★★★★ 推荐指数：★★★★

香蕉奶茶保湿面膜

适用肤质　各种肌肤

[材料] 香蕉1根，牛奶2大匙，浓茶3小匙

[做法]

1.香蕉洗净，连皮捣烂，备用。

2.在捣烂的香蕉中加入牛奶和浓茶，调成糊状即可。

[用法]

先用清水清洁脸部，再将此面膜均匀地敷在脸上，避开眼睛、唇部肌肤，15分钟后用温水洗净即可。

牛奶与香蕉都具有极好的美容作用，二者搭配，可为肌肤补充水分，还能令肌肤白皙、滋润、水嫩、有光泽。

美丽叮咛

◎由于柠檬的刺激性很强，最好不要常敷，建议每周敷1～2次。
◎浓茶要待冷却后才使用。
◎香蕉要选择新鲜的为佳，腐烂变质的香蕉不宜用作调制面膜。

延伸阅读

保湿圣品——玻尿酸的正确用法

单单只有玻尿酸的话，并不是肌肤保湿的万灵丹，要发挥良好的保湿作用，还需要有水及油性锁水保湿剂的辅助，所以在洗脸后皮肤含水量高的时候使用才能发挥较好的效果。此外所使用的波尿酸的浓度也不宜太高，否则反而会吸收肌肤表皮的水分而造成皮肤干燥。冬天气温低的时候使用玻尿酸，最好再加上乳液或乳霜，这样才能达到更好的保湿效果。

制作方便度：★★★★★　推荐指数：★★★★

✓ **保存期限：** 最好一次用完

✓ **美丽费用：** 3元

✓ **材料购买地：** 香蕉→农贸市场　牛奶→超市　茶→超市

Skin

混合性肌肤

混合性肌肤的特质及护肤守则

拥有混合性肤质的美眉似乎都有同样的心得体会，那就是护理起来比较麻烦。那也没有办法，这是混合性肌肤的特质所决定的。在做护理前，最好先了解清楚自己肌肤的特性，以便能买到适合自己的护肤品及制定相应的护理方案。

◎混和性肌肤的特质

混和性肌肤包括了油性肌肤与干性肌肤或是油性肌肤与中性肌肤的特性。就脸部而言，某些部位会呈现油性肌肤的特质，而某些部位则呈现干性肌肤或是中性肌肤的特性。

具有混合性肌肤的美眉更应该精心呵护自己的肌肤哟！

T字部位是最容易形成混合性肌肤的区域，也就是额头和鼻梁及下巴处，常常呈现油腻、毛细孔粗大的状态；而两颊则是偏干性或是中性肌肤。不过，这种情况不是特别稳定，会随着环境、气候等多种因素的影响而发生变化，有时T字部位很干燥，而有时皮脂分泌又会十分旺盛。这不仅是导致肌肤粗糙的直接因素，也是痘痘及粉刺产生的原因之一。而偏中性及干性的两颊肌肤则要注意防止斑点的产生。

脸部的面积虽然不大，但却存在两种不同性质的肌肤，对于这两种不同的肤质，也要采取两种不同的护理方式。T字部位适宜清爽的保养，而两颊干燥处则需加强滋润。这样保养起来可得费点功夫，但是为了肌肤着想，即使花费的时间再多，也是值得的。

◎混合性肌肤的保养法

混合性肌肤是一种比较常见的肤质，在保养品的选择上，具有单一功效的保养品显然已经无法满足肌肤的需求，无法顾全整张脸庞，必须分别找到适合的保养品及保养方式。

比较油的T字区域，最好选择油性肌肤所适用的保养产品及护理方式，抑制油脂分泌、平衡皮肤的pH值；而比较干燥的两颊，则需选择中性或干性肌肤所使用的保养品及护理方式来滋养肌肤。但千万不要在两个不同肤质的部位只用一种保养品，不然比较油的T字部位会越来越油，而干燥的肌肤更干燥。

另外，在选对保养品的同时，也不要忘记良好的生活习惯同样可以改善肌肤状况，让你看起来水嫩动人。

- 保持充足的睡眠。夜晚是皮肤补充养分及修复的重要时间，可千万别因贪玩而忽略了睡觉。最好的肌肤养护时间是晚上9：00到凌晨2：00。
- 保持适量运动。任何运动均可，最好每天一小时。混和性肌肤虽然比别的肤质护理起来较为麻烦，但是只要细心呵护，一样也会有闪亮动人的好脸色。
- 及时补充水分。多喝水有益健康。每天起床后喝一杯温开水，也可以在水中加入适量盐，以帮助身体清除废物。
- 避免摄取过多的甜食及刺激性的食品，如咖啡、辣椒等。

◎混和性肌肤的保养禁忌

其实不管什么类型的肌肤，最重要还是以身体健康最为优先，没有健康的身体就算用再昂贵的保养品也只能做表面功夫而已，因为皮肤会反应身体的状况。在保养过程中，必须注意以下一些禁忌：

- 忌常吃过于油腻的食物。常吃油腻食物对人体健康无益，因此要尽量避免食用油炸、肥腻的食物。
- 忌常吃味重食物。在烹调时注意调味料的份量，宜少盐、少糖、少辛辣。
- 忌少吃新鲜水果。新鲜水果中富含多种维生素成分，是肌肤摄取营养的主要来源。
- 忌饮刺激性饮料。刺激性的饮料会过度刺激肠胃，使其功能退化，影响食物的代谢。
- 忌摄取脂肪含量高的食物。脂肪含量过高的食物容易造成皮脂分泌过盛，令肌肤更加油腻。

混合性肌肤也要注意控油

夏天油脂分泌更加旺盛，不仅脸部出油，连头发都容易油腻，这时粉刺、痘痘就更容易冒出来。除了清洁与收敛外，控制肌肤的油水平衡才是最有效的控油方法。那么，混合性肌肤的美眉该怎样做呢？

此种肤质的特点大多是T字部位易出油，眼部及双颊属干性肌肤。混合性肌肤的保养必须着重在眼部保养及T字部位控油，自制保养品应以清爽保湿为主，若过于滋润，T字部位容易长粉刺，皮肤看起来就会粗糙。

蜂蜜柠檬美白面膜

适用肤质 混合性肌肤

制作方便度：★★★★ 推荐指数：★★★★

[材料] 蜂蜜1大匙，柠檬汁1大匙，麦片粉1小匙，维生素E胶囊1粒

[做法]

1.将麦片粉、蜂蜜、柠檬汁一同放入容器中。

2.用剪刀将维生素E胶囊剪破，将油液加入容器中，并将所有材料搅拌均匀。

[用法]

充分洁面后，将本款面膜均匀地涂在脸上，避开眼睛及唇部肌肤，约20分钟后，用清水洗净。每周敷一次为宜。

美人功效 该面膜可收缩毛孔，有效去除皮肤油脂，调节肌肤水油平衡。

美丽叮咛

本款面膜最好一次用完，若无法用完须用玻璃器皿密封放入冰箱内冷藏，并在一周内用完。

维C黄瓜紧肤面膜

适用肤质 各种肌肤，尤其适合油性及问题肌肤

[材料] 维生素C片1片，黄瓜半根，橄榄油1小匙

[做法]

1.黄瓜洗净，去皮，放入搅拌机中搅拌成泥状。

2.维生素C片放入研钵中研磨成细粉。

3.将维生素C粉末、橄榄油加入黄瓜泥中，搅拌均匀，调成泥状。

[用法]

洁面后，将本款面膜均匀地涂在脸上，避开眼部及唇部，约15分钟后，用清水洗净。如果肌肤比较粗糙，可以先按摩肌肤再敷面膜。

美人功效 收缩毛孔，控制肌肤出油，有效滋润、美白肌肤。

美丽叮咛

在选购橄榄油时，要选择略呈绿色且颜色透明的，打开盖子有淡淡果香飘出的才是上品。

制作方便度：★★★★ 推荐指数：★★★

柠檬牛奶润肤面膜

适用肤质　除敏感性肌肤外均适用

[材料] 柠檬1个，牛奶、面粉各1大匙

[做法]

1.柠檬洗净，放入榨汁机中榨汁。

2.加入牛奶、面粉，充分搅拌，混合均匀即可。

[用法]

洗净脸后，将此面膜均匀地涂抹在脸部，约15分钟后洗净即可。

柠檬的酸性可温和有效地清除脸部毛孔中的废物，具有极好的清洁效果。牛奶和面粉能去污并滋养皮肤。三者搭配调制面膜，能有效地清除毛孔中的污垢，温和地滋养肌肤。

本面膜最好在晚上睡觉前使用。

伸阅读

润肤美颜汤

羊肉200克洗净切片；生姜1块去皮、切片；白萝卜1根去皮，切成块。将羊肉放入锅中，加适量水，用大火烧开水并焯血水，捞出，洗净备用。取炖盅一个，加入羊肉、白萝卜、当归、生姜、枸杞子，再加入适量清水、料酒，加盖用大火隔水炖约两个半小时，调入盐、胡椒粉即可。这道美颜汤能活血补血，促进血液循环，进而改善肤质，令肌肤细腻、润滑。

制作方便度：★★★★　推荐指数：★★★★

✓ **保存期限：** 最好一次用完

✓ **美丽费用：** 2元

✓ **材料购买地：** 柠檬→农贸市场　牛奶→超市　面粉→粮油店

红豆酸奶去角质面膜

适用肤质　油性及混合性肌肤

制作方便度：★★★★★　推荐指数：★★★★★

[材料] 酸奶、红豆粉各3小匙

[做法]

1. 将红豆粉放入面膜碗中。
2. 将酸奶加入红豆粉中充分搅拌均匀成糊状即可。

[用法]

洗净脸后，将调好的面膜均匀地涂抹在脸上，避开眼部及唇部肌肤，10～15分钟后用温水洗净即可。每周可使用2次。

美人功效

红豆粉的细微颗粒可充分渗入毛孔，并清除毛孔内的污垢，配合按摩，效果更佳。常用红豆粉养护肌肤，可使肤色白里透红。红豆与酸奶合用，具有很好的清洁功效，尤其适用于T字部位的清洁。

美丽叮咛

肌肤出油较多的美眉，最好使用原味酸奶。

黄瓜薏仁控油面膜

适用肤质　油性及混合性肌肤

[材料] 小黄瓜1根，薏仁粉1大匙，橄榄油少许

[做法]

1. 小黄瓜洗净，切片，放入搅拌机中打成泥状，取1大匙。
2. 将少许橄榄油加入黄瓜泥中搅拌成糊状。
3. 将薏仁粉加入做法2中混合均匀即可。

[用法]

洗净脸后，将调好的面膜均匀地敷在脸上，避开眼睛、唇部肌肤，10～15分钟后用温水洗净即可。每周可使用1～2次。

美人功效

这款面膜能滋润、美白肌肤，并为肌肤补充水分，调节肌肤水油平衡。

美丽叮咛

◎此款面膜在制作过程中，一定要把小黄瓜的皮洗净，以免残留农药或灰尘脏物面膜。

◎此款面膜不宜久存，最好一次用完。

制作方便度：★★★★　推荐指数：★★★

冬瓜桃仁淡斑面膜

适用肤质 除敏感性肌肤外均适用

[材料] 冬瓜500克，核桃仁50克，蜂蜜5小匙

[做法]

1. 从冬瓜内取出冬瓜仁，洗净，备用。
2. 冬瓜仁、核桃仁晒干，然后研磨成细粉，备用。
3. 玻璃器皿中放入冬瓜仁粉、核桃仁粉、蜂蜜，用搅拌筷将面膜搅拌成糊状即可。

[用法]

洗净脸后，将面膜均匀地涂抹在脸上，避开眼、唇部，20分钟后用温水洗净。

常用本款面膜敷脸，可令肌肤润白、水嫩。

美丽叮咛

核桃仁不要去掉外面一层薄皮，薄皮中也含有营养。

延伸阅读

敷面膜前的美肌排毒按摩

每天只要利用一点点时间进行排毒按摩，就可促进血液循环，改善肤质。

1. 按摩下巴、嘴角及鼻翼两侧，用双手食指与中指指腹打圈按摩。
2. 由下往上按摩后，将所有按摩力道往耳垂前方的部位集合。
3. 按摩到眼睛周围时用指腹往太阳穴部位轻轻滑过。
4. 额头部位以打圈的方式按摩，然后向太阳穴方向集中。

制作方便度：★★★★　推荐指数：★★★

✓ **保存期限：** 最好一次用完

✓ **美丽费用：** 3元

✓ **材料购买地：** 冬瓜→农贸市场　核桃仁→超市　蜂蜜→超市

Skin

干性肌肤

干性肌肤的特质及护肤守则

自古以来,“永葆青春”一直是女性们追求的目标,而且是一个永远不下岗的话题,那么,怎样才能不让肌肤泄露自己的年龄秘密呢?养护是最直接且有效的方法,当然这需要在方法正确的前提下才能实现。

雅

◎干性肌肤的特质

干性肌肤的主要特点是毛细孔较小,皮肤细嫩、较薄,皮下微血管很明显。由于皮肤的油脂分泌不足,自身水分平衡的功能衰退,所以比较容易产生皮屑和皱纹。就算上妆也会觉得好像戴着假面具一样,没有办法与肌肤贴合。如果近距离观察脸部,那些无法掩盖的小细纹就一览无余了。这就说明,你的肌肤已经严重口渴,需要补充水分了。

◎干性肌肤的保养法

不管哪种类型的肌肤,只有采用正确的保养方法才能达到事半功倍的效果。

培养良好的生活习惯

肌肤的水嫩清透不仅仅要靠保养品,还需要养成科学合理的生活习惯,只有将二者相结合,由内而外地加以保养,才能找回水嫩漂亮的肌肤。

- 加强运动。适当的运动可以缓解压力、保持心情平静,提高睡眠质量。
- 控制饮食。对于高热量的汉堡或巧克力等食物要尽可能避免。
- 少喝刺激性饮料。刺激性的饮料还是少喝为妙,例如可乐、咖啡等。每天至少喝6~8杯水,身体有足够的水分,才能使皮肤保持滋润。
- 随时随地为肌肤补充水分。上班族的你长期在空调或是冷气房中,一定要注意做好保湿工作。随身携带保湿性能好的美容液或喷雾式的保湿产品，适时为皮肤补充水分，以免皮肤过度干燥而产生脱皮的现象。

●必须持之以恒。若想要改善干性肌肤，可不能“三天打鱼、两天晒网”，这样是没有用的。为了自己能拥有一张水嫩的脸庞，爱美的你一定要加油、再加油！

做好保湿工作

为什么说保湿对于皮肤保养非常重要呢？简单地打个比方，皮肤角质层就像是一层海绵，海绵吸满水的时候会倍加柔软，可塑性也会相应增加；但一旦海绵干掉的话，不但会变得硬邦邦，摸起来也很粗糙，可塑性就会降低，遇到外力时容易受损，肌肤也是同样的道理。所以，必须经常为肌肤补水，特别是干性肌肤的美眉，更不能忽视为肌肤补水这项工作。

那么，做好保湿工作到底有什么好处呢？

●改善肌肤的手感。当皮肤含水量小于10%的时候，皮肤摸起来就会有干燥粗糙的感觉，而且会产生细屑。

●提升视觉美感。当表皮层水分充足时，会增加皮肤的透明度及亮度。

●让肌肤更加柔软。当皮肤含水量不足时，角质层会失去软度，而且容易产生裂痕或细纹。

●促使角质代谢正常化。当角质层含水量不足时，会使得老化角质代谢异常，从而使角质变厚、变粗。

●加强皮肤的障蔽功能。当肌肤含水量不够时容易让表皮受到外在环境的影响而造成肌肤发炎，使肌肤的障蔽功能下降。

◎干性肌肤的保养禁忌

干性肌肤极易受季节变化的影响，因此必须在保养上下一番苦功夫，注意避免下面的保养禁忌，能帮助你改善肤质哟！

●戒烟限酒。抽烟喝酒都会对皮肤造成伤害，如果你想拥有健康的肌肤，必须毫不留情地予以戒除。

●避免熬夜。熬夜对女性来讲伤害非常大，特别明显的表征为肌肤粗糙、暗淡，爱美的你可要注意了哟！

●禁用含酒精的保养品。尽量不用含有酒精成分的化妆品及保养品，以免让已经缺水的脸颊更干燥。

Tips

了解保湿的真相

皮肤是由表皮、真皮、皮下组织三层组成的。而一般表皮层的部分由上往下可以分为角质层、颗粒层、棘状层及基底层四个部分，而我们平时要做的保湿就是指表皮的保湿，严格来说应该是指角质层的保湿。

你的肌肤喝足水了吗？

蜂蜜香蕉滋润面膜

适用肤质 干性肌肤

制作方便度：★★★★★ 推荐指数：★★★★

[材料] 香蕉1根，蜂蜜2大匙

[做法]

1. 将香蕉去皮后，放入容器中捣成泥状。
2. 将蜂蜜加入香蕉泥中，充分搅拌均匀。

[用法]

洁面后，将本款面膜均匀地敷在脸部，避开眼睛、唇部肌肤，约20分钟后，用清水彻底冲洗干净即可。

美人功效 锁住肌肤的水分、滋润肌肤，使面部皮肤更紧实。

美丽叮咛

◎敏感性肤质的美眉可以放心使用本款面膜。
◎长期坚持使用本款面膜可以使面部皮肤细嫩、清爽。
◎由于原材料容易变质，本款面膜最好一次用完。

双粉玉浆嫩白面膜

适用肤质 干性肌肤

[材料] 薏仁粉1大匙，珍珠粉少许，蜂王浆1大匙，鸡蛋1个

[做法]

1. 鸡蛋打破，去壳，放入碗中。
2. 将薏仁粉、珍珠粉、蜂王浆一同加入碗中，充分搅拌均匀即可。

[用法]

洁面后，将调制好的面膜均匀地涂在脸上，避开眼睛、唇部肌肤，约15分钟后用温水洗净即可。

美人功效 该面膜能使干燥的肌肤细腻、白嫩，保持肌肤湿润。

美丽叮咛

购买珍珠粉最好去中药店，因为市售的许多珍珠粉其实是蚌壳粉，在信誉卓越的中药店购买，品质才更有保障。

制作方便度：★★★ 推荐指数：★★

土豆糯米排毒面膜

适用肤质　中、干性肌肤

[材料] 糯米50克，土豆1个，蜂蜜1匙

[做法]

1.土豆去皮，洗净，和糯米一同放入蒸锅蒸30分钟，直至软烂。

2.土豆切小块后放入搅拌机中，再倒入糯米、蜂蜜及100毫升纯净水，搅拌均匀。

3.将做法2中处理好的材料倒入玻璃器皿中，冷却后即可使用。

[用法]

洗净脸后，将面膜均匀轻柔地涂抹在脸上，避开眼部及唇部，静敷15分钟后用温水洗净。

可防止干性肌肤长出痘痘，改善肤质，使肌肤变得光滑水嫩，还能紧致松驰的皮肤，淡化疤痕，使肌肤细腻、有弹性。

美 

 叮咛

制作本款面膜时切忌选用发芽的土豆，以防发芽土豆中的有毒物质对肌肤造成伤害。

延伸阅读

瑜伽排毒——轮式

瑜伽体式中的轮式能改善便秘，防止因毒素堆积而产生的青春痘。具体做法：

1.仰卧，弯曲双膝，双腿尽量大幅度打开，手掌放在肩部，指尖指向肩。

2.吸气，把腰向正上方抬高，用手臂和头部支撑身体。

3.调整呼吸，伸直手臂，腰继续上抬，使脚尽量靠近头。

制作方便度：★★★　推荐指数：★★★★

✓ **保存期限：** 最好一次用完

✓ **美丽费用：** 3元

✓ **材料购买地：** 糯米→粮油店　土豆→农贸市场　蜂蜜→超市

蛋黄营养紧肤面膜

适用肤质 干性肌肤

制作方便度：★★★★ 推荐指数：★★★★

[材料] 鸡蛋1个，维生素E胶囊1粒

[做法]

1.打破鸡蛋，去壳，取出蛋黄，并将蛋黄打成汁液状。

2.用剪刀将维生素E胶囊剪开，把油液倒入蛋黄汁液中，搅拌均匀。

[用法]

洁面后，取适量面膜均匀地涂在脸上，避开眼、唇部四周的皮肤，约20分钟后，用温水洗净即可。

美人功效

滋润皮肤，紧致毛孔，帮助祛除皱纹，有效延缓衰老。

美丽叮咛

◎本款面膜最好一次用完，若无法用完须冷藏，并尽快用完。

◎有些人在使用含维生素E的产品时会有过敏反应，如遇此情形应及时停止使用。

蜂蜜糯米滋润面膜

适用肤质 干性及老化型肌肤

[材料] 蜂蜜1大匙，糯米粉3小匙

[做法]

1.将糯米粉放入面膜碗中。

2.将蜂蜜稀释后加入糯米粉中，搅拌均匀即可。

[用法]

洗净脸后，将调好的面膜均匀地敷在脸上，避开眼部和唇部周围的肌肤，10～15分钟后用清水洗净即可。每周可使用1～2次。

美人功效

糯米粉能滋养肌肤，令肌肤富有弹性。蜂蜜具有极好的滋润功效，既能为肌肤补充水分，还能有效清洁肌肤。长期使用这款面膜，可润泽肌肤、淡化皱纹。

美丽叮咛

这款面膜不宜久存，最好一次用完。

制作方便度：★★★★★ 推荐指数：★★★★

冬瓜蛋黄瘦脸面膜

适用肤质　中、干性肌肤

[材料] 冬瓜10克，鸡蛋1个

[做法]

1.冬瓜洗净，去皮，去子，研成泥状；敲破鸡蛋，滤取蛋黄，备用。

2.将蛋黄与冬瓜泥搅拌均匀。

[用法]

临睡前清洁脸部后，将面膜均匀地涂抹在脸上，避开眼、口、鼻周围肌肤，20分钟后用温水清洗脸部。两周使用1次。

冬瓜不含脂肪，含钠量低，能抑制糖类物质转化为脂肪。把冬瓜制成面膜敷脸时，可充分润泽肌肤，有效防止色斑的形成。蛋黄含有卵磷脂等成分，容易渗透至肌肤里层，并具有收敛作用，使肌肤紧致而不松驰。

美丽叮咛

做此面膜时如果能配以按摩，瘦脸效果则更佳明显。

延伸阅读

按摩天突穴，变身小脸美人

经常按摩天突穴能刺激甲状腺，促进新陈代谢，去除脸部多余的水分。

天突穴位于喉斜下方肌肤的内侧。按摩时，用手指指腹按压此穴，做环状运动。但按摩时一定要注意控制力度，不要伤害到咽喉。

制作方便度：★★★★　推荐指数：★★★★

✓ **保存期限：** 最好一次用完

✓ **美丽费用：** 2元

✓ **材料购买地：** 冬瓜→农贸市场　鸡蛋→农贸市场

Skin

敏感性肌肤

敏感性肌肤的特质及保养对策

通常肌肤不会维持固定的状态，随着季节的更替或身体状况的变化，肌肤有时也会变得敏感及不稳定。365 天不能天天都采取同样的保养方式，记住一定要一边与肌肤对话一边做脸部的保养！

◎敏感肌肤的表现

- 粗糙
- 刺痛
- 干痒
- 脱皮
- 紧绷

◎造成敏感肌肤的原因

最近皮肤很差，粗糙不平，还脱皮……每天都做保养，到底是哪里出了问题？看看是不是你的保养方法错误百出！

- 带着妆看电视，看到很晚。
- 用劣质化妆棉用力擦脸。
- 最近皮肤好干，涂多一点，但这样却超过了所需用量。
- 不卸妆直接洗脸。
- 没有等乳液吸收就睡觉，乳液还沾到了枕头上。

◎重点提升肌肤的自我保护功能

暂时性的敏感肌肤问题是从保护功能紊乱开始引起的。一旦放任敏感肌肤不管，有时会形成“敏感→干裂→更加敏感”的恶性循环。

暂时性的敏感肌肤，可能是因为空气干燥、紫外线的影响使生活作息规律发生变化、或身体状况不良等原因而造成角质层的保护功能下降而引起的。肌肤最外层的角质层，具有保护肌肤的功能，可防止外部刺激造成巨大伤害，如干燥或紫外线等。角质层厚度虽然仅有 0.02 毫米，却在追求健康肤质的过程中担负着极其重要的任务。角质层由许多细胞如砖块般堆垒而成，细胞间脂质则紧密连结成一个个细胞。可是，一旦由于种种原因造成细胞间脂质不足时，原本堆垒整齐的细胞便开始瓦解，造成保护功能下降，从而让肌肤容易受外界刺激。

◎肌肤和心灵都需要养分

暂时性的敏感肌肤，原因可能是睡眠不足或压力过大……为了拥有健康、紧实、光滑的肌肤，一定要保证足够的睡眠及良好的睡眠质量，同时找到可以消除压力的兴趣。不只靠每天的保养供给皮肤所需的营养，也要灌注满满的好心情，让心灵与身体都摄取大量的养分才行哟。

Tips

导致肌肤敏感的其他原因

- 生理期前
- 压力
- 季节变换
- 过度干燥

◎肌肤健康与功能紊乱时的状况

健康的肌肤

角质层可以保护肌肤，防止外来刺激，并含有充足的水分，使肌肤呈现水嫩状态。

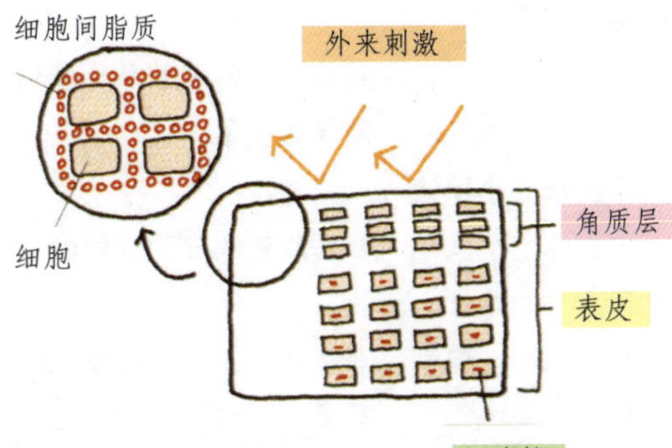

保护功能紊乱的肌肤

肌肤不仅变得容易受到外来刺激的入侵，肌肤内部也无法保持水分，肤质粗糙不堪，而且还可能引发各种肌肤问题。

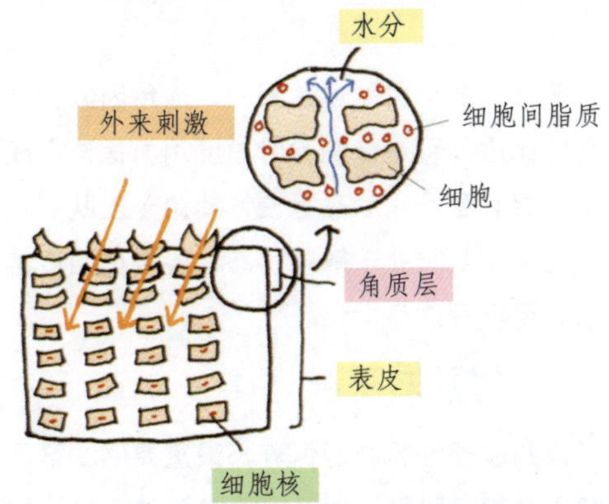

◎重新检视保养步骤，跟敏感肌肤说 bye bye

肌肤出现敏感倾向时，首先要从改变保养品开始，如挑选较质地温和的保养品。接着要考虑肌肤保护功能下降，采用什么样的保养方法才能提高肌肤自我保护机能。美女们要重新检视平常的保养方法，以平安度过暂时性的肌肤敏感期。

卸妆

肌肤变得敏感时，尽量避免长时间上妆。卸妆时选择对肌肤无负担的卸妆乳，切忌过度用力，只需快速轻柔地把妆卸掉即可。此外，卸妆乳最好先放在手心温热，待其软化后再抹在脸上。

洗脸

首先用水将脸泼湿，一定要先把洗面奶搓出大量泡沫，然后再轻柔地抹在脸上，千万不要用力搓洗，绝对禁止在还没有搓出泡沫时就直接将洗面奶往脸上涂。

洗脸的顺序，从油脂多的T字部位开始，接着是U字部位，再到脸颊，之后是眼睛周围和嘴巴周围等皮脂较少的部位，最后用泡沫轻轻抚过即可！T字部位中，要先从鼻翼两侧开始清洗。冲洗时使用接近冷水程度的温水。温度过高的热水，会导致肌肤表面更加干燥。最好用接近32℃的温水，因为32℃几乎跟皮肤的温度相同，不会对皮肤有刺激。如果感觉到温热，就代表太烫了。最后一个步骤，当然是彻底冲净，不要残留泡沫或洗面奶在脸上。

化妆水

洗完脸后，肌肤变得非常敏感，用毛巾轻轻擦干后，应在第一时间擦上化妆水。

为使化妆棉的纤维不刺激到肌肤，最好选择材质较好的化妆棉。在碰到肌肤的那一面蘸上大量化妆水，直到化妆棉湿透，再轻轻拍打脸部。最后，擦完脸后的化妆棉可以用来擦手，不仅可以滋润手，而且在涂抹精华液或乳液时手也不会受到刺激。若觉得平常用的化妆水会有刺痛感，最好准备敏感肌肤专用的化妆水。化妆水可以提高肌肤的保水度，一定要记得擦，千万不能忽略。

精华液、乳液、面霜

为了不刺激肌肤，先把精华液、乳液、面霜等倒在掌心温热，再以按压的方式擦在肌肤上，千万不要用力推。另外，肌肤变得敏感时，最好不要敷脸或按摩。

你是敏感性肌肤吗

我们的肌肤由角质层担任保护功能，阻隔肌肤受到外界刺激。可是一旦角质层的滋润度降低，保护功能也会随之衰退。如此一来，过敏原或病毒等较容易入侵，而导致肌肤发炎、干痒、起疹子等症状。

◎你是敏感肌还是暂时性的过敏

使用平常惯用的化妆水后，肌肤出现刺痛、变红等暂时性的不适，主要是因为受到季节交替、压力、内分泌失调等因素的影响而导致的。这时，肌肤会暂时处于敏感状态，我们称之为“暂时性的敏感肌肤”。所谓敏感性肌肤，指的是有刺激感、肌肤粗糙、干燥、泛红等敏感症状持续时间长的肌肤。

◎敏感肌肤大检测

你是敏感性肌肤吗？看看下面几种情况，请在符合自己的选项前画“√”，如果你的选择超过三个以上，那么建议你尽快去皮肤科检查一下肌肤状况。

肌肤特征

- 一流汗，肌肤就开始发痒。
- 即使擦了化妆水或乳液，肌肤还是很粗糙。
- 洗脸或洗澡后，肌肤感到刺痛、紧绷。
- 父母中有一人肌肤抵抗力比较弱。
- 局部肌肤会脱皮脱屑。
- 某些衣服的材质，会导致肌肤刺痛。
- 突然更换保养品，肌肤会有无法适应的现象。
- 突然变冷或接触紫外线时，肌肤会泛红。
- 常常睡眠不足，生活作息规律不正常。
- 经常外食或非常挑食。
- 两颊容易泛红且看得到微血管。
- 肤质较为脆弱，经常暗沉、泛黄。
- 使用果酸类的产品会引起灼热刺痛感。
- 季节交替时，肌肤状态会受影响。

如果有上述三项以上，你可能就属于敏感性肌肤。

简易检测法

含有如香料、色素等成分的护肤品，使用后肌肤会产生红肿、瘙痒等现象。

挑选护肤品小秘诀

- 初次使用护肤品，要在隐蔽的皮肤部位做过敏测试。
- 选择温和、保湿的清洁用品，避免过度清洁肌肤。
- 避免使用含有香料、酒精或其他刺激性成分的护肤品。

◎防止正常的脸部保养造成肌肤敏感

敏感肌肤与肌肤过敏相同，遗传因素占了大半的比重。可是像洗脸时过度用力搓洗，或使用强烈刺激性化妆品等慢性地给予皮肤刺激时，也会使肌肤处于敏感状态，各位美眉日常清洁时要特别注意。

◎排除刺激与保湿

说到敏感性肌肤的保养，最重要的就是尽可能避免刺激肌肤，以及给予足够的水分，以提高肌肤的保护功能。为了保养时不刺激肌肤，必须重新检视洗脸方式。洗脸时，不要用力搓洗，避免让肌肤受到刺激。此外，用热水洗脸往往容易洗掉保护肌肤所需的皮脂，建议使用接近体温的温水洗脸。再者，洗脸或卸妆常会带走肌肤必需的滋润成分，因此要慎选洗面奶及卸妆乳，选购原则是可以洗去脏污并能保留必需的滋润成分。保湿指的不只是补充水分，更重要的是补充能够提高肌肤角质层保护功能的细胞间脂质。

适用肤质　各种肌肤，尤其适合敏感性肌肤

西瓜皮镇静面膜

制作方便度：★★★★　推荐指数：★★★★

[材料] 西瓜皮白色果肉部分1块，薏仁粉适量

[做法]

1.将西瓜果肉部分切下，只留下中间白色果肉部分即可。

2.将白色果肉部分放入果汁机中打成泥状。

3.将薏仁粉加入泥状果肉中搅拌均匀即可。

[用法]

洗净脸后，将调好的面膜均匀地敷在脸部，避开眼部及唇部肌肤，10～15分钟后用温水洗净。每周可使用1～2次。

西瓜皮具有去水肿、镇静、滋润保湿等作用，能抑制皮肤中的黑色素生成，从而起到美白肌肤的作用。西瓜皮与薏仁粉合用，可镇静、滋润晒后的肌肤，防止肌肤过敏。

美丽叮咛

西瓜有红瓤和黄瓤两种，任何一种西瓜的白色果肉部分都可以用来制作此面膜。另外，薏仁粉也可根据个人喜好换成面粉或绿豆粉。

草莓西红柿补水面膜

适用肤质　各种肌肤，尤其适合敏感性肌肤

制作方便度：★★★★★　推荐指数：★★★★★

[材料] 西红柿1个，草莓2个

[做法]

1.西红柿洗净，去皮。

2.草莓去蒂，洗净。

3.将洗好的西红柿、草莓放入搅拌机中一起搅拌均匀。

[用法]

洗净脸后，将调好的面膜均匀地敷在脸上，避开眼、唇部肌肤，10～15分钟后，用清水洗净即可。每周可使用1～2次。

草莓、西红柿都是极好的美容材料，富含维生素C、果酸等美容成分，具有美白、促进肌肤新陈代谢的功效。这款面膜可为肌肤补充水分，还能调节皮肤水油平衡，令肌肤清透、润泽。

美叮咛

此款面膜每次制作的量不宜过多，最好一次用完。

图书在版编目(CIP)数据

家庭自制面膜金典／凰朝工作室编著．－北京：
中国纺织出版社，2012.9
ISBN 978-7-5064-5212-0
Ⅰ．家…　Ⅱ．凰…　Ⅲ．面－美容－基本知识
Ⅳ．TS974.1
中国版本图书馆 CIP 数据核字（2008）第 094609 号

策划编辑：尚　雅　　责任编辑：李　娟
责任印制：刘　强　　装帧设计：刘金华　　旭　晖
美术编辑：冯　静

中国纺织出版社出版发行
地址：北京东直门南大街 6 号　邮政编码：100027
邮购电话：010－64168110　传真：010－64168231
http://www.c-textilep.com
E-mail:faxing@c-textilep.com
北京博艺印刷包装有限公司印刷　各地新华书店经销
2012 年 9 月第 1 版第 3 次印刷
开本：787 × 1092　1/16　印张：15.75
字数：250 千字　定价：29.90 元
